KB183240

LOGISTICS TRENDS 2025

물류트렌드

물류트렌드 2025

1판 1쇄 발행 | 2024년 11월 1일

엮 은 이 | 한국해양수산개발원, 미래물류기술포럼
펴 낸 이 | 이언경, 김철민
편찬위원 | 김엄지, 박혜리, 조지성
디 자 인 | 홀리데이북스
펴 낸 곳 | 비욘드엑스

출판등록 | 2021년 3월 29일 제333-2021-000020호
주　　소 | 서울시 서초구 강남대로 311 드림플러스
전　　화 | 070-7776-3235
홈페이지 | www.beyondx.ai
이 메 일 | cs@beyondx.ai

I S B N | 979-11-976790-6-3 04320

값 25,000원

LOGISTICS TRENDS 2025

물류트렌드

물류 혁신의 파도, AI와 녹색 전략이 이끄는 미래의 로드맵

THE WAVE OF LOGISTICS INNOVATION: A ROADMAP TO THE FUTURE LED BY AI AND GREEN STRATEGIES

엮음

한국해양수산개발원
미래물류기술포럼

저자

김종덕·김성진·이언경·김창수·최형욱·송상화·김소희·김요한·김철민·박태오
함윤희·이용대·최용석·강달모·김세원·김엄지·매즈 크비스트 프레데릭센

BEYOND X

변화와 위기의 시대를 넘어서야

김종덕

한국해양수산개발원 원장

> "모든 것이 변하고, 단 한 가지는 분명하다. 우리가 이전과 같을 수 없다는 것이다."
>
> J. 로버트 오펜하이머

오펜하이머의 이 통찰은 지금 우리 시대의 물류 산업을 관통하는 명제입니다. 더 나아가 앞으로 물류산업이 맞이할 미래를 가장 명징(明澄)하게 설명해줄 문장일 것입니다. 2024년 우리는 지금 격변의 한가운데 서 있습니다. 기술의 혁명, 시장의 격동, 지속 가능성이라는 복합적이면서도 새로운 패러다임이 우리를 둘러싸고 있습니다. 이 높고 거대한 변화의 물결 앞에서 우리는 서 있습니다. 이 물결에 휩쓸릴 것인가, 아니면 이를 넘어 그 뒤의 광활한 수평선을 향해 나아갈 것인가는 지금 우리의 선택에 따라 달라질 것입니다.

『물류트렌드 2025』는 이 질문에 대한 우리의 답변을 담았습니다. 이 책은 트렌드 보고서를 넘어서 변화의 시대를 헤쳐나가기 위한 등대이자, 미래를 선도하기 위한 전략서를 지향합니다. 우리는 이 책을 통해 시장동향, 위기관리, 기술혁신, 그리고 지속 가능성이라는 네 가지 핵심 축을 중심으로 물류 산업의 현재와 미래를 조망하고자 합니다.

팬데믹, 기후위기, 공급망 붕괴. 이러한 위기는 더 이상 예외적 사건이 아닙니다. 이는 우리가 매일 직면해야 하는 새로운 일상이 되었습니다. 극단적 기후 현상, 지정학적 갈등으로 인한 공급망 마비, 에너지와 원자재 가격의 급변은 우리 물류산업에게 끊임없는 도전과제를 던집니다. 이러한 환경에서 공급망 리스크 관리는 더 이상 일시적인 선택이 아닌 상시적인 필수 경영요소가 되었습니다. 우리는 이 책에서 예측 불가능한 환경 속에서 기업들이 어떻게 더 탄력적이고 민첩한 대응 체계를 구축할 수 있는지, 그 전략을 제시합니다.

지속 가능성은 이제 물류 산업의 생존과 직결된 문제입니다. 국제해사기구(IMO)의 2050년 넷제로 목표는 선박의 라이프 사이클을 고려하면 먼 미래의 이야기가 아니라 지금 당장 우리의 결정을 요구합니다. 이처럼 기후 변화가 물류 산업에 미치는 영향과 친환경 물류 시스템 구축의 중요성은 앞으로 더욱 부각될 것입니다. 우리는 이 책에서 기후변화에 대해 전통적인 물류 프로세스가 어떻게 대응하고 있는지, 그리고 기업들이 어떻게 친환경 기술을 도입해 새로운 경쟁력을 확보하고 있는지 최고 전문가의 시각에서 분석해 드릴 것입니다.

기술 혁신은 물류 산업의 미래를 좌우할 핵심 요소입니다. 생성형 AI, 로봇 자동화, 자율주행 시스템은 이미 물류의 판도를 바꾸고 있습니다.

단순한 키바(Kiva) 로봇에서 휴머노이드 로봇으로의 진화는 물류 현장에 혁명적 변화를 가져오고 있습니다. AI 기반 배차, 운임 최적화, 자율주행 기술은 물류에 내재되어 있던 여러 문제를 해결하는 새로운 방안을 제시합니다. 이러한 기술 혁신은 물류 기업들의 의사결정을 더욱 정교하게 만들며, 고객 서비스의 질을 높이고 비용 효율성을 증대시켜 기업의 경쟁력을 좌우할 것입니다.

급변하는 글로벌 경제 환경은 물류 시장에도 큰 영향을 끼치고 있습니다. 강대국의 자국우선 경제전략 확산, 소비자의 이커머스 선호와 폭발적 시장 성장, 그리고 글로벌 경기 침체 우려 등 롤러코스터 같은 시장 변화 속에서 우리는 어떻게 생존하고 성장할 수 있을까요? 동아시아 전자상거래 시장의 재편, 국경을 초월한 이커머스의 성장은 물류 산업에 새로운 기회와 도전을 동시에 안겨주고 있습니다. 『물류트렌드 2025』는 이러한 시장의 흐름을 분석하고, 우리가 나아가야 할 방향을 제시합니다.

변화는 준비하지 못한자에게는 두려운 것일수도 있지만, 변화는 리드하거나 준비되어 있는 자에게는 오히려 더 강하고, 더 스마트하고, 더 유연하게 만드는 동력이자 기회가 될 것입니다. 『물류트렌드 2025』가 여러분이 이 변화의 물결을 성공적으로 극복하고 새로운 미래를 설계하는 선명한 등대가 되길 희망합니다. 이 책을 통해 물류 산업의 현재와 미래를 새로운 시각으로 바라보고, 여러분만의 혁신적인 전략을 수립하는데 도움이 되길 바랍니다.

마지막으로, 이 책의 집필에 참여해 주신 모든 분들, 특히 KMI 연구진과 비욘드엑스 관계자 여러분께 깊은 감사의 말씀을 전합니다. 여러분의 통찰과 노력이 있었기에 이 책이 세상에 나올 수 있었습니다. 이제 새로운 물류 시대를 향한 여정을 시작해야 할 시점입니다. 동시에 우리의 물류 기업이 초격차 시대를 열어가는 시점이 되길 바랍니다.

미래는 변화만이 불변한다

김성진

미래물류기술포럼 의장

지금 인류는 유례없는 급속한 변화에 직면하고 있다. 기술 혁신, 예측 불가능한 시장의 변화, 기후 변화로 유발된 긴박한 환경적 위기 등 우리의 일상생활과 산업 전반에 걸쳐 불확실성은 커지고 거대한 변화와 전환이 빠르게 진행 중이다.

1960년대 말 "로마클럽"에서 성장의 한계라는 보고서를 발표하여 인구, 자원, 환경의 위기를 경고하고 지속 가능한 발전방식을 찾도록 노력해야 한다고 강조하였다. 즉 이 보고서는 21세기 인류가 직면할 위기를 전망하고 탁월한 예견과 대응 능력이 발휘된 대표적인 사례였다. "로마클럽"의 경고는 오늘날에도 깊은 의미를 전해주고 있으며 우리에게 기후 변화와 환경 문제를 포함하여 많은 위기 요인을 깊이 생각하게 한다.

어쩌면, 불확실성은 인류 사회와 오랫동안 공존하였으며, 항상 기회와 위험이 뒤따르고 시장과 소비자가 추구하는 효용과 가치는 시대에 따라 끊임없이 변화하였다. 특히 기업은 불확실한 상황에서도 과학 기술에 기초한 혁신적인 변화를 통해 꾸준히 생존해 왔다. 이 변혁의 시대에 물류 산업은 중대한 도전과 해결해야 할 많은 과제에 직면해 있다. 물류는 상품을 보관하고 이동시키는 단순한 역할을 넘어, 국가 경제의 근간으로서 산업 간 상호 연결성을 촉진하는 중요한 동맥 역할을 담당하고 있다.

불확실성의 시대, 급속한 변화의 시대에 무엇을 어떻게 대비해야 할 것이며? 어디로 어떻게 나아가야 할까? 우리는 이 질문에 답을 찾는 과정에서 자주 바다를 떠올린다. 바다는 변화를 거부하지 않는다. 거대한 파도는 끊임없이 밀려 오가지만, 격랑 속에서도 바다는 늘 자신의 길을 찾아간다. 물류 역시 바다처럼 변화 속에서 생존과 번영의 길을 찾아 나아가야 할 것이다.

우리 물류인들은 누구보다도 먼저 시대의 변화를 인식하고 혁신의 기회를 발견하여 위기를 극복하고 한 단계 더 높은 발전의 계기를 만들어야 한다. 미래의 변화를 적기에 예측하지 못하면 낙오되고, 변화를 뒤따라가면 현상 유지에 불과할 것이다. 그러나 다가올 변화를 예견하여 사전에 발 빠르게 대처한다면 미래를 이끌어 갈 수 있다는 사실은 역사의 가르침이요 우리가 반드시 명심해야 할 중요한 경험치이다.

고대 철학자 헤라클레이토스는 '변화만이 불변하는 것'이라고 말했다. 이는 물류와 해운 분야에서도 똑같이 적용될 수 있다. 기술이 발전하고, 시장이 변화하며, 지속 가능한 발전이 중요한 화두로 떠오르는 이 시점에, 우리는 새로운 패러다임에 맞춰 나가야만 한다. 이를 위해서는 해운 물류가 단순한 산업의 영역을 넘어, 사람과 사람을 연결하고, 세계 경제를 활성화하고 나아가 지속 가능한 발전을 실현하는 데 중요한 역할을 한다는 점을 깊이 인식해야 한다.

최근 유럽을 중심으로 강조되고 있는 미래의 지속 가능성은 ESG 경영 실행에 달려있으며, ESG 경영은 새로운 환경 속에서 기업의 지속 가능한 성장을 가능케 하는 수단이다. 글로벌 산업이 급변하는 과정에서 기업의 부가가치를 새롭게 창출할 수 있는 필수요소이며 무형자산을 잘 관리 활용해 기업가치를 높이는 도구로서 장기적인 관점에서 접근하고 활용해야 할 것이다.

일반적으로 미래 물류의 방향성을 이야기할 때, 변화를 단순히 수용하는 것을 넘어, 그 변화를 능동적으로 주도해야 한다. 기술의 발전, 시장의 재편, 그리고 무엇보다 지속 가능한 미래를 위한 물류 시스템의 전환은 선택이 아닌 필수일 것이다.

우선, 기술 혁신은 이제 물류의 심장과도 같다. 지금은 물류의 디지털 전환이라는 대전환점에 서 있다. 인공지능, 빅데이터, 자율주행 등 기술적 도구를 넘어 물류 운영의 방식을 근본적으로 재편하게 한다. 이러한 기술이 단순히 효율성을 높이는 데 그치지 않고, 새로운 물류 시스템의 패러다임을 다시 짜는 과정에 주목해야 할 것이다.

아울러, 우리는 급변하는 시장 환경에 대응해야 한다. 최근 몇 년간 팬데믹과 지정학적 갈등으로 인해 글로벌 공급망은 상상을 초월한 엄청난 도전에 직면하였다. 이 과정에서 시장의 불확실성이 더욱 확장되고, 물류 산업의 어려움과 책임도 커졌다. 변화하는 시장 수요에 유연하게 대응하는 능력, 그리고 변화 속에서 기회를 포착하는 역량은 앞으로 물류 기업의 생존을 결정짓는 중요한 요소가 될 것이다.

그러나 이 모든 도전과 과제를 통틀어 무엇보다도 중요한 것은 지속 가능성이다. 급속한 변혁과 경쟁 속에서 우리의 산업과 기업이 살아남기 위해서는, 궁극적으로 지속 가능한 방식으로 발전해야 할 것이다. 기후 변화와 자원 고갈의 위협 속에서 물류는 이제 단순한 경제적 활동의 한 축이 아니라, 경제활동의 종합 결정판으로서 환경과 사회에 미치는 영향까지 고려한 총체적 접근이 필요하다. 과거의 방식으로는 미래를 준비할 수 없다. 우리는 지속 가능성을 염두에 두고, 환경을 보존하는 동시에 경제적 이익을 창출할 수 있는 새로운 길을 모색해야 한다.

『물류트렌드 2025』는 이러한 시대적 요구에 부응하여 다양한 시각에서 미래 물류의 방향성을 제시하고 있다. 먼저, 물류트랜드의 시장동향에서 E커머스 시장에서 소비자의 구매패턴 변화와 이커머스 유통업체의 경영전략을 살펴보았다. 이와 함께, 기술 개발 및 적용 동향에서 ChatGPT가 생성형 AI 분야 기술발전과 시장동향에 어떠한 변화를 일으켰는지 관찰하였다. 마지막으로 공급망차원에서 기업의 지속가능한 발전 방안뿐만 아니라 에너지 물류의 위기관리 방안도 모색하고 있다.

여기에는 기술 혁신, 환경위기, 지속 가능성, 그리고 시장 변화에 대한 깊이 있는 논의가 포함되어 있다. 이 책을 통해 독자들이 얻을 수 있는 통찰력은 단순한 정보의 나열이 아니라, 변화의 흐름을 주도할 수 있는 포괄적인 지혜를 제공할 것이다.

마지막으로, 책이 발간되기까지 적극 참여한 기획, 집필자 여러분들, 비욘드엑스와 KMI 연구진에게 깊은 감사의 마음을 전한다. 물류의 미래는 단순히 한 개인이나 기업 또는 기관의 노력만이 아니라, 여러 전문가 들과 현장의 다양한 목소리가 모여야만 올바른 방향을 찾을 수 있을 것이다. 그런 점에서 『물류트렌드 2025』는 매우 의미 있는 노력이며 소중한 결실을 거둘 것으로 확신한다. 다시 한번 각자의 위치에서 힘을 모아준 모든 분께 감사드리며, 이 책이 앞으로 물류 발전에 중요한 나침반 역할을 하기를 기대한다.

당신은 기후위기와 추락할 것인가 아니면 비상할 것인가?

이언경

한국해양수산개발원 물류·해사산업연구 본부장

고려대학교에서 공급망관리 분야로 박사학위를 받았다. 서울시정개발연구원과 한국과학기술연구원의 연구원, LG CNS 엔트루컨설팅을 거쳐 한국해양수산개발원에서 물류·해사산업연구본부 본부장으로 재직중이다. 약 20년간 스마트항만물류, 콜드체인 및 공급망 혁신, 수출입물류 위기관리 플랫폼, 미래 신기술 적용 R&D 등을 수행하고 있다. 현재 해양수산부 중앙항만정책심의회, 국토교통부, 부산시와 경상남도 물류정책위원회 위원으로 활동하고 있다.

1장. 우리 삶을 위협하는 기후위기

2015년 프랑스 파리에서 열린 제21차 당사국총회(COP21)에서는 산업화 이후 지구 평균 기온 상승을 2℃로 억제하고, 인류 생존을 위한 마지노선인 1.5℃를 넘지 않도록 노력하자는 파리협정이 체결되었다. 2021년 세이브 더 칠드런(Save the Children)이 펴낸 보고서에 따르면 평균 기온 상승을 1.5℃로 억제하면 산불은 10% 감소되고, 농작 실패는 28%, 가뭄은 39%, 홍수는 38%, 혹서는 45% 줄어든다고 한다.[1)]

2022년 마크 라이너스의 『최종경고: 6도의 멸종』에서는 지구 평균기온이 1℃ 상승하면 한쪽에서는 가뭄이 지속되고, 물 부족 인구가 5천만 명 발생하며, 육상 생물의 10%가 멸종위기에 처하고, 기후변화로 30만 명이 사망한다고 언급했다. 2℃ 상승한 2030년에는 사용 가능한 물이 20~30% 감소하고, 해빙으로 해수면이 7m 상승하여 15~40%의 북극 생물이 멸종위기에 놓이고, 말라리아에 노출되는 인구(4천만~6천만 명)가 급증할 것으로 예상했다.[2)]

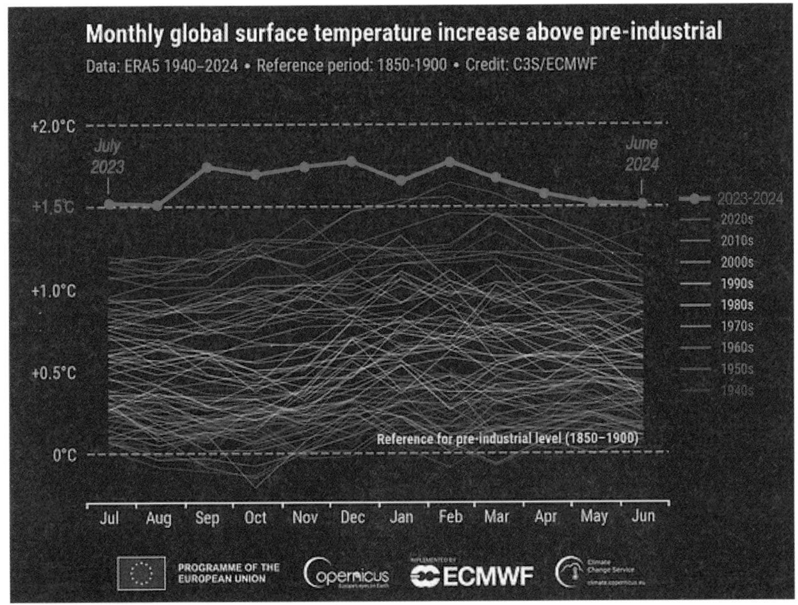

[그림 1] 지구 평균 기온 변화(출처:Water Journal)

1) 유네스코한국위원회 기획, 아주 구체적인 위협: 유네스코가 말하는 기후위기 시대의 달라진 일상, 동아시아, 2022.8
2) 이재형, 기후피해세대를 넘어 기후기회 세대로, 퍼블리온, 2023

그런데 지구 기온이 산업화 이전보다 1.5℃ 이상 넘은 상태가 2023년 7월부터 2024년 6월까지 12개월째 지속되고 있다. 2024년 6월 이상기온으로 인하여 독일, 이탈리아, 프랑스, 스위스, 북미 일부지역, 아시아 남서부, 남동부에 평균보다 많은 폭우가 내리는 등 새로운 기후변화 기록을 세우고 있다.[3] 현재 이상기온으로 지구 인구의 25%가 물 부족 피해를 겪고 있고, 2050년에는 세계 인구의 40%가 심각한 물 부족 사태를 겪을 것으로 예상되고 있다.[4]

『예일 환경 360』 자료에서는 기온이 0.5℃만 올라가도 브라질, 니카라과, 엘살바도르, 멕시코 등 커피 생산국들은 기후변화로 생산량이 줄어들 것이라고 예측했다. 특히 2050년에는 기후변화로 커피 재배지가 오늘날의 절반으로 줄어 사람들의 기호식품인 커피가 부족해지는 사태가 발생하는 등 작황에도 영향을 줄 것이라고 언급했다.[5] 산업화 이전 대비 지구 평균온도를 1.5℃로 유지하는 것을 실패했다는 것은 우리가 당장 『최종경고: 6도의 멸종』에서 언급한 기후위기에 직면했고, 이상기온으로 인한 곡물류의 작황 실패로 해당 제품의 물가 상승 등의 어려움을 겪는 예측 불가능 시대에 접어 들었다는 것을 의미한다.

지구온난화로 북극해 해빙이 녹은 바다는 더 많은 햇빛을 흡수해 수온이 올라간다. 이는 다시 얼음을 녹게 해서 빙하의 면적이 줄어드는 악순환이 반복된다. 그 결과로 '지구 종말의 날 빙하'라고 불리는 남극의 초대형 빙하인 스웨이츠 빙하(Thwaites Glacier)가 해마다 두께가 200m씩 줄고 있다. 이로 인해 매년 약 500억톤의 얼음이 바다로 유입되어 해수

3) Water Journal, https://www.waterjournal.co.kr/news/articleView.html?idxno=76365(검색일: 24.10.9)
4) 서형석, 기후위기, 마지막 경고, 문예춘추사, 2021
5) 공우석, 왜 기후변화가 문제일까?, 반니, 2021

면이 상승하고 있다. 만약 서남극 얼음층을 보호하던 스웨이츠 빙하가 전부 녹는다면 지구 해수면이 65㎝ 오르고 연쇄적으로 서남극 빙하가 녹게된다. 결국 지구 전체적으로는 5.6m의 해수면이 상승하게 되어 세계 인구의 약 40%의 생명이 위협받을 수 있다. 기후변화로 영구동토층이 녹으면 바이러스도 창궐할뿐만 아니라 얼음 속에 갇혀 있던 이산화탄소와 메탄 등이 대기중으로 나와 지구 온난화를 더욱 가속화시킬 것이라는 우려 또한 높다.[6)]

10년 주기로 비교했을 때 전 지구 해수면 상승 속도는 1993~2002년에는 1년에 2.13㎜, 2003~2022년에는 1년에 3.33㎜, 2014~2023년에는 1년에 4.77㎜로 급상승하고 있다. 관측 30년만에 해수면 상승 속도가 2배 이상 빨라진 것이다.[7)] 2021년 11월 수몰위기에 있는 남태평양 섬나라 투발루 외무장관이 무릎까지 차오른 바닷물 속에서 기후위기 대응을 촉구하는

스웨이츠 빙하	스웨이츠 빙하 위치

[그림 2] 스웨이츠 빙하(출처:Business Post, 한겨레)

6) 주간조선, https://weekly.chosun.com/news/articleView.html?idxno=35014(검색일: 24.10.9); 서형석, 기후위기, 마지막 경고, 문예춘추사, 2021.

7) KBS뉴스, https://news.kbs.co.kr/news/pc/view/view.do?ncd=7921314(검색일: 24.10.9)

연설을 했다. 해수면 상승을 경고한 것이다. 미 항공우주국(NASA)에 따르면 매년 5㎜씩 해수면이 상승하고 있어, 40년 뒤 투발루는 인간의 거주가 불가능할 것이라고 한다. 이탈리아의 아름다운 도시인 베네치아도 기후변화로 인하여 홍수가 잦아졌고, 2019년에는 도시의 80% 이상이 물에 잠기는 최악의 홍수도 겪었다. 이러한 해수면 상승이 지속되면, 2050년경에는 전 세계적으로 1억 5천만 명 이상의 기후난민이 발생할 것으로 예상된다.[8)]

이제는 전세계적으로 예측 불가능한 기후변화의 시대에 접어들었다. 지금 어떤 선택을 하는지에 따라 공룡처럼 사라질 수도 있다. 혹은 위기 상황 속에서 과학기술을 접목해 우리가 해야할 일을 하나씩 해나가면 지속가능한 성장뿐만 아니라 다음 세대에게 행복한 미래를 선물해줄 수 있을 것이다.

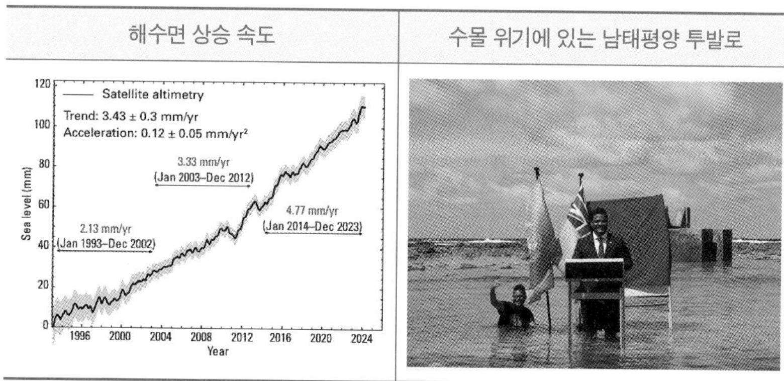

[그림 3] 지구 평균 기온 변화(출처: KBS, 동아일보)

8) 동아일보, https://www.donga.com/news/Inter/article/all/20211111/110199542/2 ; 조선일보, https://www.chosun.com/international/international_general/2023/12/28/3LV4KWW6HREZ-JBLG45JOYMOSEY/ (검색일: 24.10.9); 유네스코한국위원회 기획, 아주 구체적인 위협: 유네스코가 말하는 기후위기 시대의 달라진 일상, 동아시아, 2022.8.; 조성문, 궁금했어, 기후변화, 나무생각, 2023.

2장. 기후변화의 물류 영향 및 『물류트렌드 2025』의 목차 구성

코로나19 팬데믹 발생 시 약 4년 동안(2020.1.5~2024.5.19) 전세계 인구(약 82억명)의 9.5%인 거의 7.8억명이 바이러스에 감염되었고, 백신이 개발되었음에도 불구하고 감염자의 0.9%인 700만명 이상이 목숨을 잃었다. 과거 의료기술이 발달되지 않은 시기인 1346~1353년 흑사병이 발생했을 때 유럽, 중동, 북아프리카 인구의 60%가 감염되고, 치명률은 30~60%에 이르렀다.[9] 하지만 기후변화로 인한 환경 악화는 바이러스와 같이 인간을 감염시키지는 않지만 지금으로부터 6,500만 년전 거대한 운석 충돌에 의해 공룡이 지구에서 멸종된 것과 같이 인간을 단번에 쓸어버릴 수 있다.[10]

2024년 9월, 부산에 이례적인 폭우가 내렸다. 점심식사를 준비하던 중 5시간 동안 정전이 발생했는데, 집안 대부분의 제품이 전기로 작동되어 정수기가 있어도 물을 마실 수가 없었다. 인덕션이 있어도 요리를 해먹을 수 없고, 더위를 식히려 선풍기, 에어컨을 가동하고 싶어도 그럴 수가 없는 등 불편함과 배고픔, 목마름을 견뎌내야 했다. 짧은 시간의 정전에도 불편함과 무력함을 느끼게 됐다. 지금보다 기후위기가 더 심각해지면 해수면이 상승하여 남태평양의 투발루처럼 국토가 물에 잠기거나 폭풍 및 폭우 등에 의해 장기간의 정전 사태가 발생하면 모든 것이 일시에 멈추는 세상을 경험하게 될 지도 모른다는 생각이 들었다.

그런 날이 온다면 글로벌 상품 운송의 어려움으로 거주지 인근에서

---

9) Worldometers, https://www.worldometers.info/kr/ ; 감염병포탈, https://dportal.kdca.go.kr//pot/cv/trend/dmstc/selectMntrgSttus.do; 한겨레, https://www.hani.co.kr/arti/science/science_general/1047411.html (검색일: 24.10.9)

10) 유네스코한국위원회 기획, 아주 구체적인 위협: 유네스코가 말하는 기후위기 시대의 달라진 일상, 동아시아, 2022.8.

식재료를 공급받아야 하는 사태가 벌어지는 등 국제교역량이 급격하게 감소하게 될 것이다. 또한 IMO와 EU의 공급망 차원의 온실가스 감축 압박이 세어지면 선박, 항공으로의 원거리 운송이 줄고 인근 국가 혹은 자국에서 식품, 제품 등을 수급할 가능성도 높아진다.

한편 세계보건기구(WHO)에 따르면 지구 평균 기온이 1℃ 상승할 때마다 감염병 발생위험이 4.7% 증가한다고 경고했다. 이는 사람들이 무분별하게 환경을 파괴하고 기존 생태계의 질서를 무너뜨리면 서식지를 잃은 동물들이 먹이를 찾기 위해 사람이 살고 있는 지역까지 내려옴으로써 야생동물과의 빈번한 접촉이 발생되고, 이로 인해 사람들이 새로운 변종 바이러스에 감염될 가능성이 커지기 때문이다. 1980년대 유행한 에이즈를 유발하는 HIV는 유인원, 조류인플루엔자는 새, 신종플루는 돼지, 사스(SARS)와 에볼라 바이러스는 박쥐가 매개체였다. 지구온난화로 모기 서식지가 확대되면서 뎅기열도 전 세계로 확산되고 있다.[11]

코로나19와 같은 전염병이 확산되자 대면 접촉 제한(Lockdown) 등으로 인하여 오프라인 매장을 이용하지 않고 쿠팡, 배달의 민족 등의 앱을 통한 온라인 주문 사용량이 증가했다. 이후 온라인 주문에 익숙해진 소비자들은 팬데믹 이후에도 오프라인 매장이 아닌 온라인 쇼핑을 이용하고 있다. 이러한 성장세를 바탕으로 저가를 내세운 C(중국)커머스가 국내 및 글로벌 시장을 대상으로 공격적인 마케팅을 실시하고 있어, 우리나라 유통업체에 미치는 영향을 면밀히 분석할 필요가 있게 됐다.

또한 비교 대상이 많아진 온라인 소비자들은 오프라인 매장에서 직접 보고 구매했던 경험과 같이 온라인에서도 체험형 구매를 희망하고 있는

11) 헬스경향, https://www.k-health.com/news/articleView.html?idxno=66603; 그린피스, https://www.greenpeace.org/korea/update/12074/blog-health-climate-virus/(검색일: 24.10.9)

등 소비자의 구매 유형도 매우 다양해지고 있다. 이러한 고객 니즈를 만족시키기 위해서는 생성형 AI기반 구매 패턴을 분석하여 상품 구색을 갖춰놓고, 적시에 다품종 소량을 최적의 가격으로 운송 가능하도록 물류시스템도 최적화가 되어 있어야 한다.

이에 『물류트렌드 2025』에서는 ①시장동향, ②기술동향, ③위기관리, ④지속가능 4가지 챕터로 나누어 기후변화의 물류영향 내용을 고찰했다. ①시장동향(그림4)에서는 이커머스 시장에서의 소비자의 구매패턴 변화와 이커머스 유통업체의 경쟁전략을 ⅰ) 동아시아 전자상거래 시장 현황을 살펴보고, ⅱ) 저가를 내세워 한국 시장에 진출한 C커머스와의 경쟁에서 살아남는 방법을 살펴보고, ⅲ) 똑똑해지고 다양해진 소비자들의 소비 경향에 대해 분석한 내용을 제시했다.

②기술개발 및 적용 동향(그림4)에서는 2022년 ChatGPT가 도입된 후 생성형 AI 분야 기술이 급속도록 발전하여 시장동향에서 언급된 ⅰ) 온라인 시장에서 구매이력을 기반으로 개인 맞춤형으로 제품을 추천하고,

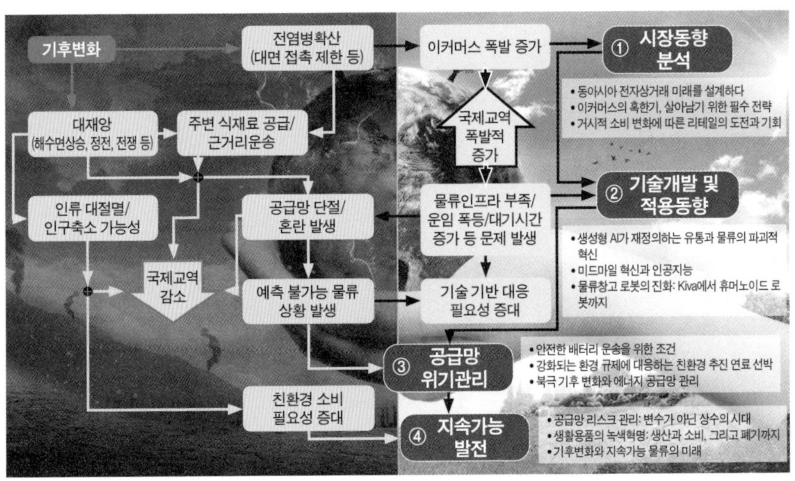

[그림 4] 2025년 물류트렌드 4대 키워드 개념도

ⅱ) AI기반 화물운송 최적화를 통한 미들마일 혁신으로 보다 신속하게 다품종 소량 제품의 운송을 진행하는 방법을 제시하고, ⅲ) 생성형 AI로 인하여 급속도로 발전한 휴머노이드 로봇이 제조공장과 물류창고에 적용되어 미래 시장에 어떤 변화를 일으킬 것인지를 설명했다.

코로나 19 전염병 확산 방지를 위한 통제 조치(Lockdown)가 발생하자 항만 및 트럭 노동력 부족, 선복량 부족 등 수요대비 공급 부족 현상이 발생하여 해상운임이 폭등하고 항만에서의 대기시간이 길어지는 현상으로 기후변화, 전염병 확산으로 인한 공급망 단절이 발생했다. 이러한 예측 불가능한 상황이 왔을 때 신속한 대응 및 경쟁에서 살아남기 위해서는 데이터 기반으로 상황을 예측하고, 발생할 수 있는 위험성에 대한 위기관리가 필요하다. 또한 유럽 등 선진국의 제조사와 IMO에서 요구하는 수준의 온실가스 감축 수준을 달성하기 위해서는 디지털 기반의 친환경 선대 관리 및 운영이 필요하다.

이에 『물류트렌드 2025』에서는 기후변화에 대응하기 위해 물류분야에서 중요해지고 있는 친환경 연료유, 에너지 공급망에 대한 재편 방향을 ③공급망 위기관리(그림4) 분야에서 다루는데, ⅰ) 전기차, 전기추진선에 들어가는 배터리의 안전한 운송을 위한 방법 및 화재위험 모니터링 시스템을 설명하고, ⅱ) 강화되는 환경규제에 대응하기 위한 선사와 조선소의 친환경 연료유 추진선의 개발 및 운영현황을 보여주고, ⅲ) 이러한 친환경 연료유 공급망 차원에서 북극의 해상운송 가치 및 에너지 공급망 관리 방향을 제시한다.

마지막으로는 심각해지는 기후변화가 극단적인 물류단절과 인류 대절멸을 일으키기 전에 기업은 친환경 공급망을 구축하고, 소비자는 가치소비에 대한 중요성을 인식하며, 생성형 AI와 휴머노이드 로봇 등의 기술 발전을 기반으로 성장하고 있는 유통 및 물류시장의 ④지속가능한 발전(그림4)을 위한 방안을 제시했다. 이 챕터에서 다루는 내용은 i) 기후변화 위기 상황에서 공급망이 지속적으로 흘러가기 위한 리스크 관리 방안, ii) 제조사 및 물류사에게 요구되는 RE100 등 지속가능 물류에 대한 사례와 중요성, iii) 기후위기에 대처하기 위한 기업과 소비자의 전체 라이프사이클(생산, 유통, 소비, 폐기)의 친환경화 방안이다.

3장. 『물류트렌드 2024』 회고와 『물류트렌드 2025』 전망

기술 및 시장 부문

『물류트렌드 2024』에서는 산업간 경계가 점차 흐려지면서 물류와 ICT와 타산업이 서로 융합되는 빅블러 현상이 가시화될 것이라 예상했다. 특히 로봇, 생성형 AI, 디지털, 친환경 기술 등이 물류에 접목되어 기존에 보지 못했던 새로운 시대를 경험할 것이라 전망했다. 『물류트렌드 2024』에서 제시한 핵심키워드가 현실화되었는지를 살펴보고, 『물류트렌드 2025』에는 어떤 변화가 예상되는지를 전망하고자 한다.

① 휴머노이드 로봇의 산업 및 물류현장 투입 원년(2024)
→ 휴머노이드 로봇과 인간의 협업 일상화(2025)

2024년에 전망했던 기술이 진화하여 일상화되었는지를 살펴보고자 한다. 2024년은 로봇산업과 생성형 AI가 접목된 휴머노이드가 작업 현장에 실제 투입되는 해였다. 예를 들면 지난 3월에는 미국 앱트로닉(Apptronik)이 자동차 제조시설에 휴머노이드 로봇 아폴로(Apollo)를 시범 도입하는 사업 계약을 체결했고, 지난 6월 옵티머스 2대를 테슬라 자동차 공장에 시험 배치해 컨베이어를 따라 내려오는 배터리 셀을 트레이에 넣는 등의 작업을 테스트 진행중이다[12]. 또한 중국 지리 홀딩 그룹 전기차 자회사 지커(Zeekr)가 유비테크 로보틱스의 휴머노이드 로봇인 워커 S라이트(Walker S Lite)를 올해 7월 투입하여 시험 중에 있고, 미국 인공지능 스타트업 피규어가 BMW공장에서 조립 훈련중인 휴머노이드 로봇 피규어 01(Figure 01) 영상을 공개했다.[13] 특히 피규어 휴머노이드 로봇은 인간의 질문과 요청을 이해하고 행동하는 등 인간과 소통하고 협업이 가능한 로봇으로 평가받고 있다.

현재 시애틀 남쪽의 아마존 물류센터와 조지아주 애틀란타 외곽에 있는 글로벌 여성 의류 리테일 브랜드 APANX의 GXO 로지스틱스 물류창고에 투입된 Agility Robotics의 디지트(Digit) 휴머노이드 로봇은 1.5m/s 속도로 걸으면서 35파운드(약 16kg)까지 들어올릴 수 있는데, 보관 용기를 정리하고 재배치하는 업무를 수행할 뿐만 아니라 자율주행로봇(AMR)을 포함한 기존 자동화 로봇과 통합되어 운영되고 있다.[14]

2025년부터는 제조공장에 투입된 보다 정교한 휴머노이드 로봇인 옵티머스, 아폴로, 피규어01 등이 상용화를 통해 물류센터에 적용되면 현재 디지트가 적용하고 있는 것보다 다양한 영역에서 보다

---

12) Asia financial, https://www.asiafinancial.com/tesla-will-put-humanoid-robots-to-work-by-2025-says-musk; Nextbig Future, https://www.nextbigfuture.com/2024/05/tesla-shows-optimus-teslabots-in-factory-demo.html (검색일: 24.9.30)

13) CNEVPOST, https://cnevpost.com/2024/08/05/zeekr-piloting-use-humanoid-robots-in-factory/; AI타임즈, https://www.aitimes.com/news/articleView.html?idxno=161376 (검색일: 24.9.30)

14) GeekWire, https://www.geekwire.com/2023/getting-to-know-digit-the-humanoid-robot-that-amazon-just-started-testing-for-warehouse-work/; Robotics247, https://www.robotics247.com/article/agility_robotics_gxo_sign_multi_year_humanoid_deployment_agreement (검색일: 24.10.1)

테슬라 공장에 투입된 옵티머스	메르세데스-벤츠에 투입된 아폴로

Zeekr 자동차공장에 투입된 워커 S라이트	BMW 공장에서 조립 훈련중인 피규어 01

[그림 5] 공장에 투입된 휴머노이드 로봇(출처: Asia financial, Nextbig Future, CNEVPOST, AI타임즈)

정교한 역할을 수행해 활용도가 높아질 것으로 보인다. 예를 들면 이커머스 대응을 위해 다품종 소량 제품을 취급해서 복잡, 섬세한 업무가 필요하거나, 무거운 부품을 운반하는 등의 노동 집약적 업무를 수행해야 하는 물류센터의 적용 가능성이 커질 것으로 예상된다. 생성형 AI가 접목된 휴머노이드, 물류로봇의 활용도가 높아질수록 공장 및 물류센터의 단순 반복적이거나 위험한 업무에 대해서는 무인자동화가 가속화되는 등 물류자동화의 대전환 시대가 도래할 것으로 판단된다.

아마존 물류창고에서 일하는 Digit	GXO 로지스틱스 물류창고에서 일하는 Digit

[그림 6] 물류창고에 투입된 휴머노이드 로봇(출처: Geekwire, Robotics 247)

② AI기반 쇼핑도우미 활용 시작(2024)

→ AI기반 고객 맞춤형·체험형 리테일 서비스 보편화(2025)

『물류트렌드 2024』에서 전망했던 고객 구매 패턴 등을 분석해서 개인에게 맞춤형 물류서비스를 제안하고 있는지를 살펴보자. 올해(2024년) 아마존을 비롯하여 대형 유통기업들이 AI 쇼핑 도우미를 정시 출시하여 이커머스 시장을 더욱 활성화시키고 있다. 아마존은 올해 7월 AI기반 쇼핑 도우미인 루퍼스(Rufus)를 미국 전역에 정식 출시했다. 쇼핑에 특화된 대형언어모델(LLM)을 통해 고객 구매 이력 및 온라인 검색 패턴을 분석하여 고객에 맞는 제품을 추천할 뿐만 아니라 구매시 고려할 요소, 다른 제품과 차별점, 제품 도착 시점 등 초개인화(Hyper-personalization)된 정보를 제공하고 있다.

롯데홈쇼핑은 2024년 2월 가상인간 쇼호스트 루시를 출연시켜 상품 판매, 고객 소통을 진행했는데 1시간 동안 실시간 채팅수가 전주 동시간 대비 5배 이상 증가하는 등 고객 유치 효과뿐만 아니라 관련 인건비 절감 효과도 큰 편이었다. 또한 오프라인 숍과 같은 체험형 구매를 원하는 소비자들이 원하는 상품을 가상으로 착용하여

비교 분석가능한 가상 피팅룸 서비스를 월마트, 아마존, 구글 등 다양한 사이트에서 제공하고 있다.[15]

[그림 7] 쇼핑어시스트(출처: AI타임즈, 매일경제)

2025년에는 개인 스타일에 맞게 AI기반 쇼핑 품목을 추천해주는 초개인화 서비스와 가상현실(VR)·증강현실(AR)을 활용한 가상 피팅룸 시스템 이용이 보편화될 것으로 예상된다. 더 나아가 아마존, 월마트, 구글 등 특정 플랫폼에 국한된 쇼핑 도우미가 아닌 AI기반 쇼핑 에이전트 비서가 여러 사이트를 돌아다니며, 고객 데이터를 기반으로 소비자에게 가장 어울리고 적합한 가격대, 해당 모임 목적에 맞고, 날씨를 고려하여, 필요한 날에 제품이 배송 가능하도록 제품을 제안하고 배송추적 서비스를 제공하는 새로운 형태의 PSA(Personal Shopping Agent)등이 나타나게 될 것이다.

향후에는 이러한 AI기반 쇼핑 에이전트가 여러 명의 고객 니즈를

15) AI타임즈, https://www.aitimes.com/news/articleView.html?idxno=143292; 매일경제, https://www.mk.co.kr/news/business/10941334, 머니투데이, https://news.mt.co.kr/mtview.php?no=2023071415312659551 (검색일: 24.10.1)

눈물의여왕 도쿄 팝업스토어	헬로우키티 50주면 서울 강남점 팝업스토어

[그림 8] 팝업스토어(출처: 뉴시스, 신세계그룹뉴스)

종합하여 새로운 형태의 제품 디자인을 제안하여 설계, 생산하고, 재고관리부터 유통 서비스까지 책임지는 세상이 올지도 모른다. 이제 대량의 다양한 종류의 상품을 보유한 오프라인 매장을 가진 대형 유통회사가 아닌 생성형 AI 기술을 잘 다루고 고객 니즈를 확보하여 최적 가격에 필요한 시점에 고객이 원하는 제품을 배송하는 새로운 형태의 유통기업이 살아남는 시대가 올지도 모른다. 이를 위해서는 다양한 구색의 다품종 소량 제품을 정기적으로 모아 최적의 가격에 적시에 운송하기 위한 AI기반 차량 배차, 차량 적재함 혼적 및 경로 최적화 등의 물류 역량도 강화해야 한다.

온라인 매장부분 뿐만 아니라 오프라인 매장에서도 체험형 소비에 대한 니즈가 증가하고 있다. 예를 들면 온라인에서 인기있는 브랜드, 할로윈 등의 시즌형 상품, K-콘텐츠 굿즈 관련 팝업 스토어가 만들어지고, 팝업스토어에서 판매하는 상품이 짧은 기간 동안 특정 공간에만 구매 가능한 한정판(Limited Edition)이라는 인식으로 소비자들의 구매 선호도가 높은 편이다.

③ 저가의 중국커머스 공격 본격화(2024)

→ 차별화된 고객만족서비스(적정가·빠른배송·다양한 구색의 고품질상품 등) 제공업체 약진(2025)

『물류트렌드 2024』에서는 쿠팡 등 유통 공룡기업의 틈새시장을 공략하지 못한 이커머스 업체는 구조조정될 것이고, 가격경쟁력 및 마진을 확보하거나 차별화된 빠른 배송 서비스(파도상자의 주문접수-어획-신선한 수산물을 제공) 등을 제공한 소수의 업체만이 살아남을 것으로 예상했다.

그런데 2024년 7월 큐텐 산하의 티몬, 위메프의 대금 미정산 사태가 발생하여 기업회생절차를 신청하는 등 이커머스 플랫폼들의 구조조정이 가시화되었다. 이러한 상황에 초저가를 내세운 알테쉬(알리익스프레스, 테무, 쉬인) 등 중국커머스(C커머스) 업체의 국내 시장을 대상으로 한 공격적인 마케팅으로 국내 이커머스 시장에서의 점유율을 높이고 있다. 그 결과 2024년 2/4분기 해외직구액 중 중국이 차지하는 비중이 61.4%(1조 2,373억원)로 전년 동기 대비 14.6%포인트 증가했다. 하지만 2/4분기 국내 온라인쇼핑 거래액은 60조 7,372억원으로 C커머스 비중은 2%에 불과하여, 우려했던 수준만큼 중국 상품 소비는 증가하지 않았다.[16] 이는 알테쉬 상품 가격에 대한 만족비율은 조사대상 500명 중 80.8%이지만, 상품품질(64.3%), 배송지연(53.6%), 반품 및 취소의 어려움(44.7%), 가품 판매(16.8%) 등의 불만족 요소가 있기 때문이다(복수응답).[17] 배송과 상품 품질이 보장되지 않은 저가 전략으로는 소비자의 지속적인 구매가 이어지지 않는다

16) 통계청, 2024년 6월 온라인 쇼핑 동향, 2024.8.1. 기반 저자 작성
17) 한겨레신문, https://www.hani.co.kr/arti/economy/consumer/1141722.html(검색일: 24.10.1)

는 것을 보여준다. 하지만 중국 커머스업체들의 한국시장을 포함한 글로벌 시장 장악을 위한 노력은 세심히 살펴볼 만하다.

2025년은 대만, 미국 시장 진출을 시작한 쿠팡을 시작으로 우리나라 전자상거래 업체들이 한국시장의 성공 노하우와 AI기반 크로스보드 풀필먼트 관리 능력으로 중국 등 여러 크로스보드 커머스 업체와 전세계 시장에서 경쟁하면서 살아남을 수 있는지 실험하는 한 해가 될 것으로 판단된다.

2025년에 유통업체들이 치열한 경쟁시장에서 살아남기 위해서는 차별화된 고객만족서비스(적정가·배송품질·다양한 구색의 고품질상품 등)를 제공하는 것이 필요하다. 마진을 지키면서 고객이 수용할 수 있는 적정가격을 제시하기 위해 제조사가 고객니즈 데이터를 기반으로 제품을 개발하고, 중간 유통단계를 없애고 소비자에게 제품을 직접 판매하는 D2C(Direct-to-Consumer) 형태의 비즈니스가 증가할 것으로 예상된다.

D2C 사례를 살펴보면, 테슬라는 자사몰에서 차량 모델, 색상, 내부 인테리어 등 옵션을 선택하고 대금을 지불하면 구매가 확정되는 등 온라인 판매를 하고 있다. 신라면 등을 판매하는 농심 또한 농심몰을 운영하면서 고객의 레시피를 이용한 짜파구리(짜파게티+너구리 라면) 세트상품, 농꾸(아이 이름을 넣은 스낵), 신제품을 빨리 체험해볼 수 있는 얼리어먹터 이벤트를 진행하고 있다.

국내 이커머스 시장은 쿠팡의 익일 배송과 주7일 배송 등에 익숙해진 소비자로 인하여 이러한 서비스를 제공하지 않는 업체는 살아남기 힘든 구조로 변하고 있다. 때로는 가성비를 따지고 선호제품에 대해서는 가격을 고려하지 않고 지불하는 양극 소비성향을 가진 앰비슈머(Ambivalent+Consumer) 증가로 유통업체들은 다이소와

농꾸(개인문구/이름 삽입한 스낵/라면)	앰비슈머(생필품은 싸게 선호제품 비싸게) 구매
	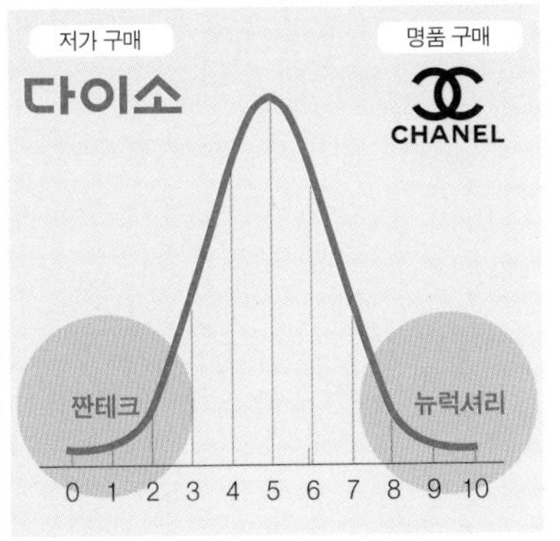

[그림 9] D2C 사례(출처: 농심몰, 뉴시안, 조선일보, 소비자평가)

같은 초저가 제품의 판매와 코치(COACH) 등과 같이 합리적 가격의 명품을 판매하는 매스티지(Masstige =대중(Mass)+명품(Prestige)) 전략 등 고객 맞춤형 마케팅을 강화해야 할 것으로 보인다.

위기관리 및 지속가능 부문

① 공급망 위기관리 필요성 대두(2024) → 글로벌 공급망 관리 성공사례 찾는 노력 가속화(2025)

『물류트렌드 2024』에는 러-우크라이나 전쟁 등 공급망 교란에 대응하기 위한 공급망관리 모델의 필요성이 제안되었다. 하지만 홍해 후티반군 공격으로 컨테이너선박이 수에즈운하가 아닌 희망봉으로 돌아가고 있고, 파나마운하의 가뭄으로 인한 선박 통항 제한으로 대기선박이 증가하는 등 아직도 글로벌 공급망 위기에 대해 스마트기술을 접목한 문제 해결 성공사례는 한계가 있어 보인다.

하지만 기업 내에서 AI기반 재고관리, 수요 예측, 물류 개선을 통해 공급망 관리 비용을 절감하고 운영 효율성을 향상시키는 사례는 존재한다.

월마트의 데이터과학자, 엔지니어, 비즈니스분석가 등으로 구성된 AI CoE(Center of Excellence) 조직은 데이터기반 수요예측 및 재고관리, 물류 경로 최적화, AI기반 쇼핑 제안 및 자동화 등을 통해 공급망 운영효율성을 달성했다. 월마트의 AI CoE의 기술 도입 전후를 비교해보면 재고가 빠르게 판매되고 관리되어 재고회전률이 개선(8.0 → 10.5)됐다. 운영 효율성 향상으로 품절률 또한 감소(5.5% → 3.0%)되며, 운영효율성 향상으로 공급망 비용이 절감(20억 달러 → 16억 달러) 되었다.[18] 또한 월마트는 올해 2분기 실적 보고에서 8억 5천만 개의 제품 카탈로그 데이터를 AI기반으로 정리하고 최적화하여 고객이 제품과 서비스를 이용하는 전과정에서 느끼는 경험인 CX(Customer Experience)가 크게 개선되었다고 밝혔는데, AI가 없었다면 해당 작업을 하는데 투입된 인원의 약 100배가 더 필요했을 것이라고 언급했다.[19]

실제 공급망에서 위험관리에 최적화된 제품의 활용도는 현재 떨어지나, 생성형AI 기반 개발 업체의 공급망 위기관리 제품인 Resilinc의 소프트웨어 기능으로 향후 공급망 위기관리 방향의 파악이 가능하다. 예를 들면 공급망 가시성 모니터링 시스템인 EventWatchAI는 1억 400만 개의 뉴스 소스와 사이트를 스캔하여 잠재적인 위험

---

18) The CDO TIMES, https://cdotimes.com/2024/06/07/walmart-case-study-best-practices-for-setting-up-an-ai-center-of-excellence-coe-in-retail/(검색일: 24.9.30)
19) CIO DIVE, https://www.ciodive.com/news/walmart-generative-ai-data-experience/724426/(검색일: 24.9.30)

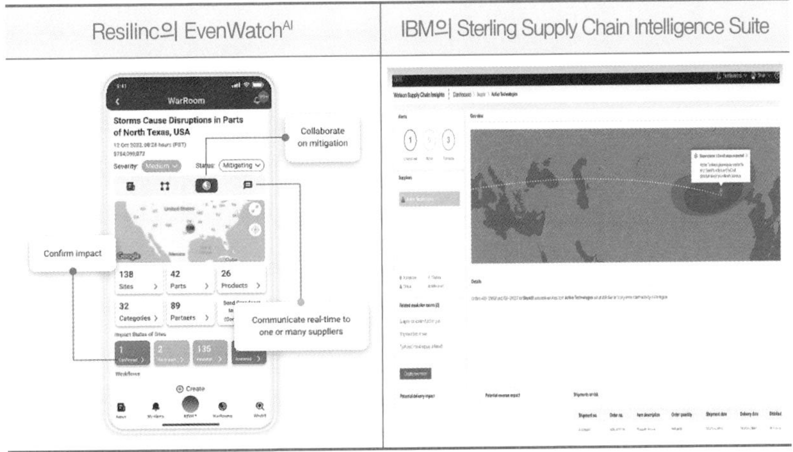

[그림 10] 공급망 위기관리 솔루션 사례(출처: Resilinc, Software Advice)

을 파악하여 공급망에 미치는 중요한 이벤트를 실시간으로 제공하여 기업이 공급망 중단에 대한 의사결정을 할 수 있도록 도와주는 프로그램이다. 또한 IBM의 Watson Supply Chain은 AI기술을 공급망 관리에 도입하여 실시간 가시성, 예측 가능성을 높인 어플리케이션이다.[20]

2025년에는 생성형 AI에 대한 기대가 커지고 있기 때문에 월마트처럼 생성형 AI기반 공급망 혁신사례가 증가할 것이고, 분쟁과 기후변화 등에 의한 공급망 위기 시 최적의 공급망관리계획을 제시하고 적용해보는 시도는 계속될 것이라 판단된다.

20) Resilinc, https://www.resilinc.com/solutions/eventwatchai/; Software Advice, https://www.softwareadvice.com/scm/ibm-sterling-supply-chain-insights-with-watson-profile/(검색일: 24.9.30)

② 물류 기업 ESG 경영 시작(2024) → 지속가능 물류가 핵심요소로 두각(2025)

2024년에 IMO의 2050년 국제 해운 온실가스 배출량을 제로화 시키는 넷제로(Net-Zero) 전략과 EU의 공급망 전체에 배출량을 1990년 수준 대비 총량 기준 55% 감축하는 Fit for 55로 인한 고객사 요구로 선사들을 포함한 물류 기업들이 실천전략을 수립, 적용하기 시작했다. 이로 인하여 DHL, 아마존, 머스크 등 물류업체들은 친환경연료유를 도입하고 있고, 사용하는 전력의 100%를 재생가능 에너지로 전환하겠다는 RE100에 참여하는 기업 수(월마트, 애플, 구글, 이케아 등)도 점차 늘어나고 있다. 우리나라 제조 수출기업의 16.9%가 공급망 원청업체로부터 재생에너지 사용을 요청받고 있고,[21] 볼보, BMW 등과 같은 유럽 완성차 제조업체들은 부품 공급업체, 물류 전문기업들에게 계약 조건으로 RE100 참여를 요구하고 있다.

한편 생활용품 친환경 소비관점에서 식품의약품안전처가 플라스틱을 줄이기 위해 리필스테이션 시범사업을 2년간(2022.1~2024.1) 운영했다. 알맹상점, 이니스프리, 아로마티카 등이 참여하여 총 7곳에서 샴푸, 린스, 보디클렌저, 액체비누 4가지 품목을 판매했고,[22] 이마트, LG생활건강, 세븐일레븐 등에서도 리필스테이션을 설치 운영하고 있는데, 현재 확산 속도는 느린 편이다. 이는 소비자가 가격 중심이 아닌 환경 등을 고려한 가치 소비에 대한 인식 전환이 미흡한면도 있지만 다른 문제도 있다. 리필스테이션에서는 제품의 유통기한 등 상품 정보를 확인할 수 없고, 전용용기만을 사용해야 한

21) 장현숙, 제조 수출기업의 RE100 대응 실태와 과제, TRADE FOCUS 2024년 17호.
22) 뷰티누리, https://www.beautynury.com/m/news/view/103829/cat/10/cat2/10700/page/30(검색일: 24.10.1)

다거나, 용기의 세척 편의성이 떨어지고, 용기 안전성 등에 대한 확신을 제공하지 못한 이유도 있다. 하지만 리필스테이션에서 구매한 상품이 일반 상품보다 평균 41.8% 저렴하기 때문에 2030세대를 중심으로 불필요한 소비를 줄이는 요노(You Only Need One) 소비 트렌드 확산으로 리필스테이션에 대한 수요도 확산될 가능성이 있다.[23)]

2025년부터는 각국의 부품 등을 제조 수출하는 기업과 유통·운송하는 물류 기업 등은 RE100을 포함하여 공급망 전체의 온실가스 배출량 감축 능력이 경쟁력이 될 것으로 판단된다. 또한 리필스테이션과 재활용품을 업사이클링해 제품으로 판매하는 제로웨이스트숍 등이 전국적으로 확산되면 이를 뒷받침하는 회수, 세척, 운송 등의 새로운 형태의 물류가 활성화될 것으로 판단된다.

③ ICT+물류, 전통·신생산업+물류와 접목 발전(2024)
→ ICT+물류+친환경 기반 물류재편(2025)

『물류트렌드 2024』에서는 물류가 ICT와 접목되고, 기존 전통산업 혹은 신생산업이 물류와 접목되는 빅블러를 소개했다. 드론 물류거점 등 기존 주유소를 새로운 개념으로 탈바꿈한 GS칼텍스, 오징어게임, BTS 등 K-콘텐츠가 각광받음으로써 관련 의류, 마스크, 화장품, 음반 등의 해외 수출을 위한 물류서비스 필요성 등 산업간 경계가 무너지는 새로운 빅블러를 소개했다.

2025년에는 물류와 ICT 접목뿐만 아니라 친환경 전체 라이프사이클 관리 능력이 중요해질 것으로 보인다. 기존 선사들은 화물을 효율적으로 적재하고, 정해진 시점에 운송하는 것이 선대운영의 핵심

23) 스마트경제, https://www.dailysmart.co.kr/news/articleView.html?idxno=92203(검색일: 24.10.1)

이었고, 조선소는 이를 뒷받침하기 위한 선체 제작, 엔진 개발 등이 핵심 요소였다. 하지만 탄소배출 저감이 국제사회의 주요한 의제로 떠오르면서 선사는 추가적으로 디지털 기반 친환경 선대 수요예측 및 운영, 위기관리(암모니아 독성, 배터리 폭발 등) 능력이 중요해졌고, 조선소는 고객사가 원하는 그린암모니아, 그린수소 등 친환경 연료 추진선박을 적기에 개발하는 것이 핵심 경쟁력이 되었다.

전기자동차, 전기추진선박 등에 사용되는 배터리 운송을 위해서는 원재료 공급부터 포장 및 보관, 폐배터리 수거에 이르기까지 전체 공급망 및 라이프사이클 관점에서 안전을 고려한 관리가 필요하다. 전기자동차의 경우 화재 발생 시 내연기관자동차에 비해 10배의 소화제, 10배 이상의 소화 시간이 필요하므로 전기자동차 등 배터리를 운송하는 선박, 항공기의 경우 화재감지 등의 화재관제시스템이 필수적이다. 또한 전기자동차 생산이 늘어나면서 차에 설치하는 배선이 과거보다 두꺼워지고, 더 많이 투입되어 와이어링이 더 굵어졌다. 이로 인하여 기존 와이어링 무게가 2~3kg이었다면 지금은 6~7kg여서 제조 및 물류센터에서 육체 노동 강도가 세졌다.[24] 이로 인하여 전기차, 전기추진선 생산이 증가할수록 웨어러블 로봇에 대한 니즈도 증가될 것으로 판단된다.

그리고 기후변화로 인한 북극 해빙에 대비하여 해상무역 및 물류 패턴 변화를 감지하고, 북극에서의 지속가능한 에너지 공급망 관리와 해당 지역의 환경과 주민복지를 위한 균형잡힌 개발이 가능하도록 하는 연구가 본격적으로 시행되어야 할 것으로 판단된다.

24) 유네스코한국위원회 기획, 아주 구체적인 위협: 유네스코가 말하는 기후위기 시대의 달라진 일상, 동아시아, 2022.8.

4장. 소결

앞에서 언급한 것과 같이 본 책은 국내 최고 전문가들이 깊이 있는 분석을 통해 2025년 물류 산업을 4개의 키워드(기술변화, 시장변화, 지속가능성, 위기관리)를 기반으로 현황과 미래 전망을 다루고 있다.

배출된 이산화탄소는 대기중에 200년이나 머물러도 사라지지 않기 때문에 기후위기는 현재를 살고 있는 우리뿐만 아니라 미래세대의 삶의 질도 미리 결정해버린다. 그래서 이 책이 기후위기에 대한 경각심을 가지고 물류관점에서 어떤 노력을 해야 하는지에 대한 방향을 제시한다. 즉 친환경 물류가 기업에게는 새로운 도전과 발전의 돌파구가 되고, 소비자는 가격만이 아닌 친환경 제품에 대한 가치 소비의 실천 계기가 되어, 자연과 함께 기대어 사는 조화로운 삶을 뜻하는 스페인어인 부엔 비비르(buen vivir)가 실현되어 미래세대에게 지금보다는 나은 지구를 제공할 수 있을 것이라 확신한다.

과거 공룡을 절멸시켰던 기후변화는 소행성 충돌이라는 외부적 요소에 의한 것이지만 지금의 기후변화의 원인은 인간이고, 인간에 의해 빠른 속도로 진행되고 있다. 유네스코가 2019년 기후변화 보고서에서 언급한 바와 같이 '변화해야 하는 것은 기후가 아니라 인간의 마음이다(Changing minds, not the climate)[25]'라는 문구와 같이 기후위기를 일으키는 주체도 해결해야 주체도 인간이라는 것을 잊지 말아야 할 것이다.

기후변화라는 주어진 어려운 문제를 해결하기 위해서는 변화하는 시장 동향을 우선 파악하고, 발전하는 기술을 접목하여 공급망 전체 관점

25) 유네스코한국위원회 기획, 아주 구체적인 위협: 유네스코가 말하는 기후위기 시대의 달라진 일상, 동아시아, 2022.8.

에서 위기관리 문제를 바라보고, 지속가능관점에서 물류를 발전시키는 방향을 고민하는 것이 필요하므로, 이 책이 그 길의 자그마한 등불이 되기를 희망한다.

참고문헌

AI타임즈, https://www.aitimes.com/news/articleView.html?idxno=143292

AI타임즈, https://www.aitimes.com/news/articleView.html?idxno=161376

Asia financial, https://www.asiafinancial.com/tesla-will-put-humanoid-robots-to-work-by-2025-says-musk

Business Post, https://www.businesspost.co.kr/BP?command=article_view&num=352861

CNEVPOST, https://cnevpost.com/2024/08/05/zeekr-piloting-use-humanoid-robots-in-factory/

CIO DIVE, https://www.ciodive.com/news/walmart-generative-ai-data-experience/724426/

GeekWire, https://www.geekwire.com/2023/getting-to-know-digit-the-humanoid-robot-that-amazon-just-started-testing-for-warehouse-work/

KBS뉴스, https://news.kbs.co.kr/news/pc/view/view.do?ncd=7921314

Nextbig Future, https://www.nextbigfuture.com/2024/05/tesla-shows-optimus-teslabots-in-factory-demo.html

Resilinc, https://www.resilinc.com/solutions/eventwatchai/

Robotics247, https://www.robotics247.com/article/agility_robotics_gxo_sign_multi_year_humanoid_deployment_agreement

Software Advice, https://www.softwareadvice.com/scm/ibm-sterling-supply-chain-insights-with-watson-profile/

The CDO TIMES, https://cdotimes.com/2024/06/07/walmart-case-study-best-practices-for-setting-up-an-ai-center-of-excellence-coe-in-retail/

Water Journal, https://www.waterjournal.co.kr/news/articleView.html?idxno=76365

Worldometers, https://www.worldometers.info/kr/

감염병포탈, https://dportal.kdca.go.kr//pot/cv/trend/dmstc/selectMntrgSttus.do

그린피스, https://www.greenpeace.org/korea/update/12074/blog-health-climate-virus/

농심몰, https://channel.io/ko/blog/nongshimmall

뉴시스, https://www.newsis.com/view/NISX20240725_0002825972

뉴시안, https://www.newsian.co.kr/news/articleView.html?idxno=70717

동아일보, https://www.donga.com/news/Inter/article/all/20211111/110199542/2

매일경제, https://www.mk.co.kr/news/business/10941334

머니투데이, https://news.mt.co.kr/mtview.php?no=2023071415312659551

뷰티누리, https://www.beautynury.com/m/news/view/103829/cat/10/cat2/10700/page/30

소비자평가, http://www.iconsumer.or.kr/news/articleView.html?idxno=26676

스마트경제, https://www.dailysmart.co.kr/news/articleView.html?idxno=92203

신세계그룹 뉴스, https://www.shinsegaegroupnewsroom.com/139318/

조선일보, https://www.chosun.com/international/international_general/2023/12/28/3LV4KWW6HREZJBLG45JOYMOSEY/

유네스코한국위원회 기획, 아주 구체적인 위협: 유네스코가 말하는 기후위기 시대의 달라진 일상, 동아시아, 2022.8.

장현숙, 제조 수출기업의 RE100 대응 실태와 과제, TRADE FOCUS 2024년 17호.

조선일보, https://biz.chosun.com/topics/topics_social/2023/04/22/

SPU474HGTVDLPKJVMWELRDKLVA/

통계청, 2024년 6월 온라인 쇼핑 동향, 2024.8.1

한겨레, https://www.hani.co.kr/arti/science/science_general/1131058.html

헬스경향, https://www.k-health.com/news/articleView.html?idxno=66603

CONTENTS

M-시장동향

S-지속가능

R-위기관리

T-
기술동향
TECHNOLOGY TRENDS

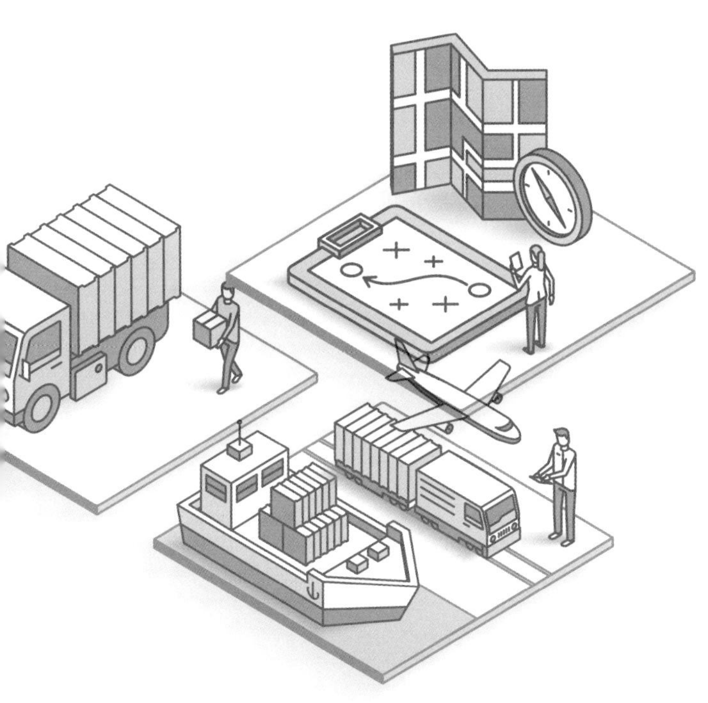

생성형 AI가 재정의하는 유통과 물류의 파괴적 혁신

초개인화 쇼핑 경험과 자동화 물류 혁명의 서막

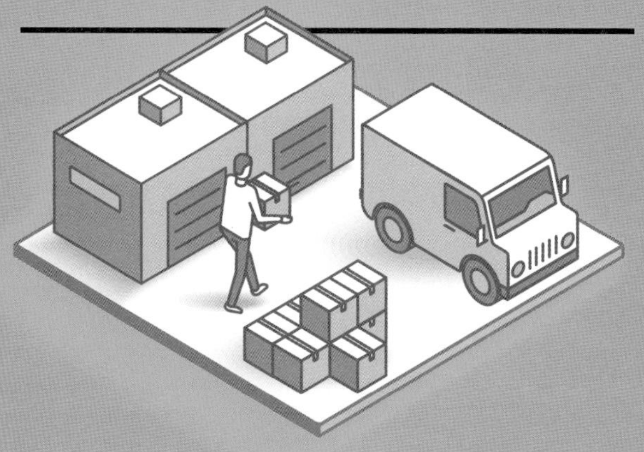

김창수

비욘드엑스 인공지능 디자인연구센터장

KAIST에서 산업디자인 학·석사를, 연세대에서 MBA를, 영국 샐퍼드 대학에서 디자인매니지먼트 박사과정을 수료했다. LG전자, 삼성전자, SK텔레콤 등 대기업에서 사용자 경험과 브랜드 경험 분야를 이끌었고, 이후 물류 스타트업 ㈜원더스를 창업해 매출 200억 달성, 한국물류대상 수상 등의 성과로 기업가적 역량을 입증했다. 현재는 비욘드엑스 인공지능 디자인연구센터장으로 AI와 디자인의 융합을 탐구하고 있다.

서론: 새로운 시대의 서막

2022년 11월, ChatGPT의 등장은 전 세계를 놀라게 했다. 인간과 대화하고, 복잡한 문제를 해결하며, 창의적인 작업까지 수행하는 AI의 모습은 많은 이들에게 충격을 주었다. 그러나 이는 시작에 불과했다. 생성형 AI의 진정한 혁명은 이제 막 시작되고 있으며, 그 영향력은 우리의 상상을 훨씬 뛰어넘을 것이다.

특히 유통과 물류 분야에서 이 변화는 더욱 극적으로 나타날 것이다. 지금의 온라인 쇼핑이 우리가 직접 검색하고 고르는 방식이라면, 앞으로의 쇼핑은 완전히 다를 것이다. AI가 우리의 취향, 습관, 상황을 모두 분석해서 최적의 제품을 추천하고, 심지어 구매까지 대신해줄 것이다. 이는 기존 유통·물류 기업들에게 생존의 위협이 될 수 있다. 지금까지 당연하게 여겼던 플랫폼의 역할, 검색 광고, 대규모 상품 보유, 이 모든 것들이 의미를 잃을 수 있다. 하지만 동시에 이는 혁신적인 기업들에게 새로운 기회의 장을 열어줄 것이다.

물류 분야도 마찬가지다. 휴머노이드 로봇의 발전이 가속화되면서, 물류센터의 모습이 완전히 바뀔 것이다. 지금까지의 로봇 개발이 모든 동작을 일일이 프로그래밍해야 하는 복잡한 과정이었다면, 이제는 전혀 다르다. 생성형 AI의 도입으로 로봇들이 스스로 학습하고 적응하는 능력을 갖추게 됐다. 이는 24시간 쉬지 않고 돌아가는 완전 자동화된 물류센터의 실현을 의미한다.

이 글에서는 생성형 AI가 유통과 물류 산업에 몰고 올 거대한 변화의 물결을 자세히 들여다보고, 기업들이 어떻게 대응해야 할지 함께 고민할 것이다. 우리는 지금 산업 혁명에 버금가는 엄청난 변화의 한가운데 있다. 이 변화를 어떻게 받아들이고 대응하느냐에 따라 기업의 운명이, 나아가 우리 사회의 미래가 결정될 것이다.

자, 이제 유통과 물류의 미래로 떠나는 흥미진진한 여행을 시작한다.

1장. 생성형 AI 시대의 유통 변혁

AI 혁명과 유통 산업의 패러다임 전환

유통 산업은 지난 수십 년간 기술의 발전에 따라 지속적으로 변화해 왔다. 오프라인 매장에서 온라인으로, 다시 모바일로의 전환이 이루어진 후, 이제는 AI가 그 중심에 자리 잡고 있다. 특히 생성형 AI는 쇼핑의 본질을 완전히 재정의할 가능성을 가지고 있다. 기업들은 이미 생성형 AI를 활용하여 놀라운 성과를 이루어내고 있다. 특히 대화형 AI 쇼핑 어시스턴트 분야에서 혁신적인 변화가 일어나고 있다. 이는 마치 매장 점원과 대화하듯 쇼핑할 수 있게 해주고 있는 것이다.

우선 구글의 SGE(Search Generative Experience)부터 보자. SGE에게 "수영장 파티용 블루투스 스피커를 찾고 있어요"라고 하면, SGE가 방수 기능, 배터리 수명, 음량 등을 고려해 맞춤 제품을 추천해 준다. "8㎞ 출퇴근용 자전거 추천"이라는 검색어에 대해서는 자전거의 특성(예: 가벼운 무게, 내

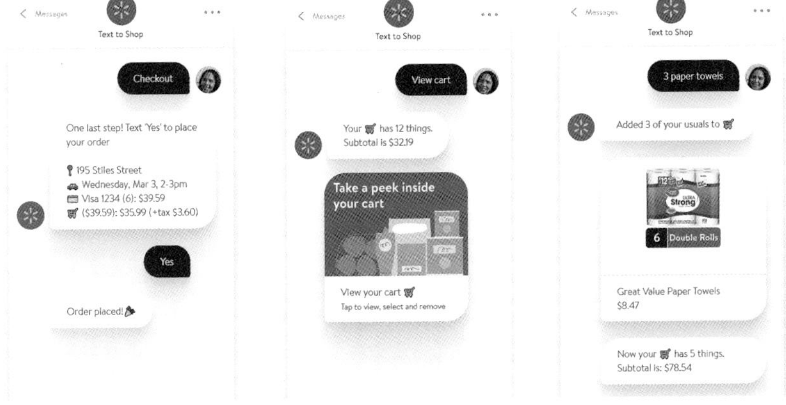

[그림 1] Text to Shop 사용 예시(출처: Walmart)

구성, 기어 시스템)을 요약해 제공하고 이에 맞는 자전거 모델들을 추천할 수 있다. 구글의 방대한 쇼핑 그래프와 연동돼 350억 개가 넘는 제품 정보를 분석한다고 하니, 상당히 정교한 추천이 가능할 것으로 보인다. 이 쇼핑 그래프는 매시간 20억 개 이상의 리스팅을 최신 가격, 재고 상태, 배송 정보 등으로 업데이트한다고 하니, 거의 실시간으로 정확한 정보를 제공할 수 있을 것 같다.

월마트는 음성 및 텍스트 기반 쇼핑 서비스를 통해 고객들에게 편리한 쇼핑 경험을 제공한다. 예를 들어, 한 고객이 집에서 아이를 돌보던 중 갑자기 아이가 다쳤을 때, "헤이 시리" 또는 "OK 구글"이라고 말한 뒤 "월마트 장바구니에 밴드에이드 추가해줘"라고 요청할 수 있다. 월마트의 AI 시스템은 즉시 이 음성 명령을 처리하고, 고객의 과거 구매 이력을 분석하여 해당 가정에서 선호하는 '슈퍼히어로 밴드에이드'를 자동으로 장바구니에 추가한다.

eBay의 'ShopBot' 역시 고객이 eBay의 10억 개가 넘는 상품 목록을 탐색할 수 있도록 돕고, 텍스트, 음성 또는 사진을 공유하여 맞춤형 제안을

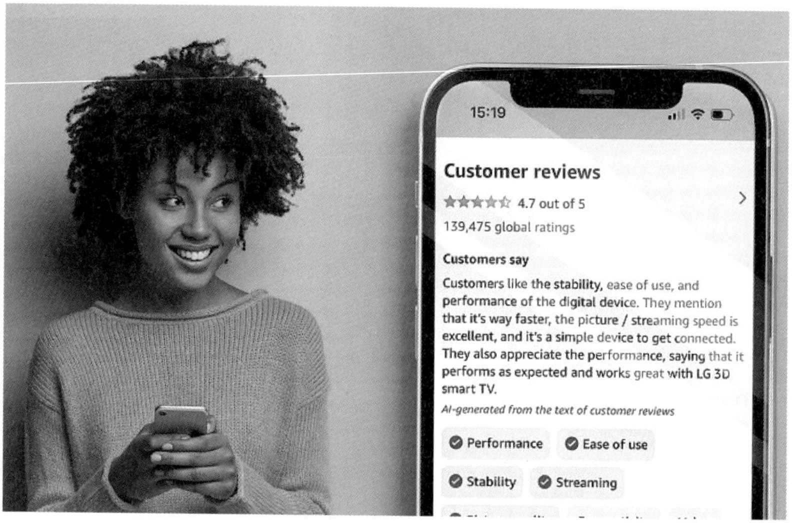

[그림 2] AI-Generated Review Highlights(출처: Amazon)

받을 수 있게 한다. 예를 들어, 고객이 "여름에 어울리는 드레스"를 찾을 때 ShopBot은 드레스 스타일을 제안하고, 고객의 반응에 따라 더 구체적인 옵션을 제공한다.

제품 리뷰 분석 및 요약 분야에서도 AI가 활용되고 있다. 아마존의 'AI-Generated Review Highlights' 기능은 생성형 AI를 활용하여 고객이 남긴 리뷰에서 핵심 피드백을 추출하고, 그 내용을 간결하게 요약해준다. 예를 들어, 고객이 특정 의류 제품을 구매하려고 할 때, AI는 "사이즈가 정사이즈로 맞는다", "원단이 부드럽다"와 같은 공통된 리뷰를 자동으로 요약해 상단에 띄워준다. 이를 통해 고객은 긴 리뷰를 일일이 읽지 않고도 제품의 장단점을 빠르게 파악할 수 있다.

가상 착용(Virtual Try-On) 기술도 여러 기업에서 도입하고 있다. 구글의 'Virtual Try On' 기술은 고객이 의류를 실제로 입어보지 않고도 가상으로 착용해볼 수 있게 한다. 단순히 옷 이미지를 덧씌우는 수준이 아니라

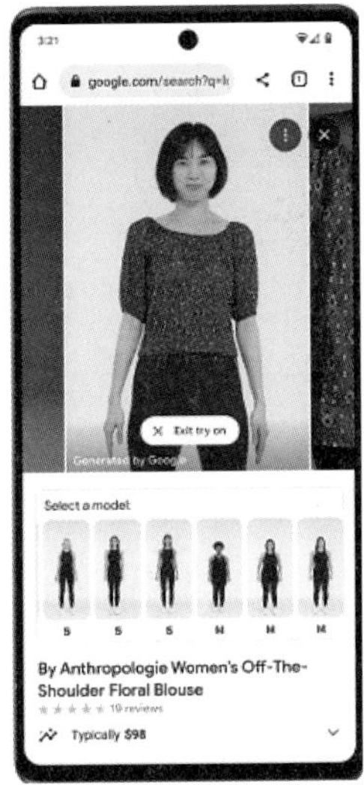

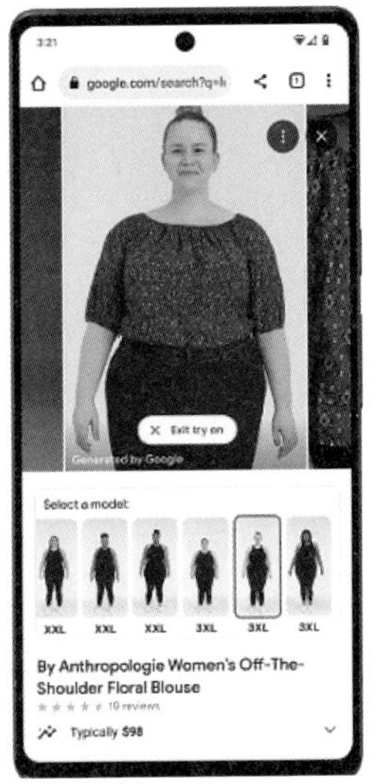

[그림 3] Virtual Try-On(출처: Google blog)

옷감이 늘어나고 구겨지는 모습까지 구현한다. 구글이 개발한 생성형 AI '디퓨전 트랜스포머'는 모델과 의상 이미지를 동시에 분석해 옷감이 늘어나거나 구겨지는 모습까지 구현한다.

매장 운영에서도 AI가 적극 활용되고 있다. 월마트의 'Ask Sam'은 AI 음성 비서로, 직원들이 매장 내에서 효율적으로 업무를 수행할 수 있도록 돕는다. 예를 들어, 한 직원이 "치토스의 위치가 어디지?"라고 Ask Sam에게 물으면, 시스템은 즉시 음성 명령을 처리하고 매장의 레이아웃 데이터를 분석하여 "치토스는 12번 통로 3번 선반에 있습니다"라고 정확한 위치를 알려준다. 더 나아가 "현재 재고는 20개이며, 오늘 오후에 50개가 추가로 입고될 예정입니다"와 같은 재고 정보도 제공한다.

월마트는 매장 내 AR 기술도 도입했다. 고객이 스마트폰으로 매장 선반을 스캔하면 개인화된 제품 정보를 제공한다. 예를 들어, 글루텐 프리 식단을 선호하는 고객이 매장의 시리얼 통로를 방문했다고 가정해 보

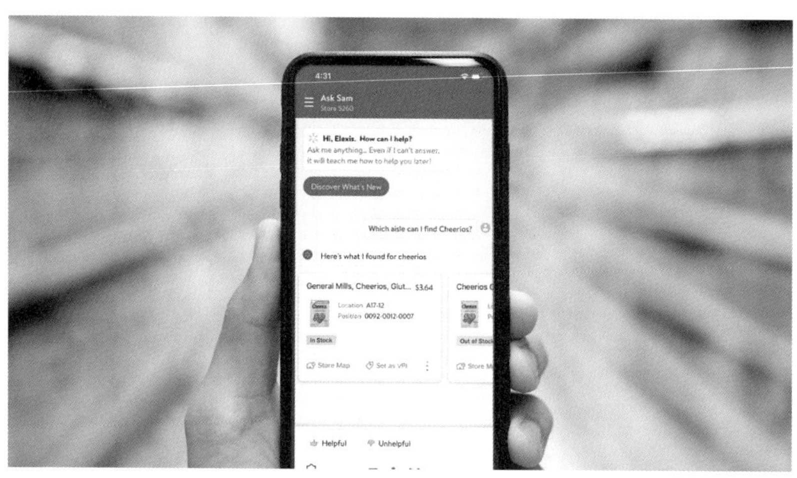

[그림 4] Ask Sam에게 매장직원이 치토스의 위치가 어디지라고 문의하고 있다.
(출처: Walmart)

자. 고객이 스마트폰으로 선반을 스캔하면, AR 기술이 작동하여 글루텐 프리 제품들을 하이라이트로 표시해주고, 각 제품의 영양 정보, 고객 리뷰, 할인 정보 등이 실시간으로 화면에 오버레이된다.

마케팅 분야에서도 AI는 중요한 변화를 이끌고 있다. 코카콜라는 DALL·E 2를 활용하여 소비자가 자신만의 코카콜라 이미지를 생성하고 이를 소셜 미디어에서 공유할 수 있는 캠페인을 운영하였다. 현대백화점은 AI 카피라이터 '루이스'를 도입하여 마케팅 문구 제작을 자동화하고 있다. 루이스는 하루에 330건 이상의 마케팅 제목과 본문을 생성해내고 있는데, 이는 홍보 문구 선정에 걸리는 시간을 크게 단축시키고 있다고 한다.

롯데홈쇼핑은 가상 인간 쇼호스트 '루시'를 활용한 패션 프로그램을 운영하고 있다. 이 프로그램에서는 AI 기술로 구현된 아바타 쇼호스트가 고객이 요청한 아이템을 착용한 모습을 실시간 3D 이미지로 보여준다. 예를 들어, 고객이 특정 사이즈나 색상의 옷을 선택하면, '루시'는 해

[그림 5] 롯데홈쇼핑의 가상 인간 쇼호스트 '루시'(출처: 롯데홈쇼핑)

당 옷을 착용한 모습을 다양한 각도에서 보여주어 고객이 실제로 착용한 듯한 경험을 제공한다. '루시톡 라이브'는 첫 방송부터 실시간 채팅 수가 전주 동시간대 대비 5배 이상 증가하고, 주문금액이 80%, 주문건수가 40% 증가하는 등의 성공적인 결과를 나타냈다.

비즈니스 운영의 효율성 측면에서도 AI는 중요한 역할을 하고 있다.

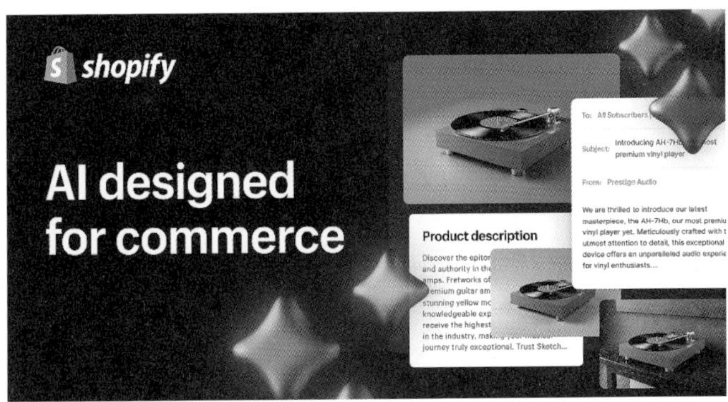

[그림 6] shopify의 shopify magic & sidekick(출처: shopify)

Shopify의 'Shopify Magic'은 제품 설명 작성, 마케팅 이메일 생성, 블로그 포스트 작성 등을 자동화하여 판매자들이 반복적인 작업에 소요하는 시간을 절약하고, 업무 효율성을 크게 높이고 있다.

월마트는 AI 기반 챗봇을 도입하여 공급업체와의 비용 및 구매 조건을 협상하는 프로세스를 혁신하였다. 예를 들어, AI 시스템이 특정 브랜드의 치약 재고가 향후 2주 내에 부족해질 것으로 예측했다고 가정해 보자. 시스템은 자동으로 해당 공급업체와의 협상을 시작한다. 이 과정에서 AI는 과거 거래 기록, 현재의 시장 가격, 경쟁사의 동향 등을 고려하여 최적의 주문량과 가격을 제안한다. "현재 시장 가격보다 3% 낮은 가격에 10,000개를 주문하고, 빠른 배송을 조건으로 제시"하는 식의 구체적인 협상 전략을 수립한다. 이 시스템의 도입 결과, 월마트는 89개 공급업체와의 거래에서 64%의 성사율과 평균 1.5%의 비용 절감 효과를 달

[그림 7] 아우디의 FelGAN 사용 예(출처: Audi)

성했다고 한다.

생성형 AI는 제품 디자인의 혁신에도 크게 기여하고 있다. 아우디의 'FelGAN'은 차량 바퀴의 이미지를 신속하게 디자인하고, 기존 디자인을 결합해 새로운 디자인을 창출한다. 디자이너는 AI의 제안을 통해 다양한 선택지를 탐색하며, 새로운 관점에서 창의적인 디자인을 발굴할 수 있다.

언더아머는 생성형 AI 디자인과 3D프린팅 기술을 활용하여 'UA 아키테크'라는 신개념 트레이닝화를 개발했다. 이 신발은 근력 운동에 최적화된 충격 흡수 능력을 갖춘 중창부가 있는데, AI가 운동 유형에 따라 중창의 구조를 다르게 설계하여 사용자에게 맞춤형 신발을 제공한다.

이러한 혁신적인 사례들에도 불구하고, 현재의 AI 활용은 여전히 기존 비즈니스 모델의 틀 안에 머물러 있다. 개인화된 제품 추천, 가상 피팅, 자동화된 고객 서비스 등은 분명 놀라운 성과지만, 이는 근본적으로 현재의 쇼핑 경험을 보완하는 수준에 머물러 있다. 이는 생성형 AI의 잠재력을 과소평가한것이다. 생성형 AI는 소비자의 니즈를 선제적으로 파악하고, 최적의 상품을 찾아 구매를 대행하며, 소비자조차 인식하지 못한 잠재적 욕구까지 충족시킬 수 있는 엄청난 파워를 가지고 있다. 이제 생성형 AI의 잠재력을 살펴보자.

AX 핵심: PSA(Personal Shopping Agent)의 등장

최근의 연구와 개발들은 생성형 AI를 한 단계 더 진화시키고 있다. 기존의 AI가 사용자의 질문에 대답하는 수동적인 역할에 머물렀다면, 이제 AI는 사용자의 목표를 이해하고 그에 맞춰 독립적으로 행동하는 방향으로 진화하고 있다. 오픈AI의 CEO 샘 올트먼은 "AI 에이전트는 AI 기술 발전의 다음 단계이며, 사람들의 삶을 근본적으로 변화시킬 것"이라고 말한다. 자율적으로 사고하고 행동하는 AI 에이전트 시대로 넘어가고 있는 것이다.

AI 에이전트는 기존의 생성형 AI와는 질적으로 다른 능력을 갖추고 있다. 가장 큰 차이점은 자율성이다. 이는 마치 개인 비서가 우리의 일상적인 업무를 완벽하게 대신해주는 것과 같다.

AI 에이전트의 핵심 기능은 다음과 같다:

① **장기 기억**(Long-term memory): AI 에이전트는 사용자의 구매 이력, 선호도, 생활 패턴을 장기적으로 학습하고 저장한다. 예를 들어, 사용자가 매년 봄에 새 운동화를 구매하는 패턴을 보인다면, PSA(Personal Shopping Agent)는 이를 기억하고 다음 해 봄이 되기 전에 새 운동화 구매를 제안한다. 또한 사용자가 특정 브랜드나 스타일을 선호한다는 것을 학습하여, 그에 맞는 제품을 우선적으로 추천한다.

② **자율적 작업 계획과 실행**(Task Planning and Execution): AI 에이전트는 사용자의 요청을 자동으로 세분화하고 실행 계획을 수립한다. 예를 들어, 사용자가 "여름 휴가 준비물을 구매해줘"라고 요청하면, AI 에이전트는 여행지의 기후, 사용자의 취향, 필요한 물품 목록 등을 종합적으로 고려하여 구매 계획을 세운다. 그리고 각 항목별로 최적의 제품을 찾아 비교하고, 가격과 배송 일정을 고려하여 주문을 진행한다..

③ **자율적 의사결정과 실행**(Autonomous Decision Making and Action Execution): AI 에이전트는 사용자를 대신해 실제 구매 결정을 내리고 실행한다. 예를 들어, 사용자의 냉장고에 우유가 떨어졌다는 것을 감지하면, AI 에이전트는 자동으로 사용자가 선호하는 브랜드와 용량의 우유를 주문한다. 또한 사용자의 평소 소비 패턴을 분석하여, 재고가 떨어지기 전에 미리 주문을 진행하기도 한다.

이러한 AI 에이전트 기술이 쇼핑 분야에 적용되면 PSA가 탄생하게 된다. PSA는 1장에서 살펴본 기술들을 더욱 발전시켜, 사용자의 쇼핑 경험을 완전히 새로운 차원으로 끌어올린다.

예를 들어, 월마트의 'SGE'가 복잡한 쇼핑 요구사항을 이해하고 맞춤형 제품을 추천하는 수준이었다면, PSA는 한 걸음 더 나아가 사용자의 생활 패턴, 취향, 예산 등을 종합적으로 고려하여 선제적으로 쇼핑을 제안하고 실행할 수 있다. 아마존의 'Rufus'가 제품에 대한 상세한 정보와 비교 분석을 제공했다면, PSA는 이를 바탕으로 실제 구매 결정을 내리고 주문까지 자동으로 처리할 수 있다.

더 나아가, PSA는 1장에서 소개된 다양한 기술들을 통합하여 더욱 강력한 쇼핑 경험을 제공할 수 있다. 가상 피팅 기술, AI 기반 고객 서비스, 실시간 가격 비교 등의 기능들이 하나의 에이전트에 통합되어, 사용자는 전체 쇼핑 과정을 마치 개인 쇼핑 비서와 함께하는 것처럼 경험할 수 있게 된다.

그렇다면 PSA가 실제로 어떻게 작동하는지, 그리고 이것이 우리의 쇼핑 경험을 어떻게 변화시킬 수 있는지 구체적인 시나리오를 통해 살펴보자. 25세 대학생 유라의 쇼핑 경험을 예로 들어, PSA가 어떻게 맞춤형 쇼핑 경험을 제공하는지, 그리고 이것이 기존의 쇼핑 방식과 어떻게 다른지 자세히 알아보자.

AX 시대의 쇼핑 시나리오

유라는 주말 데이트를 위해 새 원피스가 필요하다고 생각하고, 그녀는 자신의 PSA(Personal Shopping Agent)에게 말을 건다.

유라: "PSA야, 이번 주말 데이트에 입을 원피스를 추천해줘."

PSA: "네, 유라님. 주말 데이트를 위한 원피스를 추천해 드리겠습니다. 약속 장소와 시간, 그리고 예산 범위를 알려주시면 도움이 될 것 같습니다."

유라: "토요일 저녁 7시, 강남의 이탈리안 레스토랑이야. 예산은 20만원 정도로 생각하고 있어."

PSA: "알겠습니다. 유라님의 선호도, 체형, 최근 구매 이력, 그리고 약속 장소의 분위기를 고려해 최적의 원피스를 찾아보겠습니다."

PSA는 즉시 작업을 시작한다. 유라의 SNS 활동, 사진, 일정 등을 종합적으로 분석하여 그녀의 스타일 취향, 데이트 상황, 약속 장소 등을 파악한다. 유라의 체형 데이터와 최근의 피트니스 앱 기록을 확인하여 현재 체형에 가장 잘 맞는 사이즈를 선별한다.

PSA는 유라의 인스타그램에 올라온 최근 사진들의 색상 팔레트를 분석하여 그녀가 선호하는 색상을 파악하고, 약속 장소인 레스토랑의 분위기와 드레스 코드를 확인하여 적절한 스타일의 원피스를 선정한다. 날씨 예보도 확인하여 당일 야외 활동에 적합한 소재의 원피스를 우선적으로 고려한다. 이러한 복합적인 요소들을 모두 고려하여 PSA는 다양한 쇼핑몰을 검색하여 3개의 최적의 원피스를 선별한다. 그리고 유라의 실제 사진에 이 원피스들을 합성하여 가상 피팅 이미지를 만들어낸다.

PSA: "유라님, 분석 결과 세 가지 옵션을 추천드립니다. 첫 번째는 네이비 컬러의 미디 길이 랩 드레스입니다. 최근에 자주 착용하신 색상과 어울리며, 레스토랑의 분위기와도 잘 맞습니다. 두 번째는 파스텔 톤의 플로럴 프린트 원피스로, 유라님이 좋아하시는 브랜드의 새 컬렉션입니다. 세 번째는 클래식한 리틀 블랙 드레스인데, 다양한 액세서리와 매치하기 좋아 활용도가 높습니다."

유라: "음…. 두 번째 옵션이 괜찮아 보이네. 좀 더 자세히 설명해줄래?"

PSA: "네, 이 원피스는 부드러운 실크 소재로 제작되었으며, 허리 라인의 플리츠 디테일이 체형을 아름답게 살려줍니다. 또한 유라님의 최근 구매하신 베이지 컬러 샌들과 잘 어울릴 것 같습니다. 현재 온라인 쇼핑몰에서 15% 할인 중이어서 17만 8천원에 구매 가능합니다. 배송은 익일 배송으로 가능하여 금요일까지 받아보실 수 있습니다."

각 원피스에 대해 PSA는 상세한 정보를 제공한다. 소재의 특성, 관리 방법, 다른 소비자들의 리뷰, 해당 브랜드의 윤리 경영 점수 등을 함께 제시한다. 또한 유라의 기존 옷장에 있는 아이템들과의 조합 가능성도 분석하여 제안한다.

유라: "좋아 보이네! 그럼 그걸로 주문해줘."

PSA: "네, 주문을 진행하겠습니다. 결제는 유라님이 선호하시는 신용카드로 진행할까요? 현재 이 카드로 결제 시 5% 추가 할인이 적용됩니다."

유라: "응, 그렇게 해줘."

PSA: "주문이 완료되었습니다. 배송 현황을 실시간으로 추적하여 알려드리겠습니다. 또한 원피스에 어울리는 액세서리와 메이크업 팁을 제안해드릴까요?"

유라: "그래, 부탁해."

PSA: "네, 준비해두겠습니다. 그리고 데이트 당일 날씨를 확인해보니 저녁에 선선해질 것 같습니다. 가벼운 재킷을 함께 준비하시는 것이 좋을 것 같아요. 유라님의 옷장에 있는 베이지 컬러 크롭 재킷이 잘 어울릴 것 같습니다."

[그림 8] 유라의 PSA 맞춤형 쇼핑 체험(출처: 저자 AI 제작)

주문이 완료된 후에도 PSA의 역할은 계속된다. 배송 추적을 자동으로 진행하며, 제품 도착 예정 시간을 유라에게 알려준다. 또한 원피스 착용 전 주의사항(예: 특정 소재의 다림질 방법)을 안내하고, 데이트 당일의 헤어스타일과 메이크업 팁도 함께 제공한다.

유라: "고마워, PSA. 정말 큰 도움이 됐어."

PSA: "천만에요, 유라님. 즐거운 데이트 되세요. 다른 필요한 것이 있으면 언제든 말씀해 주세요."

이 시나리오는 AI 에이전트인 PSA가 어떻게 사용자의 개인적인 선호도, 상황, 그리고 다양한 외부 요인들을 종합적으로 고려하여 최적의 쇼핑 경험을 제공하는지 보여준다. PSA는 단순히 제품을 추천하는 것을 넘어, 전체 쇼핑 프로세스를 관리하고 사용자의 전반적인 경험을 향상시키는 역할을 한다.

AX 시대의 Platform Commerce의 재편

유라의 쇼핑 시나리오로 우리는 AX 시대에 플랫폼 커머스가 어떻게 붕괴될 수 있는지 예측할 수 있다. 전통적인 이커머스 플랫폼들이 직면하게 될 주요 도전 과제들을 살펴보자.

이러한 변화가 유통 산업에 미칠 영향을 구체적으로 살펴본다:

① **플랫폼의 중개자 역할 상실**: 현재 네이버, 쿠팡, 아마존과 같은 대형 이커머스 플랫폼들은 소비자와 판매자를 연결하는 중요한 중개자 역할을 한다. 이들은 방대한 상품 데이터, 사용자 리뷰, 가격 비교 기능 등을 제공하며 소비자들의 구매 결정을 돕는다. 그러나 PSA의 등장으로 이러한 역할이 PSA로 이동하게 될 것이다.

유라의 사례에서 보았듯이, PSA는 쇼핑의 새로운 게이트웨이가 된다. PSA가 어느 플랫폼에서 검색할지 결정하고, 소비자의 구매 이력과 결제 정보를 관리하며, 개인화된 추천을 제공한다. 소비자들은 더 이상 개별 쇼핑몰을 방문할 필요가 없어진다. PSA가 모든 플랫폼을 동시에 검색하여 최적의 옵션을 제시할 것이기 때문이다.

이러한 변화들은 플랫폼들의 기존 비즈니스 모델에 큰 도전을 제기한다. 플랫폼들은 여러 측면에서 중대한 영향을 받게 되는데, 먼저 고객 접점의 감소가 큰 문제가 된다. PSA가 주요 쇼핑 진입점이 되면서 소비자들이 직접 플랫폼을 방문하는 빈도가 줄어들어, 플랫폼이 고객과 직접 상호작용할 기회가 크게 제한된다. 이는 곧 데이터 수집 능력의 약화로 이어진다. 고객 접점이 줄어들면서 플랫폼은 소비자의 검색 패턴, 브라우징 행동, 구매 결정 과정 등에 대한 상세한 데이터를 수집하기 어려워지며, 이는 플랫폼의 개인화 서비스와 추천 시스템의 정확도를 떨어뜨릴 수 있다.

이러한 변화들은 궁극적으로 플랫폼의 경쟁력과 수익 구조에 중대한 변화를 가져올 수 있다. 플랫폼들은 고객 관계 유지, 데이터 확보, 새로운 수익 모델 창출 등 다양한 측면에서 혁신적인 전략을 모색해야 하는 상황에 직면하게 될 것이다.

② **검색 및 광고 모델의 붕괴**: 현재 대부분의 이커머스 플랫폼들은 검색 광고와 디스플레이 광고에서 상당한 수익을 올리고 있다. 판매자들은 자사 제품을 상위에 노출시키기 위해 많은 광고비를 지출한다. 그러나 PSA 시대에는 이러한 광고 모델이 효과를 잃을 수 있다. PSA는 사용자의 실제 니즈와 선호도를 바탕으로 제품을 추천하기 때문에, 광고주의 지불 금액과 관계없이 가장 적합한 제품을 제시한다. 이는 검색 결과 상위 노출을 위해 광고비를 지불하는 현재의 모델을 무력화시킨다.

이는 플랫폼들의 주요 수익원이 사라짐을 의미한다. 예를 들어, 아마존의 경우 2022년 광고 수익이 약 310억 달러에 달했다. 구글의 경우 2022년 총 매출의 약 80%가 광고 수익이었다. 이러한 수익이 대폭 감소하면 플랫폼의 비즈니스 모델 자체가 위협받게 된다.

더 나아가, 이는 전체 디지털 광고 시장의 붕괴로 이어질 수 있다. eMarketer에 따르면 2023년 전 세계 디지털 광고 시장 규모는 약 6,000억 달러에 달할 것으로 예상된다. PSA의 등장으로 이 거대한 시장이 근본적인 변화에 직면할 수 있다.

③ **웹사이트와 앱의 존재 가치 상실**: 현재 이커머스 기업들은 사용자 경험(UX) 개선에 많은 투자를 하고 있다. 직관적인 네비게이션, 빠른 로딩 속도, 세련된 디자인 등이 중요한 경쟁력으로 여겨진다. 그러나 PSA 시대에는 이러한 요소들의 중요성이 크게 줄어들 수 있다.

유라의 사례처럼, 사용자들은 PSA와의 대화만으로 원하는 제품을 찾고 구매할 수 있게 된다. 더 이상 여러 웹사이트를 돌아다니며 제품을 비교할 필요가 없어지는 것이다. 이는 기업들이 웹사이트와 앱 개발에 투자한 막대한 비용이 무의미해질 수 있음을 의미한다.

예를 들어, 아마존은 매년 수십억 달러를 기술 개발에 투자하고 있으며, 이 중 상당 부분이 웹사이트와 앱 개선에 사용된다. 2022년 아마존의 기술 및 콘텐츠 관련 지출은 약 730억 달러에 달했다. PSA 시대에는 이러한 투자의 가치가 크게 줄어들 수 있다.

④ **대규모 상품 보유의 의미 퇴색**: 아마존, 알리바바, 쿠팡 등 대형 이커머스 기업들은 방대한 상품 구색을 자랑한다. 이는 '원스톱 쇼핑'이 가능한 장점으로 여겨져 왔다. 그러나 PSA의 등장으로 이러한 장점이 약화될 수 있다.

PSA는 여러 플랫폼을 동시에 검색하여 최적의 제품을 찾아낼 수 있기 때문에, 단일 플랫폼이 모든 상품을 보유할 필요성이 줄어든다. 이는 대규모 물류 센터 운영, 재고 관리 등에 들이는 막대한 비용이 더 이상 경쟁 우위로 작용하지 않을 수 있음을 의미한다.

예를 들어, 아마존은 전 세계에 175개 이상의 대규모 물류 센터를 운영하고 있으며, 이를 위해 매년 수십억 달러를 투자한다. 2022년 아마존의 물류 관련 지출은 약 840억 달러에 달했다. PSA 시대에는 이러한 투자가 과잉 설비로 전락할 위험이 있다.

⑤ **빠른 배송 경쟁의 종식**: 현재 이커머스 시장에서는 당일 배송, 새벽 배송 등 초고속 배송이 중요한 경쟁력으로 작용하고 있다. 그러나 PSA의 등장으로 이러한 경쟁의 의미가 퇴색될 수 있다.

PSA는 사용자의 니즈를 미리 예측하고 선제적으로 주문을 처리할 수 있기 때문에, 극단적인 초고속 배송의 필요성이 줄어들 수 있다. 예를 들어, PSA가 사용자의 생활 패턴을 분석하여 생필품이 떨어질 시기를 정확히 예측하고 미리 주문을 넣는다면, 급하게 당일 배송을 요청할 일이 줄어든다.

이는 쿠팡, 마켓컬리 등이 초고속 배송 시스템 구축에 투자한 막대한 비용이 무의미해질 수 있음을 의미한다. 예를 들어, 쿠팡은 로켓 배송을 위해 전국에 다수의 물류 센터를 건설하고 수만 명의 배송 인력을 고용하고 있다. 2022년 쿠팡의 물류 관련 지출은 약 5조원에 달했다. PSA 시대에는 이러한 투자가 과도한 것으로 여겨질 수 있다.

PSA의 등장은 유통 산업에 쓰나미와 같은 파괴적 혁명을 예고한다. 이는 단순한 기술 혁신이나 점진적 변화가 아니다. 우리가 알고 있는 쇼핑의 개념 자체를 완전히 뒤엎는 근본적인 변혁이다.

상상해 보자. 더 이상 소비자들이 네이버, 쿠팡, 아마존과 같은 거대 플랫폼에 직접 접속하지 않는 세상을. 검색창에 키워드를 입력하거나 카테고리를 탐색할 필요가 없어진 쇼핑 환경을. 광고나 할인 행사에 현혹되지 않고, 오직 자신에게 가장 적합한 제품만을 추천받는 미래를.

이것이 바로 PSA가 가져올 변화의 본질이다. 소비자들은 더 이상 쇼핑을 '하지' 않고, 쇼핑이 그들에게 '일어나게' 된다. PSA는 사용자의 일상을 지속적으로 분석하고, 그들의 니즈를 선제적으로 파악하여, 적시에 적절한 제품을 제안하고 구매를 대행한다.

이러한 변화는 현재 유통 산업의 근간을 흔든다. 지금까지 쌓아온 모든 경쟁력이 한순간에 무의미해질 수 있다. 수년간 공들여 구축한 브랜드 파워, 방대한 상품 데이터베이스, 정교한 추천 알고리즘, 초고속 배송 시스템 등 기존 유통 기업들이 자랑하던 모든 강점들이 PSA 앞에서는 무용지물이 될 수 있다.

더 나아가, 이는 산업 생태계 전체의 대대적인 재편을 의미한다. 현재의 유통 구조에서 중요한 역할을 하던 많은 주체들 - 대형 쇼핑몰, 중소 온라인 스토어, 물류 회사, 광고 대행사 등 - 이 존재의 의미를 상실할 수 있다.

이는 마치 스마트폰의 등장이 휴대전화 산업을 완전히 재편했던 것과 유사하다. 당시 노키아, 모토로라와 같은 거인들이 몰락하고, 애플, 삼성과 같은 새로운 강자가 부상했다. PSA의 등장은 이보다 더 큰 규모의, 더 근본적인 변화를 유통 산업에 가져올 것이다.

2장. 생성형 AI시대의 물류의 변혁

지금까지 우리는 생성형 AI가 유통 산업에 미칠 영향에 대해 살펴보았다. 하지만 이 혁명적인 변화는 유통에만 국한되지 않는다. 물류 산업 역시 생성형 AI와 휴머노이드 로봇의 등장으로 큰 변화를 맞이하고 있다. 최근 과거 공상과학 영화에서나 볼 법했던 로봇들이 실제로 걸어다니고, 물건을 나르고, 요리를 하고, 집청소를 하는 모습을 자주 목격하고 있다.

이런 휴머노이드 로봇의 등장은 인류가 그동안 꿈꿔왔던 노동으로부터의 해방을 현실화할 수 있는 가능성을 보여주고 있는 듯하다. 물류 현장에서 로봇의 활용은 이미 오래된 이야기이다. 하지만 지금까지의 로봇은 단순 반복 작업에 국한되었다.

이제 생성형 AI의 발전으로 로봇은 훨씬 더 복잡하고 유연한 작업을 수행할 수 있게 되었다. 이들은 인간과 유사한 형태와 동작을 가지고 있어, 기존 인프라를 크게 변경하지 않고도 다양한 작업을 수행할 수 있다. 이는 물류 센터의 완전 자동화를 현실에 한 걸음 더 가깝게 만들고 있다.

이제 우리는 이 변화의 구체적인 모습과 그 영향력에 대해 자세히 살펴볼 것이다.

휴머노이드 로봇들의 등장: 상상을 뛰어넘는 현실

휴머노이드 로봇의 발전 속도는 가히 놀랍다. 테슬라의 '옵티머스'는 불과 1년 반 만에 계란을 다루고 옷을 개는 수준에 이르렀다. 11개의 자유도를 가진 손가락으로 피아노를 치고, 스스로 실수를 고치며 환경을 인식한다. 이미 테슬라 공장에서 일하고 있으며, 앞으로 2~4년 안에 2만 달러로 구매할 수 있을 것이라고 한다.

Figure AI의 '피규어'는 더욱 놀랍다. 설립 직후 첫 모델을 내놓더니 7개월 만에 2세대 모델을 선보였다. 이 로봇은 자연스러운 대화와 함께 환경을 인식하고 적절히 대응한다. "먹을 것을 줘"라는 명령에 사과를 선택해 주고, 철판을 정확히 맞추지 못하면 스스로 교정한다. 오픈AI, 제프 베조스, 마이크로소프트, 엔비디아 등 거물들이 이 로봇에 6억 7500만 달러를 투자했다는 사실은 이 로봇의 잠재력을 보여준다.

Apptronik의 '아폴로'는 이미 실제 산업 현장에서 활약하고 있다. 메르

[그림 9] 테슬라의 옵티머스 2가 계란을 잡아 옮기고 있다.(출처: Tesla)

[그림 10] 피규어가 사람에게 사과를 건네고 있다.(출처:Figure AI)

세데스-벤츠 공장에서 조립 키트를 전달하고 자동차 부품을 검사하는 등 복잡한 작업을 수행하고 있다. NASA의 발키리 프로젝트에서 시작된 아폴로는 인간과의 협업을 위해 특별히 설계되었으며, 안전성과 대량 생산 가능성을 모두 갖추고 있다.

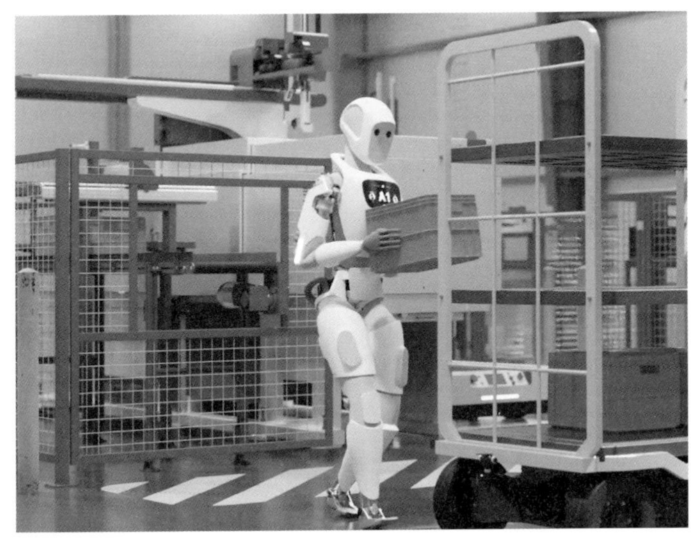

[그림 11] Apollo가 토트를 터거 카트로 옮기고 있다.(출처: Apptronik)

이들 로봇은 현재 공장, 물류센터, 연구소 등에서 활약하고 있다. 테슬라의 옵티머스는 자사 공장에서 부품을 옮기고 조립하는 작업을 돕고 있으며, 아폴로는 자동차 제조 라인에서 인간 근로자와 협업하고 있다. 아마존의 물류센터에서는 Agility Robotics의 'Digit'가 상자를 나르고 분류하는 작업을 수행하고 있다. 이러한 활용 사례들은 휴머노이드 로봇이 더 이상 먼 미래의 이야기가 아님을 보여준다.

휴머노이드 로봇 혁명의 비밀: 생성형 AI의 힘

그동안 휴머노이드 로봇을 개발하는 것은 엄청나게 힘든 일이었다. 인간의 복잡한 동작을 모방하고, 다양한 환경에 적응하며, 섬세한 작업을 수행할 수 있는 로봇을 만드는 것은 과학자들과 엔지니어들에게 거의 불가능에 가까운 도전이었다. 수십 년간의 연구와 막대한 투자에도 불구하고, 실용적이고 효율적인 휴머노이드 로봇의 개발은 늘 '곧 실현될' 미래의 이야기로만 여겨졌다.

이러한 어려움은 물류센터용 휴머노이드 로봇 개발을 예로 들면 더욱 분명해진다. 물류센터용 로봇을 개발한다고 가정해 보자. 이러한 로봇을 개발하는 데는 여러 가지 난관이 있었다.

첫째, 환경의 복잡성이다. 물류센터는 수많은 종류의 상품, 다양한 크기와 모양의 상자들, 그리고 끊임없이 변화하는 레이아웃을 가지고 있다. 로봇이 이러한 복잡한 환경을 이해하고 내비게이션하는 것은 매우 어려운 과제였다.

둘째, 물체 인식과 조작의 어려움이다. 각기 다른 형태, 크기, 무게를 가진 상품들을 정확히 인식하고, 적절한 힘으로 집어 올리는 것은 고도의 시각 처리 능력과 정교한 제어 기술을 필요로 했다.

셋째, 유연성과 적응력의 부족이다. 기존의 로봇들은 미리 프로그래밍된 작업만을 수행할 수 있었다. 예측하지 못한 상황이 발생하면 대응하지 못하는 경우가 많았다.

넷째, 인간과의 협업 문제다. 물류센터에는 여전히 많은 인간 작업자들이 있다. 로봇이 이들과 안전하게 협업하면서 효율적으로 작업을 수행하는 것은 큰 도전이었다.

마지막으로, 지속적인 학습의 어려움이다. 새로운 상품이 들어오거나 작업 방식이 변경될 때마다 로봇을 재프로그래밍해야 했다. 이는 시간과 비용이 많이 드는 과정이었다.

이러한 난관들로 인해 실용적인 휴머노이드 로봇의 개발은 계속해서 지연되어 왔다. 그러나 최근 생성형 AI의 도입으로 이러한 문제점들이 해결되기 시작했다. 엔비디아(NVIDIA)의 그루트(GR00T: Generalist Robot 00 Technology) 플랫폼을 사례로 살펴보면, 어떻게 생성형 AI가 로봇 개발에

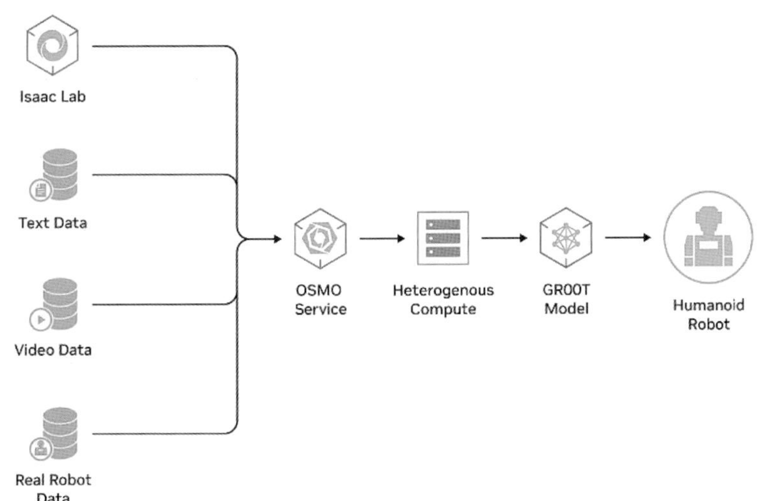

[그림 12] 엔비디아 GR00T Training Model(출처 : Nvidia)

활용되는지 알 수 있다.

그루트는 대규모 언어-비전 모델(LVM)을 활용하여 로봇이 거의 모든 종류의 물체를 인식하고 분류할 수 있게 한다. 이를 통해 복잡한 물류센터 환경에서도 로봇이 다양한 물체를 정확히 인식하고 처리할 수 있게 되었다.

또한, 그루트는 End-to-End 학습 방식을 도입했다. 이는 복잡한 작업의 전 과정을 AI가 자동으로 최적화한다는 의미다. 개발자가 일일이 프로그래밍할 필요가 없어졌고, 로봇은 스스로 학습하고 새로운 상황에 신속하게 적응할 수 있게 되었다.

그루트의 또 다른 강점은 시뮬레이션 학습이다. 엔비디아의 Isaac Sim을 활용해 디지털트윈 가상 환경에서 수천 대의 가상 로봇을 만들어 수천, 수만 번의 시뮬레이션을 통해 학습할 수 있다. 이는 실제 환경에서의 위험과 비용을 크게 줄여주면서도 로봇의 학습 속도를 폭발적으로 향상시킨다.

[그림 13] 로봇을 디지털트윈에서 학습시키는 NVIDIA Isaac Lab(출처 : Nvidia)

더욱이 엔비디아는 로봇 개발을 위한 종합적인 하드웨어 및 소프트웨어를 통합하여 로봇 제네레이션 파운데이션 플랫폼을 제공한다. 휴머노이드 로봇 개발이 필요한 기업들은 엔비디아 그루트에서 자신만의 로봇을 신속하고 효율적으로 개발할 수 있게 되었다. 이러한 생성형 AI의 도입으로 인해 테슬라의 옵티머스, Figure AI의 피규어, Apptronik의 아폴로 등 최근의 휴머노이드 로봇들은 1년도 안 되는 짧은 기간에 새로운 모델을 개발할 수 있게 되었다.

이처럼 생성형 AI는 휴머노이드 로봇 개발의 속도를 획기적으로 높이고, 로봇의 능력을 비약적으로 향상시키고 있다. 이는 휴머노이드 로봇의 실용화와 대중화를 앞당기는 핵심동력이 되고 있다.

산업 현장의 혁명: 물류센터의 무인화 가능할까?

산업 현장, 특히 공장과 물류센터는 휴머노이드 로봇 도입의 최전선이다. 공장에서는 이미 여러 형태의 로봇들이 활용되고 있다. 테슬라의 옵티머스는 자사 공장에서 부품을 옮기고 조립하는 작업을 돕고 있다. Apptronik의 아폴로는 메르세데스-벤츠 생산 라인에서 더욱 진보된 모습을 보여주고 있다. 아폴로는 인간 근로자와 협업하며 조립 키트를 전달하고 차량 구성 요소를 검사하는 업무를 수행한다. 이 로봇은 고도의 시각적 인식 능력을 바탕으로 다양한 자동차 부품을 식별하고, 품질 관리 과정에서 중요한 역할을 한다.

물류센터는 대규모의 상품을 처리하기 위해 다수의 인력이 필요하며, 그 운영 방식은 여전히 노동 집약적인 형태로 남아 있다. 국내 물류센터의 자동화율은 50% 미만으로, 하루 수천 명의 인력이 투입되는 것이 일반적이다. 또한 전 세계적으로 고령화와 노동력 부족이 심화되면서 인

[그림 14] 아마존 물류센터에 배치된 Agility사 Digit(출처: Agility)

력 확보와 인건비 상승 문제를 해결할 수 있는 방안이 필요하다.

현재 물류현장에서는 Agility Robotics의 'Digit'가 가장 주목받고 있다. Digit는 현재 아마존 물류센터에서 실제 업무를 수행 중이다. Digit는 자율 이동 로봇(AMR)에서 물품을 집어 컨베이어 벨트에 올리는 작업을 담당한다. Digit의 유연한 팔과 정교한 그리퍼는 다양한 크기와 모양의 상자를 안전하게 다룰 수 있다. 또한, 내장된 AI 시스템은 작업 환경의 변화를 실시간으로 감지하고 대응할 수 있어, 예기치 못한 상황에서도 효율적으로 작업을 수행한다.

만약 테슬라의 옵티머스나 Apptronik의 아폴로가 물류 현장에 적용된다면, 현재 Digit가 하지 못하는 더 복잡하고 섬세한 작업까지 가능해질 것이다. 예를 들어, 옵티머스의 정교한 손가락 움직임은 작은 부품이나 깨지기 쉬운 물건을 다루는 데 활용될 수 있다. 아폴로의 고급 시각 처리 능력은 복잡한 포장 작업이나 품질 검사에 적용될 수 있을 것이다.

가정의 변화: 가사노동에서의 해방 가능할까?

가정용 휴머노이드 로봇의 개발도 빠르게 진행되고 있다. 구글의 'Aloha' 프로젝트는 요리, 청소, 빨래 등 일상적인 가사 업무를 수행할 수 있는 로봇을 개발 중이다. Aloha는 계란 프라이를 만들고, 진공청소기를 사용해 바닥을 청소하며, 세탁기에 옷을 넣고 돌린 뒤 건조된 옷을 개어 정리할 수 있다. 이 로봇의 특징은 단순히 프로그래밍된 작업만을 수행하는 것이 아니라, 상황에 따라 유연하게 대응할 수 있다는 점이다. 예를 들어, 요리 중 재료가 부족하면 사용자에게 알려주거나, 청소 중 발견된 물건을 적절한 위치에 정리할 수 있다.

테슬라의 옵티머스도 가정용 애플리케이션을 목표로 하고 있다. 일론 머스크는 옵티머스가 향후 식사 준비, 잔디 깎기, 노인 돌봄 등의 작업을 수행할 수 있을 것이라고 밝혔다. Figure AI의 피규어 역시 장기적으로

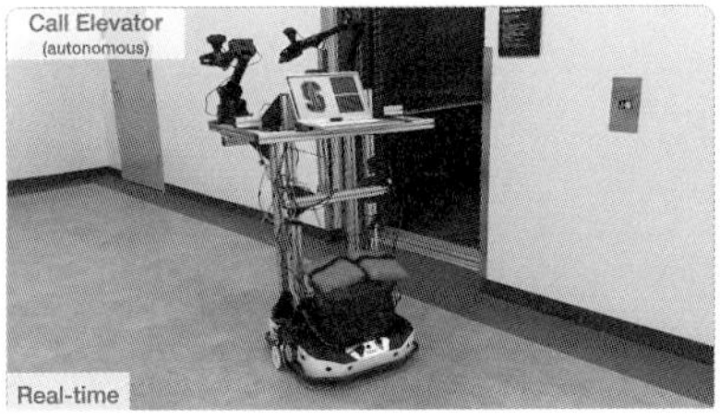

[그림 15] Aloha 로봇이 요리를 하고, 걸레로 흘린 와인을 닦고, 그릇을 정리하고 있다. (출처 : Aloha Github)

[그림 16] Apptronik사의 Apollo 가정용의 활용 모습(출처 : Apptronik)

는 가정용 서비스 로봇으로의 확장을 계획하고 있다. Apptronik의 아폴로도 엔비디아와 함께 가정용 버전 개발에 박차를 가하고 있다.

이러한 로봇들의 등장은 가사노동의 개념을 완전히 바꿀 수 있다. 지루하고 반복적인 가사 업무에서 해방된 인간은 더 창의적이고 가치 있는 활동에 시간을 투자할 수 있게 될 것이다. 특히, 맞벌이 부부나 싱글 가구에게 이러한 로봇은 큰 도움이 될 것이다. 또한, 고령화 사회에서 노인 돌봄 문제 해결에도 큰 도움이 될 것으로 기대된다.

결론: 새로운 시대의 서막

이제 우리가 마주하게 될 변화의 규모를 상상해보자. 생성형 AI와 휴머노이드 로봇이 이끌어갈 유통과 물류 산업의 혁명은 그야말로 경이로운 장관을 이룰 것이다. 이러한 변화는 단순한 기술 발전을 넘어, 우리의 일상과 산업 전반을 근본적으로 재편할 가능성이 크다.

유통 시장의 판도가 완전히 뒤바뀌는 상황을 떠올려보자. 구글이 쇼핑 시장에서 아마존을 넘어서는 순간을 우리는 목격할 수 있을 것이다. 스마트폰을 통해 이미 우리의 일상을 장악한 구글과 애플이, 이제는 쇼핑의 영역까지 지배하려 할 것이다. 이 과정에서 네이버와 쿠팡 같은 국내 유통 강자들은 생존을 위해 치열한 경쟁을 벌일 것이다. 우리는 이러한 흥미진진한 대결을 지켜보며, 새로운 유통 질서가 형성되는 과정을 직접 경험하게 될 것이다.

물류센터의 모습도 완전히 바뀔 가능성이 크다. 더 이상 단순한 인력 구인 공고를 보기는 어려워질 것이다. 일론 머스크가 예고한 2만 달러짜리 휴머노이드 로봇이 현실화되고, 중국 기업들이 경쟁에 가세하면서 그 가격이 1만 달러 이하로 떨어지는 상황이 올 수도 있다. 이 로봇들은 물류 현장에서 인간처럼 유연하게 복잡한 작업을 수행하며, 물류센터의 효율성을 극대화할 것이다. 골드만삭스가 예측한 2035년 380억 달러 규모의 시장 전망도, 현실은 더 커질 가능성을 배제할 수 없다.

우리는 지금 역사적인 변곡점에 서 있다. 이 거대한 변화의 물결이 우리의 일상과 산업 전반을 근본적으로 재편할 날이 머지않았다. 우리는 이 놀라운 시대의 목격자가 될 것이며, 그 변화의 한가운데 설 것이다. 다가오는 시대에 AI와 로봇은 인간의 동반자이자 조력자로서 우리의 삶을 더욱 편리하고 풍요롭게 만들어줄 것이다.

모든 준비는 끝났다. 이제 새로운 시대의 막이 오르고 있다. 우리 모두 이 경이로운 변화의 순간을 맞이하며, 다가올 미래를 함께 준비하자.

미들마일 혁신과 인공지능

AI가 만드는 화물운송 최적화: 배차, 운임, 적재에서 자율주행까지

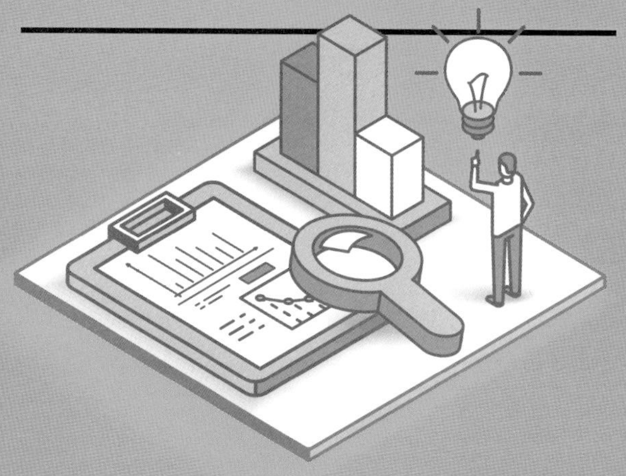

최형욱

CJ대한통운 더운반 담당 상무

저자는 IT 관련 경험과 지식을 기반으로 서비스나 기술을 상품화하는 0 to 1의 전략가이다. 기계공학과 컴퓨터공학 학사와 MBA까지 공학과 경영학의 전문성을 쌓았으며 이를 기반으로 다양한 기업의 PO, COO, CSO를 경험하였다. 삼성전자 무선사업부에서 기술 분석과 IT 시장 분석을 통한 기술 전략 수립을 경험하였고, 이후 핀란드 무역대표부 ICT 담당 수석 상무관을 맡아 기술 영업 및 투자 유치 분야를 이끌었다. 당시 노키아만 알려져 있던 핀란드를 스타트 업과 요소 기술 강국으로 브랜딩하여 한국 기업과의 활발한 교류를 만들어 내었다. 42dot(포티투닷)에서 자율주행 관련 PO를 맡아 서울시 자율주행 플랫폼 TAP!을 런칭시켰으며 CSO 및 부대표로서 42dot의 시리즈 A(1,000억 이상)를 성공적으로 이끌었다. 현재는 CJ대한통운 디지털 물류 플랫폼을 담당하고 있으며 '더 운반'이라는 운송 플랫폼을 만들어 서비스 중에 있다. 새로운 기술에 관심이 많으며 이를 적정 시점에 서비스화 하는데 인사이트를 찾는 전략가이다.

서론

미들 마일 시장이 뜨겁게 달아오르고 있다. 과거 2010년대 한차례 시장을 휩쓸고 갔던 미들 마일 운송플랫폼 사업이 2023년부터 다시 시장에 등장하고 있다. 과거와 달리 변화된 점은 SK플래닛의 '트럭킹', CJ대한통운의 '헬로' 등 주로 운송사의 운송 관리 기능에 초점을 맞춘 TMS(Transportation Management System) 중심에서 화주나 주선사와 차주를 플랫폼내에서 매칭하고 거래가 발생할 수 있도록 하는 화물 정보망의 일부 기능들까지 탑재되었다는 점이다. 궁극적으로 운송플랫폼 사업자가 차주를 직접 모으고 운송과 관련한 데이터의 주도권을 관리한다는 것이다.

또 다른 차이가 있다면 서비스를 런칭하는 모든 업체들이 기본적으로 인공지능(AI)을 핵심 기능으로 시장에 소구하고 있다는 점이다. 과거에 비해 익숙해지고 고도화된 인공지능(AI)을 탑재한 새로운 미들 마일 운송플랫폼이 시장에 새로운 가치를 제공해 줄 수 있을까? 그리고 과연 과거 이미 실패했던 미들 마일내 플랫폼 사업들에 대해 최근 IT업체들은 왜 다시 서비스를 하려고 하는 것일까?

1장. 라스트 마일의 확장, 미들 마일 디지털 트랜스포메이션

디지털 트랜스포메이션(Digital Transformation)이라는 단어는 이제 너무도 익숙하다. 디지털 트랜스포메이션이란 어떤 조직이나 회사의 디지털화뿐만 아니라 산업에서 디지털 기술을 활용해 기존의 관행적인 프로세스를 근본적으로 변화시키고 새로운 가치를 창출하는 과정이다. 단순히 아날로그로 운영되어 온 여러 방식을 디지털로 변화시키는 작은 의미에서 산업이 담고 있는 비즈니스 모델, 프로세스, 관습, 사용자 경험 및 가치를 디지털 기반으로 변화시키는 넓은 의미까지 포함한다.

결과적으로 디지털이라는 좋은 툴을 활용하여 불필요한 부분을 제거하고 효율성을 높여 생산성을 향상하고 이를 통해 비용 절감을 만들어 내며 새로운 가치를 제공하는 것을 목적으로 하고 있다. 그리고 지금 미들 마일 시장에 진입하는 업체들 역시 이러한 미들 마일의 디지털 트랜스포메이션을 만들어 내겠다는 목표로 시장에 들어오고 있고 이들이 핵심 경쟁력으로 언급하는 도구가 바로 인공지능(AI)이다.

기업간 물류라 불리는 미들 마일(Middle Mile) 시장은 연간 거래액 기준 30조원가량의 큰 시장이다. 시장 규모를 단순 비교해 보면 연간 8.5조원 수준의 택배 시장이나 8조원 수준의 택시 시장과 비교해서도 그 규모가 얼마나 큰지 알 수 있다. 또한 미들 마일이라는 부분이 물류의 관점에서 보면 전체 공급망의 효율성을 좌우하는 핵심 요소로 많은 거래 관계와 이에 수반한 수많은 데이터들이 존재하는 시장이기도 하다.

순위	산업분야	디지털성숙도
1	반도체	6.3
2	전자	5.6
3	유통	5.5
4	자동차	5.4
5	통신	5.3
	⋮	
14	농업	4.7
15	물류	4.5

[그림 1] 딜로이트컨설팅 - '산업별 디지털 성숙도 평가' (2020년)

공급망을 안정적으로 관리하고 수요 예측 등을 통해 상품을 적절하게 재배치해서 제품을 적기에 판매하거나 상위 생산 업체에 적기에 납품하는 것은 기업의 생존과 생산성에 직결된 문제이기도 하다. 미들 마일은 이처럼 기업의 생존과 가장 밀접하게 연관된 물류의 축이기도 하지만 좀 더 넓은 관점에서 보면 국가 물류의 중요한 핵심이라고 할 수 있다.

대한민국을 하나의 권역으로 묶는다고 가정하면, 권역내 각각의 지역에서 생산된 다양한 제품들을 사용자가 필요한 때에 맞춰 한정된 차량들로 가장 효과적인 전달을 해야하는 것이 미들 마일이다. 어쩌면 지금까지 우리가 많이 봐왔던 택시나 퀵, 배달과 같은 작은 권역의 이동을 대한민국 전체로 확장 시킨 좀 더 큰 규모와 복잡성이 더해진 확장된 라스트 마일이라고 할 수 있다. 그리고 우리가 생각하는 라스트 마일은 데이터 기반의 다양한 IT 기술이 적용된 서비스들을 사용자가 편리하게 사용하는 시장이다.

하지만 지금의 미들 마일 시장은 우리가 상상하는 것과는 조금 동떨어져 있다. 과거 어떤 물류 IT 기업이 컨퍼런스에서 물류의 디지털 전환 지수가 농업보다 낮은 수준이라고 언급할 만큼 실제 물류 현장은 아직까지 아날로그 방식으로 운영되거나 사람이 직접 투입되는 수작업들이

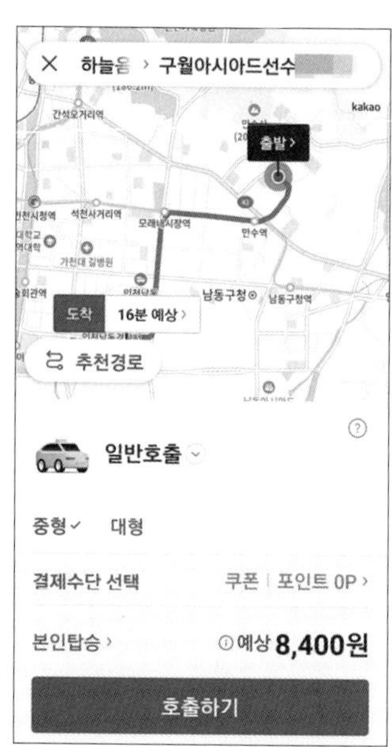

[그림 2] 카카오 택시 화면, 배달앱 위치 정보 공유 사례

많이 존재하고 있다.

미들 마일 역시 예외가 아니다. 사람들은 이미 택시를 앱으로 호출하고 호출된 차량이 어느 위치에서 출발하여 언제 도착을 할지, 그리고 이동간 위치를 다른 지인에게 공유하고 도착 예정 시간을 전달하며 요금의 지불도 별다른 과정을 거치지 않고 택시를 호출하며 사전에 확인했던 금액을 지불하고 내리는 그런 일상에 살고 있다.

배달도 상황은 비슷하다. 과거 상가 전화번호부를 살피며 주문할 음식점의 전화번호와 메뉴를 확인했던 것들이 지금은 앱 안에서 더 넓은 범위의 음식점을 원하는 카테고리로 검색해서 찾을 수 있고 터치 몇 번으로 음식을 집 앞까지 배달시킬 수 있다. 여기도 택시와 동일한 서비스가 제공된다. 배달 기사가 언제 음식을 픽업 했는지 어디쯤 오고 있는지 언제 도착하는지 등의 서비스들이 이제는 사용자들에게 당연하게 제공되고 있다.

물론 이러한 서비스 뒤에는 수많은 기술들이 자리잡고 있다. GPS를 통해 주문자의 위치와 음식점의 위치, 그리고 배달 기사의 위치를 파악하여 실시간으로 최적의 경로를 계산해 주고 이러한 정보를 주문자와 음식점에 전달하여 사용자가 예측 가능한 상황을 만들고 이를 통해 생산성을 향상하는 최적화 기술들이 숨겨져 있다. 또한 각 이동 수단의 특성에 맞게 특정 도로나 골목을 피해서 이동할 수 있는 내비게이션 기술, 그리고 과거 주문 데이터를 분석해 특정 시점, 특정 위치에 배달 기사들이 미리 위치할 수 있게끔 하는 배차 기술 등 수많은 기술들이 적용되고 있다.

이러한 기술들의 상당 부분들은 알고리즘 또는 머신 러닝이나, 딥러닝이라 불리는 인공지능(AI)에 기반해 제공된다. 이처럼 인공지능(AI)에 기반한 다양한 라스트 마일 서비스들은 이미 우리의 생활의 많은 부분에 편리함을 제공하고 있고 또 산업의 구조를 바꿔 놓았다. 길에서 잡던 택시는 앱을 통한 예약 호출로 바뀌었고 택시 기사들 역시 호출을 통한 운행으로 대부분의 수입을 만들고 있다. 손님을 찾기 위해 여기저기를 공차로 운행했던 모습이나 밤늦은 시간 택시를 잡기 위해 도로 중심까지 달려가던 모습은 이제 사라진 옛 모습이 됐다.

이렇게 다양한 기술에 기반하여 라스트 마일의 패러다임 변화를 만들었던 카카오모빌리티나 통신 3사, 그리고 IT 기업들이 이제는 그 확장된 시장이라 인식되는 미들 마일 시장에 새로운 가치를 제공하고 산업의 구조를 바꿀 패러다임 변화를 제공하기 위해 디지털 전환이라는 카드를 들고 뛰어 들고 있다.

2장. 미들 마일에서의 인공지능(AI), 왜 중요한가?

어떤 산업이나 마찬가지겠지만 물류 역시 효율화를 통한 생산성 향상 및 비용 절감을 목표로 한다. 미들 마일 역시 이는 동일하다. 특히 미들 마일은 물류의 중간 허리 역할로 라스트 마일이나, 퍼스트 마일, 그리고 창고와의 연계를 통해 전체 공급망의 효율성을 결정짓는 중요한 역할을 한다.

이렇게 물류의 다양한 분야와 연관이 있는 미들 마일이다 보니 그 안에 포함되어 있는 데이터는 굉장히 방대하고 다양하다. 물동량 데이터를 뜯어보면 이동되는 품목부터 이동되는 양, 주요 생산지와 필요로 하는 곳의 위치 등을 알 수 있다. 미들 마일 운송 자체로만 살펴봐도 이동에 필요한 차량의 타입, 톤 급 부터 시간이나 이에 따른 이동 운임의 변화 등의 데이터를 확인할 수 있다.

실제 이러한 데이터들은 매일 발생하고 있고 심지어 각 시간별로 만들어지는 데이터를 통해 새로운 가치를 만들어내거나 실시간으로 이를 활용하여 가장 최적의 운송 형태를 만들어 낼 수 있을 것이다. 결과적으로 정부에서 발행되는 연간 통계 형태가 아닌 실시간성 데이터를 통해 지금까지 하지 못했던 변화를 만들 수 있는 것이다.

방대한 규모의 빅데이터를 활용하여 새로운 가치를 만들어내는 데는 인공지능(AI)이라는 도구가 필수적이다. 또한, 기존 모빌리티 서비스에 활용되었던 인공지능기반 알고리즘들이 운행이라는 유사성에 의해 미들 마일에 그대로 적용되거나 그에 맞게 변형되어 적용될 기회를 갖게 된 것이다.

기존에도 미들 마일에 데이터를 활용한 생산성 향상의 시도가 없었던 것은 아니다. 미들 마일 시장에서 운송에 직접 관여하는 운송사나 주선사들은 자신들이 가진 운송 데이터를 활용해 추가적인 수익을 만들기 위한 운영 효율화를 추진하여 왔다. 예를 들어 서울에서 부산까지 계약 노선을 갖고 있는 운송사는 그 반대 노선인 부산에서 서울까지의 계약 노선을 조금 싼 운임에라도 확보하기 위해 노력하였다. 바로 차량의 공차 구간을 줄여 불필요하게 지불되는 비용을 아끼기 위해서다.

또한, 1톤 트럭에 적재될 만한 짐을 그보다 큰 톤 급의 차량에 함께 실어 보내는 합짐 형태로 짐을 짜 운영하기도 하였다. 차량의 비어있는 공간을 최대한 활용하여 운송사는 비용을 아끼고 차량을 운행하는 차주는 수입을 추가하는 형태이다.

하지만 이러한 운영 효율화는 대부분 각 이해관계자가 속해 있는 자기만의 운영 데이터를 활용하여 결과를 만들었고 지금의 택시 시장이나 배달 시장과 같이 미들 마일 전체 시장의 좀 더 광범위한 데이터를 활용한 가치 창출에는 한계가 있었다. 여기서 더 큰 문제는 이러한 생존을 위한 생산성 향상이 아날로그 방식이 대부분이라는 것이다. 노선이 나열된 배차표를 기준으로 하나하나 차량을 수배하여 기록하고 사람의 노력에 의해 노선을 묶어 차량을 운행시키는 형태가 대부분이었다.

차량을 운전하는 트럭 기사 역시 자신의 운행 내역을 보고 왕복짐을 직접 찾아 복화를 만들거나 빈 공간을 채우기 위한 짐을 찾아 짐짜기를 직접 수행하고 있다. 운송사나 주선사, 차량을 운전하는 트럭 기사 모두

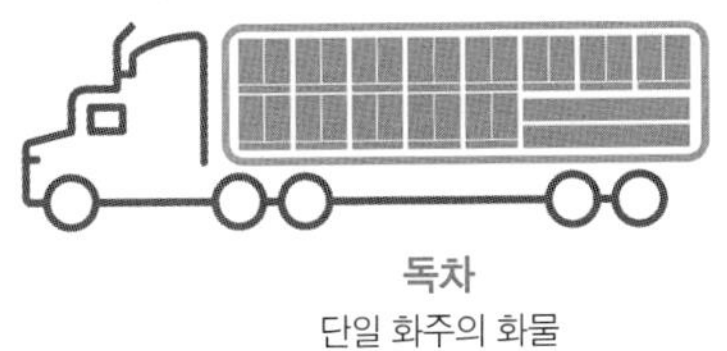

독차
단일 화주의 화물

합짐
2개 이상 화주의 화물

[그림 3] 독차 및 합짐 개념

생존을 위해 굉장한 노력과 시간을 들이고 있는 것이다.

결국 미들 마일에서의 비효율에 대한 해결책으로 인공지능(AI)의 중요성은 부각되고 있다. 또한, 그 어떤 물류의 분야 보다 다양한 활용 가능성을 가진 미들 마일의 데이터에 대한 중요성이 인식되고 있다. 여기에 과거와 달리 라스트 마일에서 이미 검증되고 확보된 모빌리티 기반의 다양한 알고리즘은 미들 마일에 적용될 인공지능(AI)을 기반으로 새로 물류 시장에 진입한 IT 기업들에게 성공 가능성을 보여주고 있다.

새롭게 시장에 진입 중인 IT 기반 업체들은 그들이 이미 보유한 라스트 마일에서 확인된 배차 최적화나 경로 최적화와 같은 알고리즘의 적용부터 미들 마일 시장에 특화된 합짐을 위한 적재 최적화 알고리즘, 그리고 다양한 변수와 수요 공급을 예측하여 만들어지는 최적 운임 알고리즘을 새롭게 만들고 있다. 또한, 공차를 최소화하고 차량의 효율을 극대화하기 위해 최적의 다회전을 만들어 내는 알고리즘 그리고 화주의 주문(OMS, Order Management System)에 대한 불편함을 없애기 위한 LLM(Large Language Model)기반의 챗봇 메신저, 운송 자동화를 위한 자율주행까지 미들 마일에 지금까지 없었던 새로운 AI 기반의 알고리즘들을 만들고 시장의 검증을 위해 준비되고 있다. 이전과는 다른 AI 기반의 미들 마일 패러다임 변화가 이제 시작되고 있다.

3장. 인공지능(AI) 도입. 어디까지 와 있나?

프라이싱(Pricing) 인공지능(AI)

2022년 KT롤랩의 브로캐리부터 2023년 티맵 화물, 카카오모빌리티의 카카오 T트러커, 엘지 유플러스의 화물잇고, 그리고 CJ대한통운의 더운반까지 미들 마일 운송 플랫폼 시장에 진출한 모든 회사들은 인공지능(AI) 기반의 운임 제안을 핵심 경쟁력으로 소구하고 있다.

국내 운송 시장에서 운송 운임은 아직까지 표준 운임이 존재하지 않는다. 택시의 경우, 각 지역별 택시 요금의 기준에 따라 시간과 거리를 혼합하여 표준 운임을 산정하여 가이드를 제공하고 있고 중형, 대형, 고급과 같은 택시의 타입에 따라서도 표준 운임 가이드를 만들어 제공하고 있다.

하지만 미들 마일 운송 시장은 택시와 같은 몇 가지 타입과 시간과 거리를 기준으로 운임을 산정하기에는 더 복잡한 요소들이 존재한다. 차량만 보더라도 1톤에서 25톤까지 다양한 톤급이 존재하고 각각의 톤급에도 화물 적재함의 형태에 따라 카고와 탑차, 윙바디와 같은 다양한 형태가 존재한다. 여기에 냉장이나 냉동 물품들을 운송하는 차량, 유해 화학 물

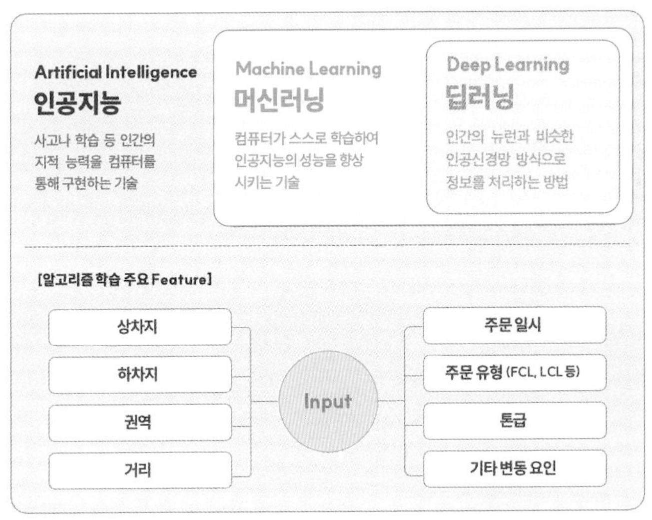

[그림 4] 인공지능 기반 운임 알고리즘 학습 주요 요소

표준 운임 부재에 따른 큰 운임 변동

차량 수요, 공급에 따른 **큰 변동폭의 운임과 배차 불확실성**

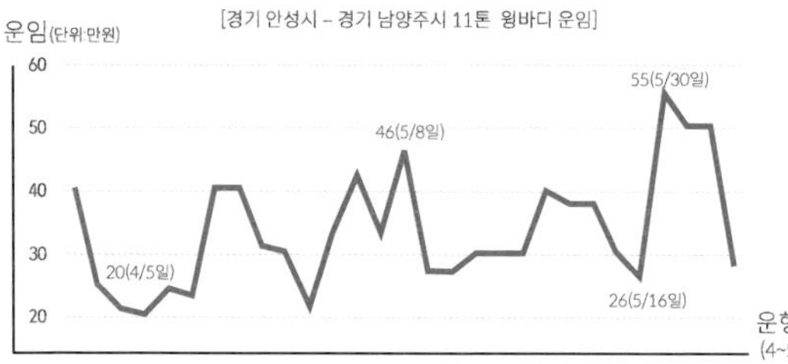

[그림 5] 표준 운임 부재에 따른 운임 변동 사례

질이나 컨테이너를 운송하는 차량 등 종류도 다양하다. 여기에 운송하는 물품도 사람만을 이동시키는 택시와 달리 철강, 원자재 및 식자재, 완성품 등 다양하고 그 부피나 무게 또한 다양하다. 이동 거리나 물건을 싣고 내리는 상하차지의 위치, 시간, 날씨 역시 운임에 영향을 미친다.

결론적으로 전국을 이동 권역으로 다양한 형태의 물품을 다양한 거리에 따라 매일 변화하는 운송을 원하는 수요자와 이를 수행할 수 있는 차량을 보유한 공급자의 적정 합의점이 운송의 운임을 결정하는 것이다.

지금까지 운송 시장은 통상적으로 수용 가능한 운임의 범위내에서 수요와 공급에 맞게 차량을 수배하는 사람이 운임을 조정하였다. 운임을 조정하는 사람은 차량 수배의 시급성 등을 고려하여 이익을 조금이라도 더 남기기 위해 시장 가격 보다 낮은 가격부터 시작하여 입차 시간이 다가올수록 운임을 조금씩 올리는 형태를 취했다. 반대로 추석이나 설과 같이 물동량이 많은 시기에는 보내는 물량 보다 움직일 수 있는 차량의 숫자가 적으므로 운임이 2배, 3배 이상으로 높아지는 경우도 발생하였다.

이러한 운송 시장의 운영 형태로 인해 실제 이러한 업무를 해보지 않

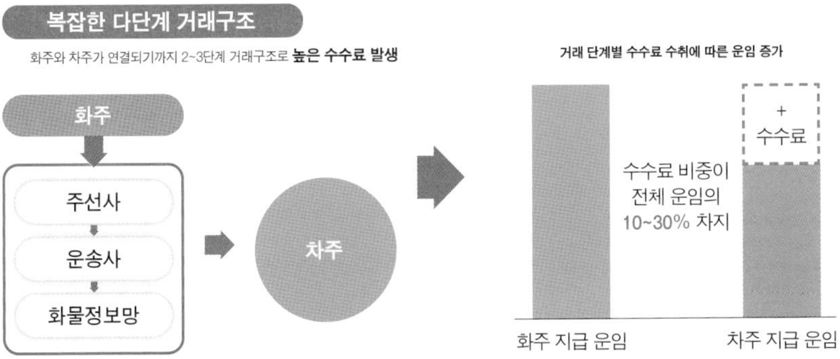

[그림 6] 미들 마일 운송 시장의 다단계 구조

거나 경험이 없는 사람들의 입장에서는 합리적인 시장 운임의 기준을 확인하거나 또 이러한 운임으로 차량을 수배하는 것은 거의 불가능에 가까웠다. 특히나 운송 시장에 대해 잘 알지 못하는 중소 화주사의 경우, 주선사가 제안하는 운임을 수용할 수밖에 없었고 이러한 운임이 실제 시장에서 통용되는 운임인지 적절한 운임으로 물건을 보내고 있는지 확인할 수 있는 방법이나 기준이 없었다. 말 그대로 운임의 투명성이 존재하지 않는 시장이었다. 하지만 AI 학습 기반의 운임 제안 기능은 이러한 불투명성과 불편함을 없애고 주선사와 같은 업체의 역할 없이 화주가 직접 필요한 시기에 적정 시장 운임을 확인하고 차량을 수배할 수 있는 환경을 만들어 주고 있다.

이러한 기능은 화주가 주선사에 운송을 맡기고 이를 차주에게 다시 운송 요청을 하는 형태의 관행을 깨고 화주가 직접 차량을 요청하는 주문을 차주에게 전달하는 프로세스의 변화를 만들어낼 수 있게 되었다.

기존 미들 마일 운송 시장은 다단계 구조였으나, 이제는 AI가 화주와 차주가 직거래 매칭을 할 수 있는 환경을 제공하고 있는 것이다. 변화된 환경은 당연히 화주나 차주에게 새로운 가치로 되돌아간다. 중간에 주선사가 화주와 차주를 연결하며 받았던 수수료를 화주와 차주가 나눠가질 수 있게 된 것이다. 화주 입장에선 직접 주문을 입력하는 약간의 노력만으로 비용을 절감할 수 있고 차주는 수입의 향상을 기대할 수 있게 되었다.

적재 최적화 인공지능(AI)

적재 최적화는 컴퓨터 비전과 AI에 기반하여 적재함 내 공간을 최대한 효율적으로 활용할 수 있게 만들어 주는 알고리즘이다. 이러한 적재

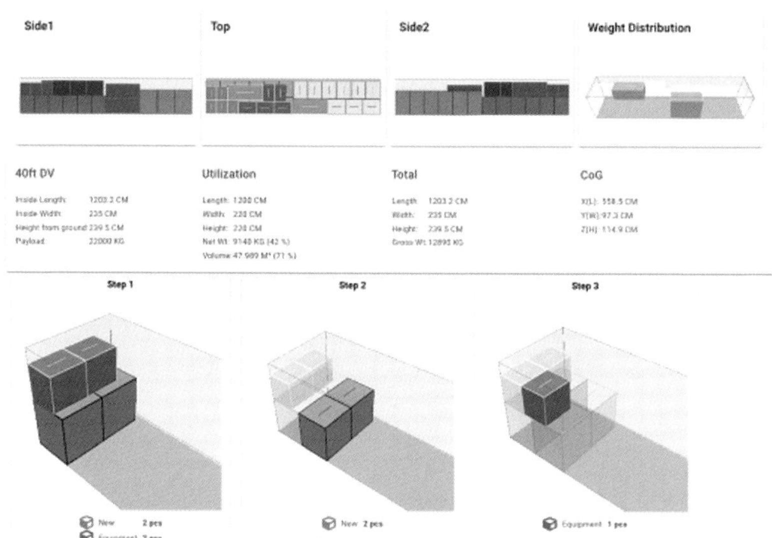

[그림 7] 적재 최적화 알고리즘 사례 - CARGO PLANNER

최적화는 운송간 다양한 부분의 생산성 향상을 만들어 낼 수 있다. 우선, 차량내 적재함의 공간을 컴퓨터 비전으로 인식하고 해당 차량에 물품을 적재할 때 어떤 형태로 적재를 해야 가장 효율적으로 많이 적재할 수 있는지를 보여준다. 또한, 화주사의 짐을 정형화된 크기로 측정하고 해당 물품을 최적으로 적재하는데 필요한 차량의 톤급이나 차량 대수를 결정할 수 있다. 비정형 물품의 경우도 스마트폰 카메라 등을 통한 비전 인식을 통해 정형화가 가능하다. 최적의 크기와 부피를 도출하고 이를 차량에 최적으로 적재할 수 있도록 기능을 제공하는 것이다. 운송사나 차주의 입장에서는 보유 차량을 최적의 적재 상태로 만들고, 물건을 보내는 화주는 불필요한 차량의 수배를 피해서 적정한 차량에 가장 효율적인 형태의 적재를 통해 운행간 파손없이 안정성과 생산성을 모두 확보할 수 있는 중요한 수단이 된다.

좀 더 구체적으로 살펴보면 이러한 적재 최적화 알고리즘은 하나의 화주가 자신의 짐을 최적으로 적재할 수 있는 방법을 찾고 이를 최적의 차량으로 배차하는 형태의 효율화를 기대할 수 있을 뿐만 아니라 다수의 화주가 갖고 있는 짐을 한 대의 차량에 최적으로 적재하여 운송하는 합짐(LTL, Less Than truckLoad) 운송에 적용할 수 있다.

실제 적재 알고리즘을 통해 합짐 서비스를 제공하고 있는 미국의 디지털 운송 플랫폼사들의 대표적인 사례로 우버 플레이트나 XPO 로지스틱스가 있다. 우버 플레이트의 경우, 여러 화주의 소형 화물을 하나의 차량에 적재하여 운송비를 절감하는 서비스로 화주 각각의 화물 크기, 무게, 부피, 목적지 등을 머신러닝을 통해 분석한 후 최적의 적재 방식과 운송 방식을 제안하는 형태이다. 이를 통해 적재 가능 공간을 최대화하여 평균 20~30%의 적재 공간을 절약하였고, 최대한 많은 짐의 적재를 통해 공차 구간을 50% 이하로 감소하는데 도움을 주었다. 결과적으로 운송 수익성 측면에서도 15~20%의 개선 효과를 만들어 내고 있다.

XPO 로지스틱스 역시 우버 플레이트와 유사한 서비스를 제공하고 있을 뿐만 아니라 화물의 적재 과정을 실시간으로 최적화 하여 적재 방식을 조정하는 알고리즘을 적용중이다. 이는 화물의 이동 경로 및 각각의 하차지에 따라 적재물의 적재 순서를 자동으로 조절하여 하차지에서의 화물 하차 효율을 극대화할 수 있도록 하고 있다. 또한, 특정 고객사들 중 소량의 화물을 규모있게 모아 정기적으로 운송하는 형태의 Volume LTL이라는 서비스를 제공, 일반적인 LTL 대비 추가적인 생산성 향상을 도모하고 있다.

적재 최적화 알고리즘은 특히 정형화된 적재 공간을 갖고 있는 컨테이너 운송에 가장 빠르게 적용되고 있다. 그리고 미국과 같이 장거리 이동이 많은 국가의 운송에 먼저 적용되어 빠르게 최적화되고 있다. 하지만 국내 운송 시장 역시도 합짐에 대한 수요 및 비용 절감을 위한 운송 효율 및 생산성 향상을 위해 적재 최적화에 대한 필요성은 증가하고 있는 상황이다. 그러나 아직까지 국내에서는 미들 마일 일반 화물 운송의 경우, 화물의 크기, 무게, 부피와 같은 부분들이 데이터로 관리되지 않아 합짐 형태의 운송 최적화 보다는 각 화물에 따른 단독짐 형태의 서비스가 일반적으로 적용중에 있다.

심지어 단독짐이라 하더라도 일부 화주는 차량 수배 시 정확한 화물량을 측정하지 못해 맞지 않는 차량이 배차되어 다시 되돌아 가는 상황도 발생하고 있다. 이렇게 적재 최적화 알고리즘의 실제 서비스 적용까지는 시간이 다소 필요할 것으로 보이지만 적재함의 공간을 비전으로 인식하고 여기에 최적의 적재 방법 및 순서를 정하는 등 다양한 형태의 적재 최적화 알고리즘은 이미 다수 업체들이 개발하고 있고 실제 서비스 적용을 위해 준비중에 있다.

배차 및 경로 최적화 인공지능(AI)

미들 마일의 배차 및 경로 최적화는 일반적으로 라스트 마일과 비교했을 때 복잡성이 떨어지고 그에 따라 효율화나 최적화를 할 부분이 크지 않다고 생각할 수 있다. 하지만 미들 마일에서 운영 효율을 극대화하고 이를 통해 생산성 향상 및 비용을 절감할 수 있는 가장 큰 부분 역시 운송 최적화 부분이다. 적재 최적화 알고리즘이나 운임 알고리즘 역시 배차 및 경로 최적화와 연계되어 운송간 차량의 공차 거리를 최소화하고 최적의 상하차 방법을 제공한다.

배차 및 경로 최적화는 차량의 최적 배차뿐만 아니라 화물 트럭이 운행하지 못하는 도로나 터널, 다리 등을 회피하여 경로를 제공하는 화물차 전용 내비게이션의 기능 역시 포함한다. 차량의 최적 배차의 경우, 물동량에 따른 차량 수급의 수요와 공급, 그리고 각 지역별 산업 특성 및 경기에 따른 물동량의 변화에 따라 정보를 사전에 제공하고 이를 토대로 차량을 사전에 배치할 수 있다.

Matching Management System

개별 주문 정보에 최적화된 차주 선별 및 매칭

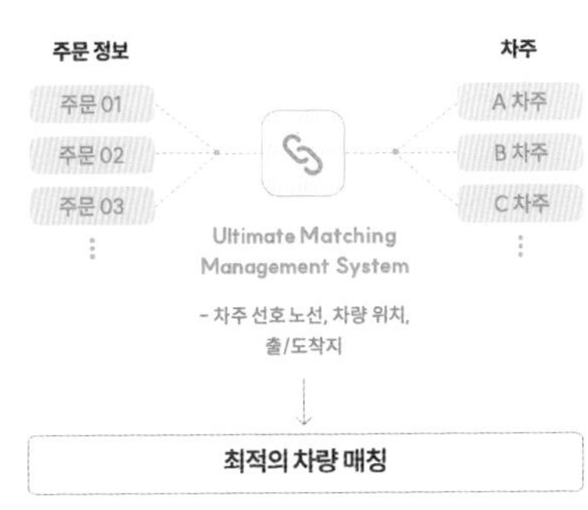

[그림 8] 매칭 최적화

또한, 차량의 차고지 및 출퇴근지에 대한 정보를 통해 주문을 제안하고 배차를 진행함으로써 차량의 공차 거리를 최소화하고 빠르게 배차할 수 있다. 화물차 전용 내비게이션에 기반한 경로 최적화의 경우, 화물차의 특성에 맞는 노선 및 운행 조건을 제안하며 화주의 주문 및 물품 특성에 맞는 편도, 왕복, 경유, 다회전 등의 최적 조건을 만들어 제안할 수 있다.

국내도 카카오모빌리티의 택시 서비스를 비롯하여 택배나 퀵, 배달과 같은 라스트 마일과 관련한 경로 최적화 기술은 상당 부분 발전해 있다. 이러한 기술들은 이미 실제 서비스에 적용되고 사용자에게 편의성을 제공하고 있다. 그리고 라스트 마일에 적용되었던 배차 및 경로 최적화 알고리즘은 TMS(Transportation Management System)를 통해 미들 마일에서의 배차 및 경로 최적화 기능으로 기본 탑재되어 운송사나 화주사에 제공되어 각각의 물동량 및 관리중인 차량과 결합하여 최적의 결과를 만들어내고 있다.

아직까지 국내 미들 마일에 적용된 경로 최적화의 경우 화물차가 갈

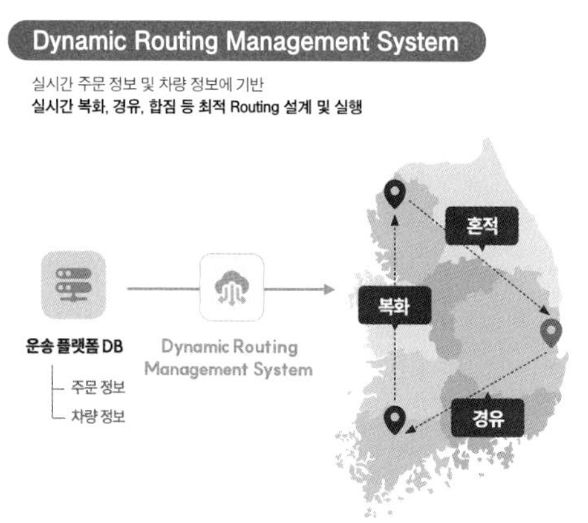

[그림 9] 경로 최적화

수 없는 도로를 피해 경로를 안내하거나 일부 경유나 복화, 다회전 화물의 경로를 최적화해서 제공해주는 수준에 머물러 있다. 하지만 미국의 경우는 이보다 조금 더 복잡한 수준의 경로 최적화 알고리즘을 제공중이다. 적재 알고리즘과 결합된 LTL을 통해 선입 선출이 가능한 경로를 실시간 최적화하고 이를 운송 경로에 반영한다.

최근 국내 운송 플랫폼 서비스들의 경우, 경로 최적화를 통한 운송 효율 향상에 많은 관심을 갖고 있다. 국내 미들 마일 시장의 저마진 구조에서의 생산성 향상을 위해 플랫폼을 통한 대량의 운송 데이터의 확보와 이를 통한 경로 최적화를 적용하기 위해 준비중이다. 편도성 단독짐의 형태에서 다수의 화주 주문에 기반한 합짐 운송이나 공차 거리를 최소화할 수 있는 왕복짐 형태의 복화 등 추가적인 가치 제공을 위한 기술 고도화를 진행하고 있다.

자율주행, 궁극의 인공지능(AI)

자율주행은 미들 마일뿐만 아니라 이동과 관련한 모든 영역에서 운영의 효율성 및 생산성을 극대화하기 위한 최종 솔루션으로 인식되고 있다. 과거 수년간 자율주행의 기술 발전을 위한 다양한 연구 개발이 있었고 이미 미국이나 중국, 그리고 한국에서 실제 기술을 적용하고 검증하는 단계까지 진행되었다.

특히, 물류에서의 이동 부분은 사람을 태우고 이동하는 일반 승용보다 자율주행 기술이 빠르게 적용될 거라 예상되는 분야이다. 이 중에서도 특히 미들 마일의 경우 라스트 마일보다 상용화의 속도나 가능성이 빠르게 점쳐진다. 그동안 자율주행에 대한 관심은 기술의 난이도와 상용화 적용의 어려움으로 자율주행 기술의 개발이나 자율주행이 적용된 차량 자체에 초점을 맞췄고 그 관심 역시 가장 높았다.

하지만 실제 상용 서비스를 진행할 경우 단순 자율주행 기술이나 자율주행이 적용된 차량 뿐만 아니라 실제 미들 마일에서 운영되고 있는 수많은 요소들을 검토 및 준비해야 한다. 특히 이러한 것들이 자율주행에 맞춰 새롭게 만들어 지거나 변화를 고려해야 할 것들이 많은 부분을 차지한다.

미들 마일의 일반적인 운송 단계를 보면 화주가 필요한 차량을 부르고 해당 차량이 배차가 되어 공장이나 센터와 같은 사업장에 요청한 시간에 맞춰 입차하게 된다. 그리고 물품을 차량에 싣는 상차 작업이 진행되고 해당 차량은 목적지를 향해 이동하게 된다. 이후 하차지에서는 상차지와 반대로 물품이 파손 등의 문제가 없이 도착했는지 확인하고 물건을 하차하는 작업이 이루어지게 된다. 차량은 최종적으로 하차지를 벗어나 다음 목적지를 향해 이동하게 된다.

현재의 자율주행 검증은 대부분 상차지에서 하차지로 이동하는 운행 구간에서만 이루어지고 있다. 자율주행이라는 기술이 안전하게 적용이 되어 있는지 운행간 기술적 문제는 없는지를 살펴보기 위해서이다. 하지만 전체 미들 마일 운송 단계를 살펴보면 이보다 많은 부분의 검증과 준비가 필요함을 알 수 있다. 또한, 이를 수행하기 위해 자율주행 차량

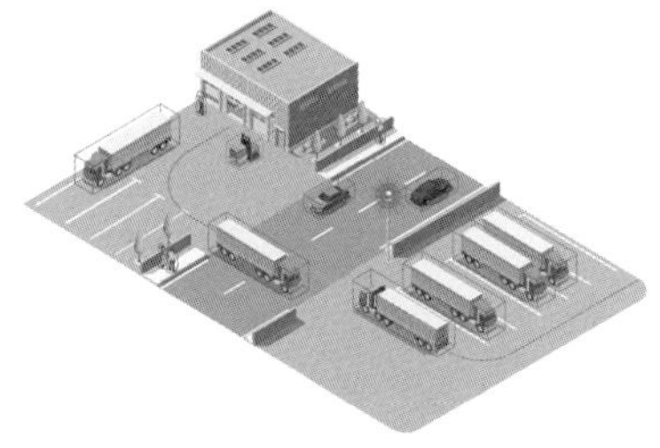
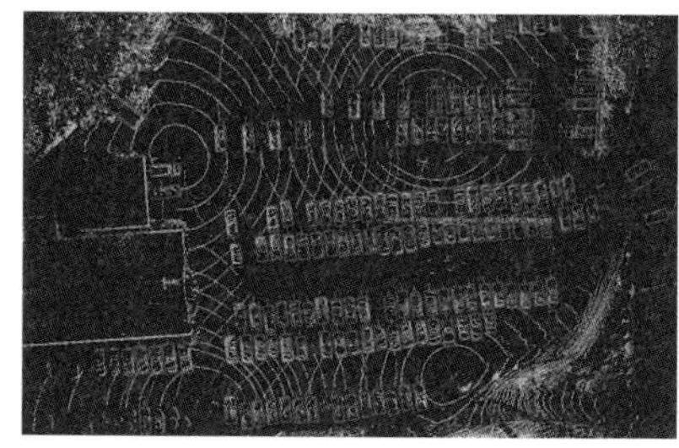

[그림 10] 라이다를 통한 센터내 인프라 구축 - 서울로보틱스

자체의 기술 외에도 각각의 사업장내에서 차량이 안전하게 이동하고 접안할 수 있도록 사업장 상황을 파악해 분석해서 전달하는 컴퓨터 비전과 같은 인프라의 준비 역시 필요한 상황이다.

여기에 자율주행 차량을 호출하고 운행간 상태를 실시간 모니터링 할 수 있는 플랫폼도 필요하겠지만 화주가 요청하는 화물에 맞춰 적절한 차량이 배차되기 위한 적재 알고리즘이나 배차 알고리즘 역시 필요하다. 뿐만 아니라 차량의 최적 배차 및 회귀에 따른 공차 거리 최소화를 위해 수요 예측에 따른 자율주행 차량의 거점 확보 및 이동 역시 필요하다. 이 모든 것들은 기존 미들 마일 운송 데이터에 기반하고, 각각의 알고리즘 AI가 상호 작용을 통해 결과를 도출해내는 것이다.

현재의 운송 플랫폼 서비스 업체들은 궁극적으로 자율주행 차량을 플랫폼에 도입하여 운영하는 목표를 모두 비슷하게 갖고 있다. 기사가 필요 없는 운행을 통한 극한의 운송비 효율화를 만들어 내는 것이 자율주행의 목표이기도 하지만 이는 운송 시장의 생산성 향상을 위해 반드시 필요한 부분이기 때문이다. 각각의 업체들은 운송 플랫폼을 운영하면서 다양한 알고리즘을 적용하여 검증하고 운송간 발생하는 여러 데이터를 모으며 이를 기반으로 자율주행 시대를 위한 알고리즘을 모델링하는 등 다가올 시대의 패권을 쥐기 위한 미래를 준비하고 있다.

4장. LLM 기반 생성형 인공지능(AI), OMS의 또 다른 진화

LLM(Large Language Model)이 세상에 나왔을 때 사람들은 이를 활용해 물류에 어떤 부분들을 혁신할 수 있을지 궁금해 했다. 대부분의 솔루션은 페이퍼 작성이나 계약서, 원장과 같은 문서 작성 및 요약과 같은 생산성 측면을 언급하였고, 챗봇을 통한 고객 응대 서비스의 효율성 향상 역시 함께 언급되었다.

하지만 최근 LLM 기반의 생성형 인공지능(AI)를 통해 OMS(Order Management System)을 개선하려는 시도가 진행중이다. 국내 미들 마일 시장의 경우, 다수의 화주사 배차 담당자들은 주선사와의 배차 요청을 하기 위해 메신저를 많이 사용한다. 일부 전화를 통한 배차 요청도 있지만 상당수가 카카오톡과 같은 메신저를 통해 채널을 만들고 해당 공간에서 배차 요청을 비롯한 배차 및 운송간 이슈를 공유하고 있다. 이러한 시스템 형태의 OMS는 기존 전화나 메신저를 통한 배차 요청과 비교했을 때 시공간의 제약과 함께 다수의 정보를 입력해야 하는 불편함을 느끼게 하였고 이는 플랫폼의 급속한 확산에 일부 걸림돌로도 작용했다.

언급된 불편함을 개선하기 위해 최근 LLM 기반의 OMS가 새로운 대안으로 등장하고 있다. 기존과 동일한 메신저 형태의 서비스를 제공하지만 화주사의 특정 정보들을 사전 학습하고 이를 주문에 자동으로 연결시키는 진일보된 챗봇의 모습이다. 대부분 화주사들의 주문은 특정 패턴을 갖고 있다. 몇개로 고정화된 출발지와 물품의 특성, 그리고 필요 차량의 톤급이나 타입까지 상당 부분의 정보들은 이미 과거부터 크게 변하지 않은 데이터들로 채워져 있다. 단지 물품을 보낼 하차지의 변화, 그리고 물건을 싣는 시간과 도착해야 하는 시간의 변화가 가장 큰 변수이다.

생성형 AI는 이러한 상황에 적용되어 주문 데이터를 학습하고 이를 통해 인지되고 추론된 내용을 자동으로 적절한 주문이 만들어 지도록 하는데 활용될 수 있다. 기존 시스템 형태에서 입력 방식의 불편함이나 카카오톡과 같은 단순 메신저에서의 주문 연동이 자동으로 이루어지지 않는 불편함에서 현재의 운영 형태와 동일한 방식의 주문 요청을 자동으로 연결될 수 있게 하는 OMS의 변화가 시작되고 있는 것이다. 이러한 메신저 형태의 OMS는 주문의 요청을 대화형으로 언제 어디서든 쉽고 간단하게 할 수 있다. 이를 통한 주문 요청 및 관리의 생산성 향상 및 편의성 또한 제공할 것이다.

현재의 메신저 기반의 OMS 챗봇은 최근 급속도로 발전하고 있는 생성형 AI의 진화와 함께 텍스트 형태의 주문 입력이 아닌 음성 기반의 미들 마일 AI 에이전트(agent)까지 진화될 것이라 예측해본다.

5장. 인공지능(AI) 보다 중요한 데이터

빅데이터라는 단어가 자리잡은 지도 상당 시간이 지났다. 그리고 수많은 기업들은 디지털 트랜스포메이션이 향후 미래 기업이 나아가야 할 길이고 디지털을 통한 경쟁력 확보만이 생존할 수 있는 방법이라 이야기하고 있다. 여기에 인공지능(AI)이라는 단어가 모든 것을 해결해 줄 것처럼 세상에 자리잡은 지도 수 년이 흘렀다.

그사이 인공지능(AI)은 현재의 생성형 AI 단계까지 올라왔고 기업들은 앞다퉈 이를 업무와 산업에 적용시킬 방법들을 고심하고 있다. 특히, 물류 분야의 경우 그 어떤 산업보다 다양한 AI와 같은 미래 기술을 적용해 생산성을 높일 수 있는 부분들이 많다고 판단하고 있다. 하지만 이렇게 AI를 도입하려는 물류 기업이 빠르게 솔루션을 적용하고 결과를 만들어 내지 못하는 가장 큰 문제는 무엇일까?

그 답은 바로 데이터에 있다. 대부분의 물류 기업들은 그동안 상당량의 데이터를 확보했다고 이야기한다. 하지만 실제 디지털화를 추진하거나 인공지능(AI)을 적용하고 하나의 어플리케이션을 만들려고 할 때 보유하고 있는 데이터가 결과를 만들어 낼 수 있는 적절한 데이터가 아닌 경우가 많다. 막상 데이터가 있다고 해도 정보가 부족하거나 데이터가 오염되어 있거나 쌓여 있는 정보는 많지만 데이터로서의 가치를 줄 수 없는 수준의 정보의 나열이 대부분이다.

또한, 오래된 물류 기업의 특성상 각각의 영역이나 사업에 적용된 시스템이 다르고 이를 관리하는 주체가 달라 각각의 데이터를 취합하는 것도 어려운 일이다. 혹여나 막상 취합이 됐다 하더라도 기준이 달라 데이터를 통합하여 사용할 수 없는 경우 또한 대부분이다.

미들 마일 운송 운임 데이터를 예로 들어보자. 대부분의 물류사들은 계약 물류를 진행한다. 화주사와 계약을 하고 해당 계약 운임에 맞춰 운송 서비스를 제공한다. 그런데 이러한 운송 서비스를 직접 진행하면 데이터 확보가 조금 더 용이하겠지만 만약 운송사에 해당 서비스를 위탁한다면 계약 화주의 운송 데이터의 주도권과 퀄리티는 운송사의 관리 수준에 따라 큰 차이가 발생할 것이다.

또한, 차량의 배차 형태에 따라 고정 차량을 계약하여 운행하는 경우나 차량을 월급제 형태로 고용하여 운행하는 경우, 그리고 시장에서 단건으로 차량을 수배하는 경우 등 다양한 경우들이 존재하며, 각각의 경우에 따라 지불하는 운임 역시 차이가 발생한다.

여기에 시장에서의 수요와 공급에 따른 운임 변동이나 물품의 특성, 상하차지 위치에 따른 공차 운행 여부, 운행 거리나 요구하는 차량의 톤급이나 타입 등 많은 데이터들이 존재한다. 이렇게 수집된 데이터의 일관된 관리와 기준이 그 다음 단계인 운임 AI를 구축하고 학습하는데 중요한 역할을 할 것이다. 하지만 이들 데이터가 하나의 관리 주체에서 일관된 기준으로 관리하지 않거나 위탁된 각각의 운송사의 손에 운명이 맡겨진다면 어떨까? 물류사는 운송과 관련된 많은 데이터가 있다고는 말할 수 있지만 실제 유효한 결과를 만들어 낼 수 있는 데이터는 갖고 있지 않는 상황이 될 것이다.

그렇다면 유효한 데이터를 어떻게 쌓아야 할까? 우선 각 분야의 가장 기본적 데이터는 하나의 거버넌스(Governance) 아래 일관된 기준을 갖고 확보해야 한다. 미들 마일 운송을 본다면 노선과 관련된 데이터나 운임과 관련된 데이터, 배차와 관련된 데이터 등 해당 운송에 연관되어 있는 기본적인 데이터들이 시작이 되는 기본 데이터일 것이다.

동시에 해당 분야에 어떤 문제가 있는지를 정의하거나 어떤 부분을 효율화할 지 정의하는데 이에 따라 추가적으로 확보해야하는 데이터들은 달라질 것이다. 각각의 문제 정의에 따라 필요한 데이터가 다를 것이고 이렇게 요구되는 데이터는 새롭게 수집되거나 기존 데이터의 가공을 통해 빠르게 문제를 해결할 수 있는 솔루션을 찾아내는 것이 중요할 것이다.

만약 데이터가 없거나 쌓이는 속도가 늦다면 우선 유사한 상황이나 분야를 찾아 공개된 데이터를 확보하고 빠르게 AI 모델을 만들어 테스트를 해보는 것도 방법이 될 수 있다. 이러한 AI 모델을 통해 쌓고 있는 데이터를 투입하여 기대했던 결과가 만들어 지는지 그리고 모델의 수정은 필요하지 않은 지 등 다양한 부분들을 검증할 수 있을 것이다.

6장. AI 에이전트. 미들 마일의 Next

생성형 AI를 포함한 인공지능이 발전함에 따라 AI 에이전트에 대한 관심도 증가하고 있다. 생성형 AI가 등장하고 주목을 받기 시작한 후, 특정 분야의 문서 작업 대리 수행 등에서 AI 에이전트의 가능성은 점점 현실화되고 있는 상황이다.

미들 마일 역시 전체의 운영 과정을 살펴보면 각각의 단계마다 적용되는 인공지능의 형태는 다를 것이다. 하지만 전체적인 운영을 포괄하는 주체의 입장에선 이러한 모든 단계를 통합적으로 운영하고 자동화할 수 있는 필요성은 증대될 것이다. 결국 미들 마일의 전반을 아우르는 AI 에이전트의 등장은 필연적이라고 할 수 있다.

현재의 미들 마일 운영 구조를 보면 아직까지 배차나 운영, 정산 등 전체의 과정에 인력을 투입해 운영되고 있다. 배차 요청을 하고 요청된 정보가 정확한지 확인하고 차량을 수배하고 배차하고 입차와 출차의 과정을 거쳐 운임의 정산까지 각각의 상황에 따라 조금씩 형태는 다르지만 각 단계별 동일한 의사 결정과 관리를 필요로 하고 있다.

이러한 환경은 AI 에이전트가 각각의 환경을 인식하고 그에 맞게 프로세스를 자동화하고 의사 결정을 수행할 수 있는 조건이다. 또한, 현재 패러다임 변화를 위해 만들어지고 있는 다양한 인공지능 요소들이 결국 하나의 AI 에이전트의 관리하에 최적의 결과를 만들어 낼 수 있도록 도울 것이다.

이러한 변화로 인해 미들 마일 뿐만 아니라 이와 연계된 라스트 마일, 퍼스트 마일과 더불어 창고와도 연결되는 하나의 인공지능 기반 물류 네트워크로 진화할 것이라 기대해 본다.

물류 창고 로봇의 진화: Kiva에서 휴머노이드 로봇까지

이커머스 성장과 풀필먼트 센터에서의 혁신적인 자동화 기술

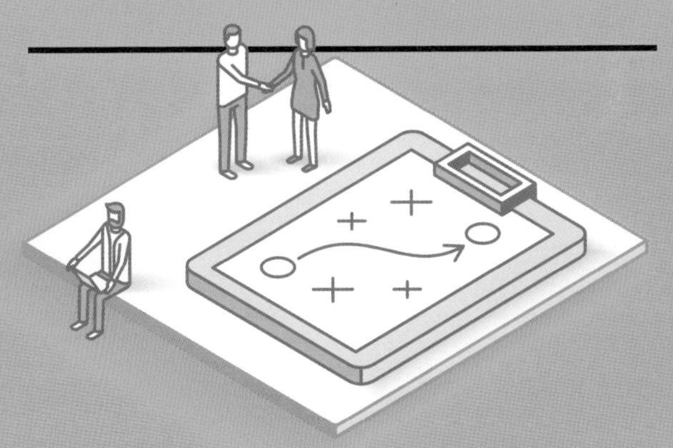

송상화

인천대학교 동북아물류대학원 교수

KAIST에서 박사학위를 받고, IBM 비즈니스컨설팅서비스를 거쳐 인천대학교에서 SCM과 물류, 유통, 디지털 혁신 분야 교육 및 연구에 힘쓰고 있다. 현재 인천대학교 동북아물류대학원 원장, 교육부 4단계BK21사업 교육연구팀장, 국토교통부 규제개혁위원, KOTRA 디지털혁신위원을 맡고 있다.

1장. 물류 산업의 전환점: 물류 창고 로봇

물류 산업은 기술 발전과 시장의 변화에 발맞추어 끊임없이 진화해 왔다. 최근 몇 년간 미디어에 소개된 물류 현장의 모습은 달라졌다. 기계식 설비로 가득했던 예전 모습과 달리 넓은 물류 창고 내 다양한 형태의 물류 로봇들이 바쁘게 상품을 이동시키고 포장하는 것과 같은 지능화된 자동화 시스템이 주목을 받았다. 첨단 기술이 인간 작업자에 의존적이던 과거 물류 현장을 빠르게 대체하고, 효율적이고 유연한 물류 체계로의 전환이 진행되고 있음을 보여주고 있는 것이다.

이커머스 시장의 성장은 이러한 물류 현장의 로봇 자동화를 더욱 부추기는 촉매제 역할을 하고 있다. 당일 배송, 새벽 배송과 같은 신속한 배송 서비스가 보편화되면서, 물류 시스템이 더 빠르고 효율적으로 상품을 고객에게 공급해야 하는 상황이 된 것이다. 밤12시까지 주문한 상품을 다음날 배송해야 하거나, 낮에 주문한 상품을 당일 저녁까지 배송

[그림 1] 물류 로봇들로 가득한 미래 물류 창고 모습(출처: Dall-E)

하는 상황이 일상화되며 짧은 시간 내에 물류 창고 내에서 상품을 찾아 포장하고 출고하는 작업이 마무리되어야 한다.

시장의 물류 서비스 기대 수준은 크게 올라가고 물류 현장은 신속하고 효율적 방식으로 변화하고 있지만, 물류 창고에서 해당 작업을 담당해야 할 인력을 확보하는 것은 더욱 어려워지고 있다. 장기적으로 인구 감소가 예상되는 상황에서 고령화가 빠르게 진행되며 거친 물류 현장에서 일할 수 있는 작업자를 구하는 것이 쉽지 않을 뿐 아니라, 인건비 상승으로 전체 물류비가 증가하는 것 역시 문제를 복잡하게 만들고 있다. 물류 산업은 여전히 노동 집약적 특성이 있으며, 창고에서 수작업으로 이루어지는 작업들은 과거 보다 더 많은 인력을 필요로 하고 있어 시장 변화에 맞춰 물류 시스템을 고도화해야 할 필요성은 과거 어느 때 보다 높다고 할 수 있다.

물류 로봇은 이러한 환경에서 물류 서비스 품질을 크게 증가시키면서 동시에 비용을 절감하는 전환점을 제공해 줄 것으로 기대된다. 지능화된 물류 로봇들이 작업자를 도와 생산성을 크게 증가시키고, 작업에 필요한 인력을 최소화하는데 기여할 수 있는 것이다. 또한, 물류 현장을 보다 안전하고 일하기 편한 곳으로 바꾸어 지속가능한 물류 서비스 운영 방식이 자리잡도록 도와줄 수 있다.

이처럼 로봇 기반 물류 창고 자동화는 향후 몇년 내 물류 현장을 크게 바꿀 것으로 기대된다. 이러한 기대로 인해 많은 수의 국내외 기업들이 앞다투어 물류 로봇 개발에 뛰어들고 있고, 상당 부분 성과를 창출하고 있다. 물류트렌드 관련 서적에서도 물류 로봇의 필요성과 변화 방향에 대해 자주 언급하고 있기도 하다. 본 글에서는 물류 로봇이 기존 물류 자동화 방식과 어떤 점에서 차이가 있는지 살펴보고, 이를 통해 미래 물류 로봇 도입과 관련된 시사점을 찾아보고자 한다.

2장. 물류 창고의 진화 과정: 창고에서 풀필먼트 센터로

물류 로봇의 도입 방향에 대해 논의하기에 앞서 로봇이 운영되는 물류 창고의 변화에 대해 자세히 살펴볼 필요가 있다. 과거 물류 창고는 물품을 대량으로 보관하고 간헐적으로 필요할 때 출고하는 기능에 초점을 맞추고 있었다. 창고(倉庫)라는 표현 역시 물건이나 자재를 보관하기 위해 사용하는 건물이라는 의미를 가지고 있으며, 영어 표현으로 "Warehouse"는 물품 보관에 초점을 맞춘 건물을 의미한다.

Warehouse 형태의 물류 창고는 입출고가 빈번하지 않고 물품의 보관이 가장 중요한 기능이라는 점에서 부동산 가격이 저렴한 곳에 위치하여 비용을 낮추었고, 시설 또한 물류와 관련된 부가 서비스는 크게 필요하지 않은 시설이 대부분이었다. 물류 창고 운영의 목표는 보관 효율성을 최대화하는 것이고, 비용 절감이 중요한 지표가 되었다.

그런데 2000년대 초반 월마트(Walmart)와 같은 전문 유통 기업이 크게 성장하며 물류 창고에서 유통이라는 개념이 중요해지는 시기가 도래하였다. 물류 창고는 "Distribution Center(유통 센터)"라는 개념으로 고도화되었고, 물류 네트워크 내에서 물품의 흐름을 빠르고 효율적으로 가져가는 것이 중요한 목표가 되기 시작했다. "Distribution"이라는 용어 자체가 가진 의미가 상품을 빠르게 시장에 유통시키는 것이라는 점에서 물류 창고의 명칭이 "Distribution Center"로 변화된 것은 유통 측면에서 필요로 하는 기능이 강조되기 시작했음을 의미한다. 월마트의 사례는 이러한 변화가 가져온 물류 창고 기능 및 설비, 운영 방식을 잘 보여준다.

다수의 협력업체에서 상품을 공급받아 미국 전역에 분산되어 있는 매장으로 상품을 운송하는 작업을 진행하는 과정에서 월마트는 크로스도킹(Cross-docking)이라는 프로세스 혁신을 추진하게 된다. 크로스도킹 체계에서 물류 창고는 보관 기능을 최소화하고, 물류 창고의 입고와 출고를 담당하는 도크(Dock)를 최대화한다. 이어 협력업체에서 공급받은 상품을 매장별로 분류한 후 도착 매장이 동일한 여러 업체의 상품을 하나의 트럭에 적재한 후 즉시 운송하는 방식으로 운영한다. 매일 실시간으로 파악되는 매장별 재고와 미래 수요 예측을 바탕으로 각각의 매장에서 필요로 하는 수량만큼 협력업체에 주문이 이루어진다. 협력업체는 개별 매장으로 상품을 배송할 필요없이 크로스도킹 거점으로 일괄 운송한다. 뒤이어 해당 거점에서 분류 및 매장별 상품 운송이 이루어지는 체계가 도입된 것이다. 미리 상품을 물류 창고에 보관하던 전통적 "창고(Warehouse)" 개념에서 흐름에 초점을 맞춘 "유통 센터(Distribution Center)"로 전환함으로써 물류 창고 내 보관 기능을 최소화하고 하역, 분류 및 적재 과정을 신속하게 진행하는 유통 센터 개념으로 물류 창고가 변화

ⓐ Warehouse ⓑ Distribution Center ⓒ Fulfillment Center

[그림 2] 물류 창고 유형별 일러스트레이션(출처: imageFX)

한 것이다.

월마트의 크로스도킹 체계가 큰 성공을 거두며, 유통 산업 전반에 대형 물류 창고를 크로스도킹 형태의 유통 센터로 개발하는 것이 보편화되기 시작하였다. 물류 창고가 보관 및 재고 비용, 운송 비용을 절감하면서 동시에 매장에서 주문한 상품을 신속하게 공급하는 체계가 구축된 것이다. 상품 운송 과정이 효율화되면서 재고를 보관할 필요없이 필요할 때 필요한 만큼 주문하는 체계가 구축되고, 이러한 물류 혁신을 통해 원가를 크게 절감한 유통 기업들은 이커머스 시장이 성장하기 전까지 글로벌 공급망의 핵심 거점으로 자리매김하게 된다.

다음은 어떤 변화가 이어졌을까? 아마존(Amazon)을 시작으로 이커머스 시장이 폭발적으로 성장하며, 물류 창고의 개념이 한 번 더 변화하게 된다. 고객들은 PC와 모바일을 통해 다양한 상품을 비교 검색하고 한 번에 여러 상품을 구매하고, 이커머스 기업들은 하나의 박스에 여러 상품을 포장하여 신속하게 배송하는 형태로 물류 체계를 고도화하게 된다. 고객 배송 마감 시간이 촉박한 상태에서 다양한 상품을 신속하게 공급해야 함에 따라 고객 근처에 다수의 물류 거점을 설치했다. 재고를 각각의 물류 거점에 분산 배치한 다음 고객 주문에 따라 다품종 소량 배송하는 방식이 일반화되기 시작한 것이다.

과거 물류 창고의 개념은 보관(Warehouse)에서 흐름(Distribution Center)으로 변화하여 왔다. 하지만 이커머스 시장에서 필요로 하는 주문 처리 복잡성에 대응하기 위해 새로운 물류 프로세스와 설비가 요구되었다. 이때 등장하는 것이 바로 고객만족(Order Fulfillment) 개념이다. 물류 창고는 "풀필먼트 센터(Fulfillment Center)"로 변화한다. 풀필먼트 센터 개념에서 물류 창고는 매우 다양한 상품을 소량씩 보관하고 있다가, 고객 주문에 따라 서로 다른 여러 상품을 하나의 상자에 포장하여 출고하는 복잡한 프로세스로 구성된다.

기존의 물류 창고와 달리 풀필먼트 센터에서 담당하는 고객은 소량 다품종 주문을 신속하게 요구하는 까다로운 일반 소비자 고객들이며, 처리해야 할 주문 역시 기존 방식과 비교할 수 없을 정도로 많아지게 되었다. 이에 물류 창고의 레이아웃(Layout), 설비에서 큰 차이가 나타나게 된다. 과거 물류 창고와 연결된 고객은 제조 공장이나 유통 대리점 등 비즈니스 고객이었던 반면에 풀필먼트 센터에서 담당하는 고객은 최종 소비자들로 변화했다. 이들은 매우 다른 특성과 요구 사항을 가지고 있어 주문 대응이 까다로워지기도 하였다.

물류 창고의 변화는 결국 대량 보관 및 소규모 고객 대응에서 다품종 소량 주문에 대한 신속하고 유연한 대응 체계로의 변화로 이해할 수 있다. 특히, 이커머스 시장이 폭발적으로 성장하며 고객 주문 변동이 크게 증가하기 시작했다. 마케팅 및 프로모션이 이루어질 경우 갑작스럽게 수 십에서 수 백배가량 주문이 몰렸다가 주문이 급격하게 줄어들기도 하는 등 수요 변동성과 불확실성이 증가하게 되었다. 이는 곧 물류 창고에서의 주문 처리 프로세스가 복잡하고 어려워지는 계기가 되었다.

로봇 기반 물류 창고 자동화는 이러한 물류 창고 및 고객 수요의 변화와 맞물려 진행되고 있다는 점에서 물류 로봇이 해결하고자 하는 문제 역시 기존의 보관 및 흐름 기능에서 고객 주문 만족으로 초점이 변화하고 있다는 것을 이해할 수 있다.

3장. 물류 창고 내 운영 프로세스

물류 로봇이 창고 내에서 활용되는 현황을 이해하기 위하여 물류 창고 내 일반적인 운영 프로세스를 살펴볼 필요가 있다. 물류 창고의 단계별 프로세스를 살펴보면 다음과 같이 정리할 수 있다.

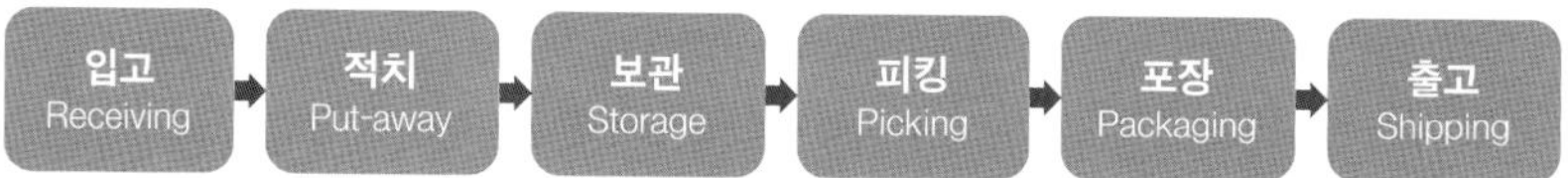

먼저, 입고(Inbound Receiving) 프로세스에 대해 알아보자. 트럭에서 물품을 하역한 후 물류 창고 내부로 들여와 검수 및 시스템에 등록하는 과정을 담당한다. 입고가 완료된 물품은 적치(Put away) 과정을 통해 창고 내 적절한 보관(Storage) 위치로 이동된다. 고객 주문이 들어오게 되면 해당 주문에 포함된 상품들을 보관 위치에서 포장 위치로 이동시키는 피킹(Picking) 단계가 진행된다. 여러 보관 위치에 분산되어 있는 상품들을 작업자가 이동하며 수집한 다음 이를 포장 단계로 보내야 하기에 물류 창고에서 가장 많은 시간이 소요되는 단계로 알려져 있다. 피킹 단계를 거친 후 물품들은 주문에 따라 분류(Sorting)된 후 포장(Packaging) 단계를 거쳐 출고(Shipping) 단계로 넘어간다. 출고가 이루어지면 물류 창고 내에서의 프로세스는 마무리된다.

물류 창고의 기능적 목표에 따라 각각의 운영 프로세스별 중요도에 차이가 존재한다. 보관 기능이 중요한 Warehouse에서는 물품을 보관하는 설비가 최대한 물품을 경제적으로 보관할 수 있도록 최대한 높고 빽빽하게 물품을 보관하는 것이 중요하다. 입고 및 출고가 간헐적으로 이루어지기 때문에 보관 이외의 과정은 수작업으로 진행되어도 큰 문제가 없는 것이 일반적이다. 이에 따라 Warehouse 형태의 물류 창고에서는 보관 설비 자동화에 초점을 맞추어 전통적인 형태의 기계식 자동화 창고가 보급되었다.

흐름이 중요한 유통 센터(Distribution Center) 형태의 물류 창고에서는 입고와 분류, 출고 과정이 중요한 역할을 담당한다. 물품의 원활한 이동을 지원하기 위한 컨베이어 벨트와 입고된 물품을 목적지별로 재분류하는 분류 설비를 자동화하는 것이 중요했고, 택배 터미널과 같은 형태로 물류 창고 내부에 컨베이어 벨트가 빼곡히 들어선 형태의 기계식 자동화 창고가 활용되었다. 상품 분류 과정에서 바코드 등 이미지 인식을 통한 상품 분류가 일부 이루어졌다. 효율적인 운영을 위한 정보시스템 개발이 중요해졌지만 여전히 오늘날 물류 로봇 기반의 지능화된 자동화 창고라기 보다는 기계식 자동화 창고에 더 가까운 형태였다.

이커머스 주문을 처리하는 풀필먼트 센터(Fulfillment Center) 형태의 물류 창고에서는 피킹, 분류 및 포장 단계의 중요성이 매우 높다고 할 수 있다. 매일 처리해야 하는 주문이 기존 물류 창고 보다 훨씬 많고, 다양한 물품을 보관하고 있어야 하기에 피킹을 위해 이동하는 거리 역시 큰 폭으로 증가하게 된다. 분류 및 포장 역시 피킹된 물품을 고객별, 주문별로 분류하여 적절한 상자에 넣어 포장하는 과정이 빈번하게 이루어진다. 기계식 자동화로 대응이 가능했던 기존의 물류 창고 형태와 달리 풀필먼트 센터에서는 새로운 방식의 자동화 시스템을 필요로 하게 된다. 다양한 형태의 물품을 다양한 방식으로 신속하게 포장하여 출고하는 과정은 높은 수요 변동성, 다품종 소량 주문 복잡성, 24시간 운영 부하 등으로 인하여 대규모 인력이 투입되는 노동집약적 과정으로 변화하게 된다.

물류 로봇은 이러한 물류 창고의 변화에 대응하기 위하여 도입되기 시작하였고, 이에 따라 물류 로봇이 투입되는 프로세스 및 로봇 개발 방향성 역시 복잡한 주문을 신속하게 처리하는 풀필먼트 센터에 적합한 형태로 설정되기 시작했다. 이 부분이 전통적 기계식 자동화와 최근의 물류 로봇 기반의 지능적 자동화와 차이가 나타나는 부분이라 할 수 있다.

4장. 물류 로봇의 종류

이커머스 풀필먼트 센터에 초점을 맞추어 로봇이 개발됨에 따라 물류 로봇은 피킹, 분류, 포장 단계에 필요한 기능을 제공하는 방식으로 진화하게 된다. 로봇이라고 할 때 일반적으로 떠올리는 사람을 닮은 "휴머노이드" 형태의 물류 로봇은 아직 개발 및 상용화가 진행 중이다. 로봇이라는 표현에도 불구하고 물류 창고에서 활용되는 로봇의 경우 특정 기능에 초점을 맞춘 단순한 형태가 먼저 상용화되어 활용되고 있다.

물류 로봇으로 처음 이름을 알린 것은 피킹을 위한 AGV(Automatic Guided Vehicle) 방식의 모바일 로봇이 있다. AGV는 정해진 경로를 따라 물품을 운반하는 물류 로봇을 의미하며, AGV 로봇의 시작을 알린 Kiva Systems의 AGV는 바닥에 일정한 간격으로 부착된 QR코드를 카메라로 인식하여 위치를 파악하고, 정해진 경로로 이동하는 방식이 도입되었다.

Amazon에 인수되어 Amazon Robotics로 이름이 바뀐 Kiva Systems는 이커머스 풀필먼트 센터에서 입출고가 빈번히 일어나며 피킹 과정의 운영 효율성 향상이 중요한 이슈가 될 것으로 예측하고, 물류 창고 내 보관된 “Pod”이라 불리는 이동형 선반에 상품을 보관하고 있다가 주문이 들어오면 AGV가 해당 주문 내 물품을 보관하고 있는 이동형 선반 Pod를 포장 위치로 운반하는 기능을 구현하였다. Kiva Robot이라고도 불리는 이러한 방식의 AGV는 장애물을 회피하거나 경로를 실시간으로 변경하는 것과 같은 복잡한 기능을 필요로 하지 않고 Pod를 상품 포장 위치로 이동시키는 역할만을 담당하여 저렴하게 현장에서 도입될 수 있는 길을 연 것으로 평가받고 있다. Kiva Systems가 Amazon에 인수된 후 물류 자동화 설비 기업들이 적극적으로 AGV를 생산하기 시작하고, 중국의 Geek+와 같은 기업이 저렴하게 현장에 활용가능한 AGV를 양산하기 시작하며 널리 보급되었다.

AGV 형태의 물류 로봇들은 상품을 보관 장소에서 찾아 포장 단계로 가져오는 피킹 단계에서 사람의 이동 거리 및 시간을 최소화하는 GTP(Goods-to-Person) 방식을 실현하게 되었다. 피킹에 필요한 작업자를 최소화하고, 물류 로봇이 가져온 상품을 작업자가 신속하게 포장할 수 있게 되어 생산성을 크게 끌어올리는데 큰 기여를 한 것으로 평가되었다. 전통적 방식의 피킹 프로세스는 작업자가 필요한 물품을 피킹하기 위하여 넓은 물류 창고를 이동하며 물품을 찾고 카트에 담아 포장 라인으로

ⓐ Kiva Systems

ⓑ Swisslog (CarryPick)

ⓒ Geek+

[그림 3] 물류 로봇: AGV 유형(출처: 각 제조사)

가져오는 방식이었다. 이는 작업자가 물품이 보관된 장소로 이동한다는 측면에서 PTG(Person-to-Goods) 방식이라고 할 수 있다. 이커머스 시장이 발전하며 신속한 주문 처리가 필요해지면서 물류 창고에서 담당하는 주문 물량이 크게 증가하고 주어진 작업 시간도 단축되며 작업자 운영 효율 향상이 중요한 이슈가 되었다. AGV 방식의 물류 로봇은 이와 같이 피킹 단계의 운영 효율성 및 유연성 제고에 큰 역할을 하였다.

풀필먼트 센터에서의 자동화에 GTP 방식이 유용하다는 평가가 나오면서 AGV 방식의 단점을 보완한 다양한 형태의 자동화 설비들이 시장에 출시되기 시작했다. Autostore사의 자동 창고 설비는 그리드(Grid)라 불리는 3차원 구조의 격자에 플라스틱 재질의 컨테이너가 빼곡하게 쌓여있고, 그리드 상단 레일을 따라 로봇이 움직이며 컨테이너를 그리드 상부에서 꺼내어 포장 위치로 이동하는 방식을 도입하였다. AGV 방식의 경우 작업자의 키를 고려하여 Pod의 높이를 적정 수준으로 제한함에 따라 동일면적당 저장량에 한계가 있으나, Autostore의 3차원 그리드 방식은 보관 효율성이 높은 장점이 있다.

Geek+의 PopPick 시스템이나 Fabric의 자동화 설비는 AGV와 자동창고를 결합한 형태로 보관 효율성을 높이는데 주력하였다. PopPick은 수직방향으로 Pod의 길이를 크게 키운 다음 AGV가 가져온 Pod의 상단에

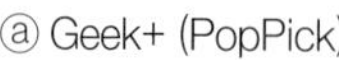
ⓐ Geek+ (PopPick)

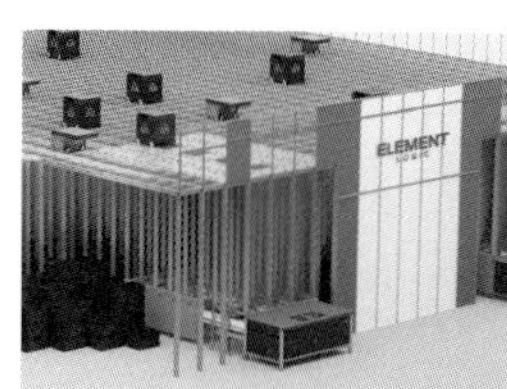

ⓑ Autostore

ⓒ Fabric

[그림 4] 물류 로봇: AS/RS 유형(출처: 각 제조사)

위치한 상품을 아래로 내려주는 로봇을 추가로 설치하여 보관 효율성과 출고 생산성을 효율화하려는 시도를 하였고, Fabric은 수직방향으로 움직이는 로봇과 수평방향으로 움직이는 로봇을 동시에 설치하는 방식을 도입하였다.

이와 같이 풀필먼트 센터의 자동화 설비는 AGV를 중심으로 물품을 보관하는 단계와 이동하는 단계에서 각각 보관 효율성과 출고 생산성을 동시에 최적화하기 위해 다양한 형태의 로봇과 자동화 설비를 도입하는 방식으로 진화하고 있다.

물품을 이동시키는 기능을 물류 로봇이 담당하여 작업자의 이동 시간을 단축한다는 측면에서 AGV와 유사한 AMR(Autonomous Mobile Robot) 로봇 역시 최근 이커머스 풀필먼트 센터에서 적극적으로 도입되기 시작했다. AMR 로봇은 AGV 방식과 달리 로봇에 라이다(LiDAR) 센서, 레이다 센서 등 로봇 위치를 파악하고 주변 사물을 인식하는 센서들을 설치한 다음 로봇이 자율적으로 이동하는 방식으로 운영된다. 즉, 로봇의 이동을 지원하기 위한 QR코드 등이 필요 없는 로봇인 것이다. AMR 방식의 물류 로봇은 이동 공간에 제약이 없고 상황에 따라 유연하게 이동할 수 있다는 장점이 있어 차세대 기술로 주목받기 시작했다.

AMR 로봇은 AGV 방식과 달리 별도의 자동 창고를 구축할 필요없이

ⓐ Locus Robotics

ⓑ 6 River Systems

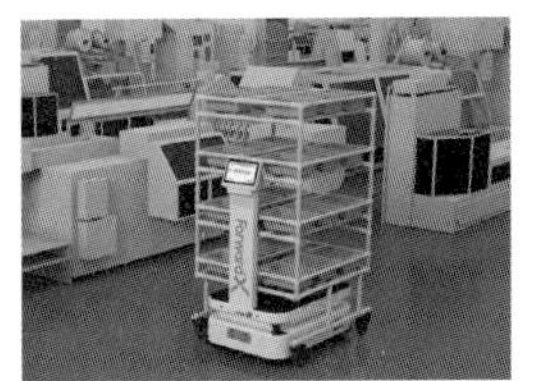

ⓒ ForwardX

[그림 5] 물류 로봇: AMR 유형(출처: 각 제조사)

기존 물류 창고 내에서 작업자의 피킹 작업을 보조하는 방식으로 운영된다는 특징이 있다. 기존 창고 레이아웃 및 설비를 그대로 사용할 수 있어, AMR 로봇에 고객 주문별 토트(Tote, 바구니)를 여러개 동시에 설치한 다음 알고리즘이 지정한 위치로 로봇이 이동하면 작업자가 물품을 찾아 지정된 토트에 넣는 방식으로 운영된다.

모든 주문이 토트에 담기면 AMR 로봇이 포장 단계로 상품을 이동시키기 때문에 작업자가 이동하는 거리 및 필요한 작업자의 수가 줄어드는 효과가 있다. AMR 로봇에 물품을 담는 과정을 지원하기 위하여 로봇 상부에 로봇 팔을 설치하려는 시도도 진행되어 왔지만, 기술 특성상 파렛트 내 적재된 박스를 이동하는 것과 같은 상대적으로 단순한 작업에 한해 Boston Dynamics의 Stretch와 같은 물류 로봇이 개발되었다. AMR 로봇이 상품 이동에 초점을 맞추게 되면서 여전히 작업자가 물품 보관 구역에서 AMR 로봇에 필요한 물품을 담는 일을 도와줘야 하고, 이는 곧 여전히 다수의 작업자가 물류 창고에 필요하다는 것을 의미한다. 그럼에도 불구하고 작업자를 도와 업무 부하를 크게 줄여줄 수 있다는 측면에서 AMR 로봇의 상용화가 빠르게 진행되고 있다.

최근에는 실제 사람과 유사하게 이족보행을 하는 휴머노이드(Humanoid) 형태의 로봇을 물류창고에 활용하려는 시도도 활발하게 이루어지

ⓐ Digit

ⓑ Apptronik + GXO

ⓒ Tesla

[그림 6] 물류 로봇: Humanoid 유형(출처: 각 제조사)

고 있다. 사람을 닮은 휴머노이드 로봇이 이미지 인식을 통해 물품이 들어있는 작은 컨테이너들을 이동시키는 방식으로, 실제 작업자가 물품을 피킹하고 이동하는 방식과 유사하게 작업이 이루어지게 된다. 인공지능 기술의 발전으로 휴머노이드 로봇의 팔과 손, 손가락을 세밀하게 조절할 수 있게 됨에 따라 조만간 컨테이너뿐 아니라 컨테이너 안에 들어있는 각각의 물품을 집어 상자에 넣는 작업도 가능해질 것으로 기대되고 있다.

휴머노이드 방식 물류 로봇의 장점은 다양한 기능을 수행할 수 있다는 점이다. AGV, AMR 로봇과 같은 경우에는 물품 이동과 같은 특정 기능을 수행하는 반면 휴머노이드 방식은 다양한 기능을 복합적으로 수행할 수 있어 상용화가 된다면 물류 창고의 내부 모습을 크게 변화시킬 것으로 기대된다.

피킹 단계에서 로봇의 활용은 주로 물품의 이동에 초점을 맞추어 진행되어온 반면 개별 물품을 집어 상자에 넣는 것과 같은 세밀한 작업은 자동화가 더딘 상황이다. 세밀한 작업이 가능한 사람의 손과 달리 로봇은 물품 특성에 따라 압력을 조절하고 내부 구성품에 손상없이 물품을 집어 상자에 넣는 작업을 하기에 어려움이 있었던 것이다. 이에 따라 로봇 팔의 끝에 다양한 형태의 그리퍼(Gripper)를 달아 물품 종류에 따라 그

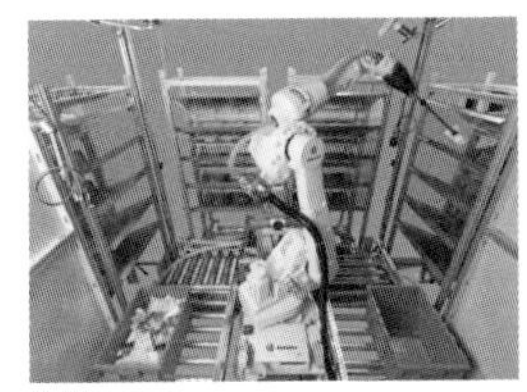

ⓐ XYZ Robotics

ⓑ Amazon (Sparrow)

ⓒ Mecalux

[그림 7] 물류 로봇: Gripper 유형(출처: 각 제조사)

리퍼를 바꿔가며 작업하는 방식이 개발되어 왔다. 사람 손과 같은 형태의 로봇 팔을 활용하여 물품을 집는 방식이 기본이며, 진공흡착기를 활용하여 과자와 같은 물품을 들어올리거나 자석을 활용하는 등 다양한 아이디어를 테스트해 왔다.

휴머노이드 로봇은 이미지 인식 및 인공지능 기술을 활용하여 물품 특성을 파악하고 로봇 손가락의 압력과 이동 방향을 매우 세밀하게 조정함으로써 사람과 유사한 방식으로 작업이 가능하게 진화하고 있어 장기적으로는 휴머노이드 로봇이 풀필먼트 센터 자동화에 적용될 가능성이 높다고 볼 수 있다.

5장. 물류 창고 로봇: 기존 방식과 무엇이 다를까?

과거에도 AS/RS(Automated Storage and Retrieval System)와 같은 형태의 기계식 자동화 창고가 있었고, 복잡한 알고리즘을 통해 자동화 창고를 운영하고 있었다. 그런데 AGV, AMR과 같은 형태의 자동화 창고 설비를 왜 물류 로봇이라고 하며 차별화하고 있을까? 물류 로봇 역시 구동계, 센서, 알고리즘이 복합적으로 들어 있어 기존의 자동화 창고 설비와 크게 다른 부분이 없는 것 같은데, 이를 물류 로봇이라고 하여 다르게 생각해야 할 이유가 있을까?

기존 기계식 자동화 방식과 로봇 기반 자동화 방식의 차이점을 살펴보면 다음과 같이 정리할 수 있다.

첫째, 로봇 기반 물류 창고 자동화는 다양한 환경에서 활용이 가능한 특성이 있다. 전통적인 기계식 창고 자동화는 미리 정해진 방식으로 설비를 배치하고 반복적인 작업이 이루어진다. 가장 단순한 형태를 생각해보자. 라면 생산 공장에서 자동화 설비로 라면을 대량 생산하는 과정을 생각해보면 동일한 형태의 라면을 대량으로 찍어내는 방식으로 대규모 투자를 통해 자동화 설비를 구축하면 오랜 기간 동안 동일한 작업을 반복하게 된다.

전통적 자동창고 역시 미리 정해진 형태의 설비를 설치하고 동일한 작업이 반복된다. 하지만, 물류 로봇은 예측 불가한 다양한 상황에서 사용될 수 있다. 예를 들어 AMR과 휴머노이드 로봇과 같은 형태의 물류 로봇은 주위의 환경을 실시간으로 파악하여 그에 맞춰 이동경로를 조정하는 것과 같이 유연한 대응이 가능하다. 휴머노이드 로봇은 하나의 작업만 가능한 것이 아니라 컨테이너를 들거나, 이동시키거나, 컨테이너 내부의 물품을 집는 것과 같은 다양한 작업을 동시에 할 수 있다는 측면에서 활용 분야가 매우 다양하다고 볼 수 있다.

제조 공장에 사용되는 자동화 기술과 물류 창고에 사용되는 자동화 기술의 큰 차이점 역시 현장의 불확실성이 큰 역할을 한다고 볼 수 있다. 최근 하나의 공장에서 다양한 형태의 제품을 생산하는 유연 제조 공장, 스마트 공장이 확산되고 있기는 하지만, 일반적으로 제조 공장은 일정한 수의 제품을 대량으로 생산하는 방식을 도입하고 있어 유연성 보다는 대량 생산에 초점을 맞추게 된다. 이 경우 자동화 기술 역시 예측 불가한 상황에서의 대응 역량 강화 보다는 통제된 환경에서 최대한 제품을 양산하는 방식으로 운영된다.

반면 물류 창고는 화주와 제품 종류가 지속적으로 변화하고, 제품이 변화할 때 마다 수요 패턴과 물류 창고에 요청하는 서비스에 차이가 발생한다. 변화하는 환경에서 자동화 기술은 예측하지 못한 상황에서도 상황을 판단하여 대응하는 역량 확보가 중요하다. 물류 창고에서 활용되는 물류 로봇에 기대가 큰 이유가 바로 이러한 불확실한 상황에 대한 대응 역량이라고 할 수 있다. "로봇"이라는 단어가 사용된 가장 큰 이유이기도 하다.

둘째, 로봇 기반 물류 창고 자동화는 수요에 따라 설비 용량을 다양하게 조정가능한 유연성이 있다. 전통적 형태의 자동화 창고는 사전에 미리 대규모 설비를 설치하고 동일한 작업을 반복적으로 수행한다. 자동화의 목표가 투자 대비 생산성 향상에 있기 때문에 용량을 조정하는 것이 거의 불가능하다. 한번 투자가 이루어지면 용량에 맞춰 주문이 들어올 때 비로소 최대 생산성을 보여줄 수 있다.

그러나 풀필먼트 센터는 이커머스 산업에 대응하여 운영되고 있어 기존 방식의 자동화로는 경제성을 확보하기 어렵다는 한계가 있다. 시간에 따라 주문이 큰 폭으로 변동되고, 물류 창고에서 취급하는 상품도 지속적으로 변화하기 때문에 물품 특성이 변할 때마다 자동화된 창고 설비를 다시 설치하는 것이 불가능하다. 따라서, 풀필먼트 센터 자동화는 다양한 형태의 물품을 취급하면서 동시에 용량을 변경할 수 있는 유연성이 필수조건이 된다. AGV, AMR, 휴머노이드 로봇 모두 필요에 따라 투입 대수를 조절할 수 있고, 물품 특성이 바뀔 경우 그에 맞춰 레이아웃을 조정하고 알고리즘을 조정함으로써 대응이 가능한 장점이 있다.

셋째, 작업이 반복될수록 로봇이 더욱 지능화되는 장점이 있다. 물품 및 주문 특성이 바뀌고, 물류 창고에 작업을 요청하는 수요 기업이 변화할 때마다 운영 데이터가 저장되고, 이를 인공지능 알고리즘이 학습함에 따라 로봇 운영 효율성이 더욱 올라가게 되는 것이다. 전통적 자동창고는 전자 기기, 타이어 등 창고 내 보관되는 물품이 유사한 경우가 많고, 작업 방식 역시 미리 정해진 방식을 반복적으로 수행함에 따라 시간이 지남에 따른 운영 효율성 향상이 제한적이다. 반면, 로봇 기반 물류 창고 자동화는 다양한 주문과 물품을 처리하는 과정에서 인공지능 학습에 필요한 데이터를 확보할 수 있어 알고리즘이 더욱 정교해지는 특성이 있다.

6장. 물류 로봇 도입의 시사점

이커머스 산업의 발전으로 물류 창고 내 자동화 필요성이 올라가고, 다양한 형태의 물류 로봇이 개발되며 물류 산업의 발전을 이끌어가고 있다. 지금까지 살펴본 바와 같이 물류 로봇은 다양한 환경에서 활용이 가능하며 동시에 예측불가한 상황에서도 적절히 대응할 수 있는 지능화된 자동화 설비로 진화하는 중이다. 동일한 작업을 반복적으로 신속하게 처리하여 투자 대비 생산성을 극대화하는 전통적 방식의 자동화와 달리 물류 산업에서는 물류 창고마다 처리하는 물품 및 주문 특성이 다르고 수요 변동성 및 불확실성도 높아 보다 지능화된 형태의 자동화 로봇이 필요하다. 물류 창고에 활용되는 로봇 개발에 더욱 많은 기업들이 뛰어들며 시장에 다양한 로봇이 활용되기 시작했기에 예상 보다 빠른 시간 내에 로봇을 활용한 자동화가 가능해질 것으로 기대되고 있다.

로봇을 물류 창고 자동화에 활용하는 과정에서 우리가 살펴봐야 할 요소들을 살펴보면 다음과 같이 정리할 수 있다.

첫째, 물류 로봇의 양산화, 대량 생산을 통한 가격 경쟁력 확보가 중요하다. 아직 개발이 한창 진행중인 휴머노이드 로봇과 달리 AGV, AMR 로봇 등은 이미 기존에 나와있던 구동계, 센서, 인공지능 기술을 활용하여 개발이 진행됨에 따라 기술적 측면에서 차별화하기 어려운 것이 현실이다. 특허 측면에서의 기술 보호도 제한적이기에 AGV, AMR 로봇과 같은 형태의 피킹 자동화 설비들은 대량 생산을 통해 단가를 낮추는 것이 매우 중요한 과제가 되고 있다. 더욱이 물류 로봇이 투입되는 작업 현장이 대규모 공장이 아닌 다수의 중소규모 물류 창고까지 포함된다는 것을 고려하면, 고가의 최첨단 기술을 도입하는 것보다 적절한 성능을 갖춘 저가형 로봇을 다수 배치하여 경제성을 확보하는 것이 더욱 중요해질 가능성도 높다. 가격 경쟁력 확보는 수요를 안정적으로 확보하여 대량 생산이 가능한 체계를 구축하거나, 혹은 안정적 부품 공급망을 확보하여 공급 측면에서 대량 생산이 가능한 체계를 구축하는 것이 핵심이다.

둘째, 물류 창고 내 병목(Bottleneck) 문제 해결에 초점을 맞출 필요가 있다. 물류 창고에서는 다양한 프로세스가 연계되어 작업이 이루어지고 있는데, 특정 단계에서 작업이 지연되면 전체 생산성의 하락으로 연결될 수 있다. 상대적으로 고가의 물류 로봇을 투입해야 하는 상황에서 물류 로봇이 병목 문제를 해결하는 것이 아니라 지엽적인 문제 해결에 활용된다면 물류 로봇을 도입하더라도 생산성을 높이는 것이 어려울 것이다.

GTP 시스템을 구현하기 위해 AGV, AMR 로봇이 개발되었는데, 이러한 로봇은 작업자의 이동 거리를 최소화하여 물류 창고 운영에 필요한 인력을 최소화하는데 기여하고 있다. 피킹 단계, 특히, 이동에 걸리는 시간이 병목 문제를 만든다는 점에서 중요한 전환점을 제공한 것이라 볼 수 있다. 그러나, 피킹 단계에 물류 로봇을 투입한다 하더라도 물품을 집어서 상자에 넣고 포장하는 것은 작업자가 처리해야 하는 한계가 있다. 만약, 피킹 단계와 포장 단계가 서로 다른 시간에 운영되고 있다면 피킹 단계에 물류 로봇이 투입된다 하더라도 어차피 작업자가 현장에 있고 포장 단계가 시작되지 않았다면 작업자들이 피킹 업무를 처리할 수 있어 물류 로봇이 불필요해지는 문제가 생기게 된다. 24시간 작업이 이루어지고 피킹과 포장이 동시에 진행된다면 물류 로봇과 작업자가 협업하는 것이 병목 문제를 해결하고 생산성을 높이는데 기여할 수 있을 것이다.

셋째, 장기적 측면에서 물류 로봇이 다양한 기능을 복합적으로 수행할 수 있도록 진화해야 한다. 앞에서 살펴본 바와 같이 풀필먼트 센터와 같은 물류 창고는 수요 변동성과 불확실성이 매우 높고 취급해야 하는 물품의 특성이 지속적으로 변화하는 특성이 있다. 물류 로봇이 하나의 작업만 처리할 수 있다면 특정 작업을 특정 시간에만 처리하는 문제가 발생할 수 있다. 사람은 다양한 작업을 처리할 수 있기 때문에 동일한 작업자가 입고부터 피킹, 포장, 출고까지 다양한 작업을 동시에 수행할 수 있다.

반면 지금까지 개발된 물류 로봇은 물품 이동 작업을 보조하는 역할로 기능이 제한되는 한계가 있었다. 이에 따라 여러 기능을 동시에 수행할 수 있는 휴머노이드 로봇 활용에 대한 기대가 증가하고 있다. 휴머노이드 로봇은 변화하는 작업 환경에 빠르게 적응할 수 있으며, 특정 작업 수요가 급증했을 때에도 다양한 역할을 수행하여 전체적인 운영 효율성을 높일 수 있다. 사람의 손과 비슷한 동작을 수행할 수 있어 세밀한 작업이 필요한 물품의 분류나 포장에 활용될 수 있다. 다양한 작업을 동시에 수행할 수 있는 로봇이 투입된다면 물류 현장의 변동성에 대응하고, 투자 대비 높은 효율을 제공할 수 있는 핵심 요소로 작용하게 될 것이다.

넷째, 물류 로봇 도입 시 경제적인 요소가 중요한 것은 사실이지만, 안전성과 작업자의 편리함 또한 간과해서는 안 되는 중요한 부분이다. 물류 창고는 많은 인력들이 작업을 수행하는 공간이며 로봇과 사람이 협업하여 작업하는 환경이기 때문에, 로봇 도입 시 안전 기준과 편의성이 충분히 고려되어야 한다. 특히, 물류 로봇이 더 넓은 공간에서 빠르게 움직이고 복잡한 경로를 따라 작업을 수행할 경우, 사람과의 충돌 위험이 높아질 수 있다. 이러한 문제를 해결하기 위해 물류 로봇에는 충돌 방지

센서와 경고 시스템이 장착되어 있으며, 작업자와의 안전한 거리를 유지하도록 설계되고 있다. 로봇이 작업자를 방해하지 않도록 사전에 프로그래밍된 경로를 따라 이동하거나, 작업자의 동선을 실시간으로 감지하여 피하는 방식으로 운영되어야 하는 것이다.

안전성 확보와 함께 로봇 도입이 작업자에게 편리함을 제공할 수 있어야 한다. 예를 들어, 작업자가 무거운 물품을 옮겨야 하는 상황에서 로봇이 이를 대신하여 물품을 운반해 줄 수 있다면, 작업자의 신체적인 피로와 부상 위험을 줄일 수 있다. 이는 작업자의 직무 만족도를 높이고, 장기적으로 인력 부족 문제를 해결하는 데에도 기여할 수 있다. 최근 AMR과 같은 형태의 물류 로봇 도입을 검토하는 기업이 증가하고 있는데, AMR 로봇의 경우 작업자와 협업하여 생산성을 향상시키는데 기여할 수 있다는 것 뿐 아니라 작업자의 작업 환경을 개선하여 안전하고 일하기 편한 작업 환경을 만드는데 도움이 된다는 부분이 부각되고 있다. 기존 물류 창고 환경을 크게 바꾸지 않으면서 작업자의 업무 부하를 완화해줌으로써 사람의 업무 만족도를 높이게 되면 인력 부족 문제가 완화되는 것이다.

7장. 물류 로봇이 그리는 미래 모습: 생성형 AI와 로봇의 만남

물류 창고에 로봇이 도입되어 작업 환경을 보다 안전하고 편리하게 바꾸어 나가면서도 동시에 생산성을 최대화하려는 노력이 전에 없이 치열하게 전개되고 있다. 다양한 기업들이 로봇 개발에 뛰어들며 기술 개발 속도도 올라가고 보다 경제적인 솔루션들이 속속 등장하고 있다. 20-30년은 더 걸릴 것으로 예상했던 휴머노이드 로봇 기반의 물류 창고

자동화도 빠르게 진행될 것으로 기대되기도 한다. 이커머스 산업의 변동성과 역동성, 치열한 경쟁, 그리고 고령화 사회로 접어든 주요 국가의 사회 환경을 고려할 때 물류 로봇 관련 시장은 매우 빠른 속도로 성장할 것이 확실한 상황이다. 물류 창고 환경이 전에 없던 첨단화되는 시기에 접어든 것으로 평가할 수 있다.

특히, 생성형 AI와 물류 로봇의 결합은 로봇 활용도를 크게 변화시킬 것으로 기대된다. 물류 로봇이 전통적 자동화 방식과 차별화되는 부분은 예측 불가한 상황에서도 대응가능하다는 점과 단순 반복 작업이 아니라 상황에 따라 유연하게 대응하는 역량이라는 점에서 생성형 AI가 물류 창고 내 로봇 활용에 큰 기여를 할 것으로 예상된다. 물류 로봇들의 제어에 생성형 AI가 활용되면 이미지 인식과 센서에서 들어온 데이터를 종합하여 생성형 AI가 상황 판단 후 적절한 대응 방안을 제시하는 것이 가능해지는 것이다. 복잡하고 역동적인 물류 창고에서 반드시 필요한 기능이 바로 이러한 유연한 의사결정과 신속한 대응이라고 본다면 생성형 AI가 상황을 판단하고 물류 로봇이 대응하는 체계는 물류 산업의 로봇 기반 자동화에 전환점을 제공할 것으로 예상된다. 휴머노이드 로봇이 손과 발이 되어 생성형 AI의 의사결정에 따라 다양한 작업을 효과적으로 수행하는 것이 가능해지는 것이다.

M-
시장동향
MARKET TRENDS

거시적 소비 변화에 따른 리테일의 도전과 기회

소비 양극화와 체험 중심의 소비가 몰고 온 과제들

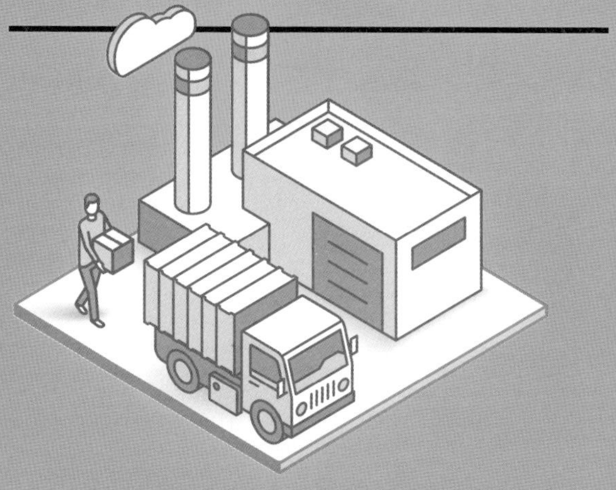

김소희

트렌드랩 대표

리테일/커머스 전문 인사이트 미디어 '데일리트렌드'와 리테일/커머스 연례 컨퍼런스 '넥스트커머스'를 운영 중이다. 리테일 인더스트리를 둘러싼 테크놀러지, 물류, 소비 트렌드 등 여러 비즈니스 환경 변화를 관찰하고 위기와 기회를 모색하는 일을 하고 있다.

서론

최근 리테일 산업은 거시적인 소비 변화로 인해 전례 없는 도전과 기회를 맞이하고 있습니다. 특히 '소비 양극화'와 '체험 중심 소비'의 확산은 산업 전반에 큰 변화를 요구하고 있습니다. 과거에는 중산층이 리테일 산업의 주요 소비층이었지만, 오늘날 이들의 소비가 감소하고 상·하위 계층 간의 소비 격차가 두드러지면서 소비 시장은 점차 고가와 저가로 양분되는 양상을 보이고 있습니다.

특히 저가 시장은 고소득층마저 '가성비'를 추구하는 소비 성향을 보이면서 점점 성장 중입니다. 리테일러들은 저가 시장의 폭넓은 소비자층을 사로잡기 위해 가격 경쟁을 벌이고 있으며, 이러한 변화는 리테일 기업들이 기존의 비즈니스 모델을 재검토하고 새로운 전략을 모색하도록 강요하고 있습니다.

동시에, 경험을 중시하는 소비자들의 트렌드는 기존 제품 판매 중심의 리테일 비즈니스에 새로운 방향성을 제시하고 있습니다. 소비자들이 경험 중심의 소비로 눈을 돌리면서 리테일 산업의 공간 활용과 제품 구색 전략에도 새로운 변화가 요구되고 있습니다.

이 글에서는 이러한 거시적 소비 변화 속에서 리테일러들이 직면한 과제와 이에 따른 대응 전략을 다각도로 분석해 보고자 합니다.

1장. 소비양극화 시대

최근 리테일러들이 직면하고 있는 가장 큰 도전은 바로 '소비 양극화' 현상입니다. 과거에는 매스 마켓(Mass Market)이라고 불리는 중산층이 리테일 산업의 주요 소비층이었으며, 중산층을 대상으로 한 마케팅과 제품 전략이 주요 리테일러들의 핵심 과제였습니다.

그러나 오늘날 전 세계적으로 중산층의 소비가 감소하면서 소비 양극화가 더욱 두드러지게 나타나고 있습니다. 이러한 현상은 여러 가지 원인에 기인하지만, 특히 중산층 인구의 감소가 직접적인 소비 감소의 가장 큰 원인으로 꼽히고 있습니다.

퓨 러서치 센터(Pew Research Center)의 분석에 따르면, 2020년 기준 전 세계 인구 중 중산층은 약 17%에 불과하다고 합니다. 이는 상당히 충격적인 수치로, 과거에 비해 중산층의 규모가 크게 축소되었음을 보여줍니다. 그 밖의 나머지 인구는 저소득층(51%) 또는 빈곤층(10%)으로 분류되고 있으며, 고소득층은 전체 인구의 단 7%에 그치고 있는 실정입니다.

이처럼 전 세계 인구의 대부분이 중산층에 속하지 않는다는 사실은 전체적인 소비 구조에 커다란 변화를 불러일으키고 있습니다. 중산층의 소비가 줄어들면서 매스 마켓을 타겟으로 하는 리테일러들은 매출 감소와 소비자층 재정비의 압박을 동시에 받고 있습니다. 이러한 변화는 전 세계 부의 상당 부분이 소수의 상류층에 집중되어 있기 때문으로 분석됩니다.

A lopsided world

Some 10 percent of the world's population owns 76 percent of the wealth, takes in 52 percent of income, and accounts for 48 percent of global carbon emissions.

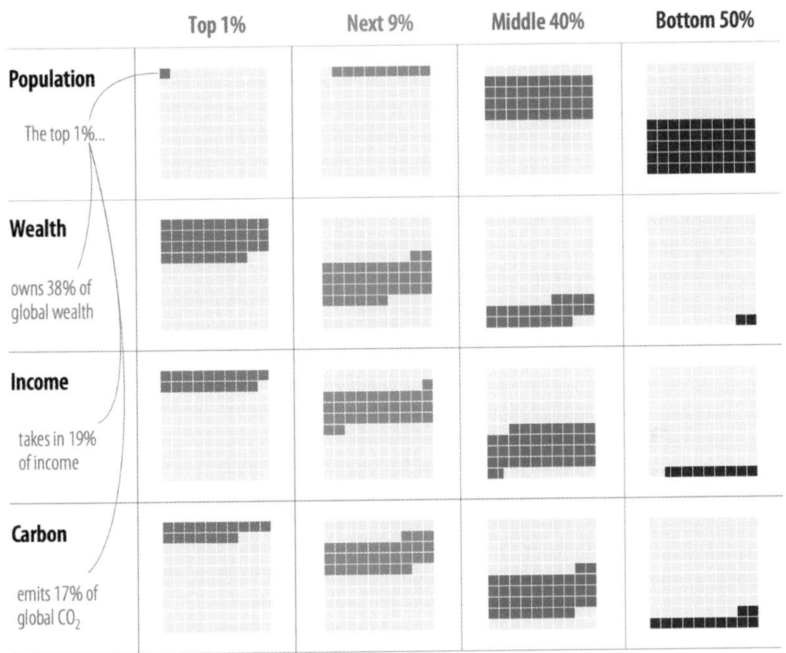

Progress in reducing gender inequality has been slow, with women still accounting for only 35 percent of global labor incomes.

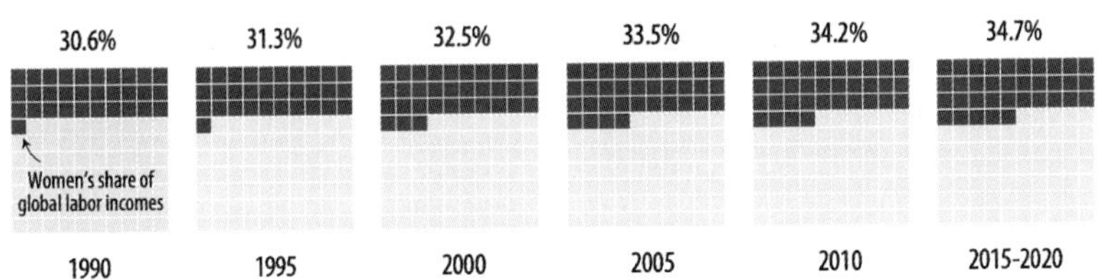

Source: World Inequality Report 2022 by the World Inequality Lab.

[그림 1] 한쪽으로 치우친 세계. (출처: IMF)

IMF의 세계 불평등 보고서의 데이터는 이러한 부의 집중 현상을 더욱 뚜렷하게 보여주고 있습니다. 보고서에 따르면, 2021년 이후 새로 창출된 부의 38%가 상위 1%에게 돌아갔습니다. 2023년 업데이트에서 발표된 내용을 보면, 전 세계 부의 약 76%가 상위 10%에 집중되어 있으며, 그중에서도 특히 상위 0.01%의 초부유층이 전체 부의 12%를 소유하고 있습니다. [그림 1]

심지어 정부의 부는 상대적으로 줄어들고 개인의 부가 급증하는 현상이 두드러지고 있어, 부의 재분배와 사회복지 정책을 위한 정부의 재정 능력이 점점 약화되고 있습니다. 이러한 현상은 팬데믹 이후 더욱 가속화되었으며, 부의 불평등이 지속적으로 심화되고 있음을 시사합니다.

이처럼 부의 불평등이 심화되면서 소비자들의 구매력에도 큰 격차가 생기고 있으며, 이에 따라 리테일러들이 고가와 저가 제품 사이에서 겪는 시행착오가 점차 늘어나고 있습니다.

상위 1%에 속한 부유층은 럭셔리 브랜드, 고급 서비스, 프리미엄 제품에 대한 수요를 지속적으로 확대하고 있어 고가 시장의 규모는 꾸준히 성장하고 있습니다. 이 때문에 많은 브랜드들이 이 소수의 초부유층을 공략하기 위해 막대한 노력을 기울이고 있습니다.

그러나 문제는 이 초부유층의 규모가 매우 소수에 불과하다는 점입니다. 아무리 이들이 부유하더라도 이들이 쇼핑에 투자할 수 있는 시간과 에너지는 한정적입니다. 이러한 한계 속에서 브랜드들의 경쟁이 치열해지면서, 최종적으로 승자의 자리는 극소수의 브랜드에게 돌아가고 있습니다.

가장 대표적인 승자의 사례는 에르메스(Hermès)입니다. 이 브랜드는 럭셔리 시장이 어려움을 겪었던 2024년 2분기에도 유기적 매출이 13.3% 증가하며 업계의 주목을 받았습니다. 이는 다른 경쟁자들에 비해 놀라우리만치 견고한 실적이며, 분석가들이 예측한 13% 증가율을 약간 상회하는 결과였습니다. 에르메스는 올해 초 모든 제품의 가격을 인상했으며, 특히 미니 켈리(Mini Kelly) 모델의 경우 중국에서 21.5% 가격 인상을 단행했습니다. 그럼에도 불구하고 강력한 브랜드 가치와 초부유층 고객 기반 덕분에 소비자들의 지속적인 선택을 받으며 고가 시장에서의 성공을 이어가고 있습니다.

반면, 버버리(Burberry)와 생 로랑(Saint Laurent)과 같은 미들 럭셔리 브랜드들은 상위 1% 시장으로 이동하는 데 실패하며 큰 타격을 입었습니다. 지난 2년 동안 버버리의 수익은 무려 40% 급감하였습니다. 버버리는 초부유층 고객에게 어필하기 위해 제품 가격을 초기보다 58%나 높였지만, 시장에서 가치를 제대로 인정받지 못했습니다. 이러한 실패 이후 버버리와 생 로랑은 다시 가격을 낮추고 더 폭넓은 고객층에게 어필하는 전략으로 전환하고 있습니다. 그러나 이 하위 시장 또한 과거와는 완전히 다른, 훨씬 까다로운 특성을 지니고 있어 브랜드들에게 새로운 도전이 되고 있습니다.

부유층은 일반적으로 초부유층(UHNWI: Ultra High Net Worth Individual), 부유층(HNWI), 그리고 고소득층(HENRY: High Earning Not Rich Yet)으로 세분화됩니다. 특히 '영 리치(Young Rich)'라고 불리는 자수성가형 부유층이나 엘리트 고소득층은 과거의 전통적인 상류층과는 다른 소비 성향을 보이고 있습니다. 이들은 자산을 단순한 '소비'의 대상으로만 여기지 않고, 오히려 '투자'하려는 경향이 강하며 필수품 소비에선 더욱 까다로운 가성비 소비 성향을 보이기도 합니다.

최근 월스트리트 저널(Wall Street Journal)은 "상위 1%는 여전히 달러 스토어에서 쇼핑을 계속하고 있다(One-Percenters Still Shop at Dollar Stores)"라는 흥미로운 헤드라인을 내세운 기사를 통해 이러한 소비 경향을 조명했습니다. 이들은 기꺼이 코스트코(Costco), 월마트(Walmart), 달러 스토어(Dollar Store)에서 생필품을 구매하면서도, 럭셔리 제품을 구매할 때는 투자 가치가 있는 제품 위주로 신중하게 선택하는 경향을 보입니다.

고소득층까지 가성비를 중요시하게 되면서, 할인점, 저가 브랜드, 중고 시장을 포함하는 폭넓은 저가시장에 대한 수요가 꾸준히 증가하고 있는 추세입니다.

미국에서는 월마트가 최근 회계연도에서 전년 대비 약 6.7% 성장하며 주가가 40% 넘게 상승하였고, 코스트코 역시 최근 분기까지 전년 대비 7% 이상의 상승세를 유지하며 지속적인 성장을 이어가고 있습니다. 유럽에서도 중고 거래 플랫폼 빈티드(Vinted)가 쉬인(Shein)을 제치고 가장 인기 있는 패션 앱의 자리를 차지하고 있습니다. 이 빈티드는 2023년에 무려 61%의 매출 성장을 기록하며 처음으로 흑자 전환에 성공하였습니다.

이러한 변화 속에서 최근 중국발 브랜드인 쉬인(Shein)과 테무(Temu)의 인기는 리테일들의 가격 전쟁을 더욱 가속화하고 있습니다. 테무(Temu)는 2023년 총 거래액(GMV)이 151억 달러에 달했으며, 2024년에는 매출이 600억 달러에 이를 것으로 전망됩니다. 올해 상반기에도 매출은 전년도 하반기 대비 세 배 이상 증가한 25억 3천만 달러를 기록하여 성장세를 유지하는 중입니다.

저가 시장에서의 경쟁이 점점 더 치열해지고 있는 가운데, 최근 화이트칼라의 실업률 상승은 향후 소비 시장의 변화를 예측하는 데 중요한 지표로 작용하고 있습니다. 글로벌 IT 기업들이 2023년에 오피스 인력을 감축하기 시작하였으며, 구글(Google), 아마존(Amazon), 마이크로소프트(Microsoft), 메타(Meta) 등은 모두 2023년에만 1만 명이 넘는 인력을 줄인 대표적 기업들입니다. IT 일자리의 고갈은 향후 안정적인 중산층 및 고소득층의 소비를 더욱 압박하게 될 것으로 보여집니다.

2장. 가격 전쟁과 마진 전쟁

소비자들에게 점점 '가격'이 선택의 우선순위로 자리 잡고 있습니다. 소비자들이 예전과 달리 제품을 구매할 때 브랜드나 품질보다는 가격을 최우선으로 고려함에 따라 리테일 기업들도 경쟁에서 우위를 점하기 위해서는 보다 경쟁력 있는 가격을 제시하는 것이 필수적인 과제로 부상했습니다.

아울러 가격 경쟁력을 지속가능하게 유지되려면, 공급망 등 전반적 비용 억제를 통한 마진확보가 필수적입니다.

그러나 현재의 글로벌 공급망은 복잡하고 불안정한 상황에 처해 있습니다. 팬데믹과 그에 이은 국제적인 분쟁, 그리고 지역적인 전쟁 등 여러 가지 요인들이 복합적으로 작용하면서 물류 비용은 지속적으로 상승하고 있습니다. 또한, 원자재 및 에너지 비용, 그리고 인건비까지 동시다발적으로 인상되고 있어 기업들의 마진에 큰 압박을 주고 있는 실정입니다.

비용이 증가하는 상황 속에서 리테일러들이 마진을 지키고 경쟁력 있는 가격을 제시하기란 쉬운 일이 아닙니다.

이런 현실 속에서 이케아(Ikea)의 전략은 많은 기업들에게 시사하는 바가 큽니다. 이케아는 지난해 매출이 5.38% 상승하는 데 그쳤지만, 비용 절감에 성공하여 영업이익은 100% 이상 증가시키는 놀라운 성과를 거두었습니다.

이케아는 변화하는 소비환경을 고려해 파이버보드(Fiberboard)[그림 2]나 파티클보드(Particleboard)와 같은 더욱 저렴한 재질의 홈퍼니싱 솔루션을 적극적으로 도입하였습니다. 더 낮은 원가의 소재로 만든 제품군은 자연스럽게 낮은 가격으로 판매되었고, 이를 통해 더 많은 판매량을

[그림 2] Ikea의 Fiberboard(출처: Ikea)

견인하는 효과를 얻을 수 있었습니다.

이케아의 사례는 원가를 효과적으로 억제하고 마진율을 이전과 같은 수준으로 유지한다면, 기업의 이익은 판매량에 따라 좌우된다는 중요한 법칙을 돌아보게 해줍니다.

저가 시장에서 가치 있는 제품의 구색을 마련하는 것은 이제 리테일 산업에서 제조 및 유통사들에게 공통된 과제로 떠오르고 있습니다. 일본의 편의점 세븐일레븐도 변화의 흐름을 반영하여 새로운 전략을 추진하고 있습니다. 세븐일레븐은 그동안 '세븐 프리미엄'이라는 고가의 PB(Private Brand) 전략으로 유명세를 얻었습니다. 그러나 최근에는 이 전략을 유연하게 조정하여 중가와 저가에 초점을 둔 PB 라인을 추가로 구축하였습니다. 이러한 전략 변화는 2023년 초 프리미엄 PB 매출이 15년 역사상 처음으로 5.5% 감소한 뒤 내려진 결정이었다는 점은 주목할만 합니다.

세븐일레븐은 저가 PB라인을 구축하기 위해 세븐&아이홀딩스 전체 그룹사 PB를 통합해 SKU당 생산량을 키움으로써 가격을 인하했습니다.

저가 전략에는 반드시 비용 억제가 필수적 전제조건이지만, 일부 유통업체들은 저가 제품들로 소비가 집중되는 현상이 지속되면서 단순히 판매가를 억제하려다가 위기에 봉착하는 사례도 발생하고 있습니다.

대표적인 사례로 무인양품을 들 수 있습니다. 무인양품은 팬데믹 이후 원자재 가격이 급등하고 있는 상황에도 불구하고 소비자들에게 어려운 시기를 함께 하기 위해 무인양품도 가격 인상을 하지 않겠다고 선언한 바 있습니다. 그러나 이러한 전략은 장기적으로 기업의 수익성에 부정적인 영향을 미쳤습니다. 가격 인상을 하지 않은 지 1년도 채 되지 않아 무인양품은 이 지침을 철회하고 결국 가격 인상을 단행했습니다.

적시에 적절한 폭으로 가격을 인상하지 못한 대가는 컸습니다. 지난해 상반기 영업이익이 무려 46%나 감소하였고, 소비자 신뢰를 상실함에 따라 기존점 매출액이 6%까지 하락하는 어려움을 겪었습니다. 이 사례는 리테일러들에게 적절한 가격 정책과 비용 관리의 중요성을 다시금 상기시켜 줍니다.

온라인 마켓플레이스들은 가격 책정과 비용 관리에서 오프라인 리테일러보다 더 첨예한 상황에 놓일 수 있습니다. 이커머스는 소비자들이 제품을 빨리 찾고 가격을 비교하기 쉬우며 충동 구매를 억제할 수 있는 공간입니다. 때문에 인플레이션 하에서 필수품 소비는 오프라인보다 이커머스에 집중되는 경향이 있습니다.

가격에 우선 순위를 두는 소비자들이 집중되는 만큼, 온라인에서 가격 경쟁은 과열되기 쉽습니다. 이때 플랫폼 기업이 소비 시장에서의 경쟁력만을 고려하여 판매가를 억제하려고 할 때 자기 마진을 양보하거나 제조기업의 마진을 희생시키기 쉽습니다. 마켓플레이스는 플랫폼이 판매와 물류 일부를 제공하고 제조기업이 셀러로서 생산과 물류를 제공하기에 통합적 비용관리가 쉽지 않기 때문입니다.

모던 리테일(Modern Retail)에서는 지난해 아마존의 1P 공급업체들의 볼륨이 눈에 띄게 감소했다고 보도했습니다. 아마존에 납품하는 가격이 더 이상 공급업체들에게 충분한 마진을 보장하지 못하자, 많은 공급업체들은 1P에서 이탈하였고, 중국발 제조업체들은 더 나은 조건을 제시하는 쉬인(Shein)과 테무(Temu)에 새로운 판로를 개척하기 시작했습니다.

이를 의식한 아마존은 최근 자체 중국 물류 네트워크를 재구축하기 시작했습니다. 아마존은 판매 수수료를 낮추고, 중국 기업들의 물류를 아마존이 직접 해외 배송하는 방식으로 혁신함으로써 테무(Temu)에 대응하는 할인 코너를 마련하는 등 시장 대응 전략을 강화하고 있습니다.

기업이 비용을 혁신하려면 결국 온라인 기업이건, 오프라인 기업이건 새로운 버티컬(Vertical) 투자가 필요합니다. 그러나 버티컬 투자에는 상당한 규모의 자본이 필요하기 때문에 현재의 리테일 대기업에게 더욱 유리한 생태계로 변하고 있습니다. 이는 중소기업들에게는 큰 장애물이 될 수 있지만, 동시에 혁신적인 전략을 통해 새로운 기회를 창출할 수 있는 여지가 될 수 있습니다.

특히 새로운 기회는 '과잉재고'나 '중고'와 같이 이미 생산된 제품을 재활용하는 방식에서 모색되고 있습니다. 리테일러들이 아무리 수요 예측을 통해 생산량을 최적화하려고 해도 과잉재고는 여러 가지 이유로 불가피하게 발생합니다. 수요 예측에는 늘 오차가 존재하며, 브랜드 로고나 패키지 디자인 변경 시 발생하는 재고, 계절성 제품으로 인해 계절이 바뀔 때 발생하는 재고도 적지 않습니다. 이러한 과잉재고를 효과적으로 활용하는 것은 기업들에게 새로운 수익 창출 기회로 작용할 수 있습니다.

지난해 EY-파르테논(EY-Parthenon)에서 조사한 프랑스인들이 가장 좋아하는 브랜드 1위로 꼽힌 액션(Action)이라는 비식품 전문 할인점은 그 좋은 사례입니다. 액션은 2024년 창립 30주년을 맞이한 네덜란드 브랜드로, 비식품 부문에서 과잉재고를 매입하여 저가에 판매하는 비즈니스 모델을 운영하고 있습니다. 이 유통업체는 지난 5년 동안 매출이 무려 2.6배나 성장하며 꾸준한 성공을 거두고 있습니다.

일본에서도 유사한 비즈니스 모델을 추구하는 기업이 있습니다. 4년 연속 40% 이상의 성장을 기록하고 있는 트리플투(222)가 그 주인공입니다. 이 기업은 가공식품, 일용품, 의류, 가전제품, 헬스케어 및 뷰티, 도서, 게임, 음악 등 다양한 제품을 판매하며, 과잉재고뿐만 아니라 물류 과정에서 B급으로 처리된 제품들도 폭넓게 매입하여 판매합니다. 배송 과정에서 패키지가 손상되었거나 사용되지 않고 반품된 이커머스 제품들을 포함하여, 소비자들에게 가성비 있는 제품을 제공하는 데 주력하고 있습니다.

최근에는 특정 카테고리의 과잉재고만 전문적으로 다루는 틈새 스타트업들도 다양하게 등장하고 있습니다. 미국의 마티(Martie)는 신선식품을 제외한 상온 보관 식품을 중심으로 과잉재고를 할인하여 판매하는 앱을 운영하고 있습니다. 식품 기업들이 생산하는 상온 보관 식품의 약 40%, 즉 약 146톤이 매년 매립지로 보내진다는 점에 착안해 시작된 마티(Martie)는 여러 식품 브랜드들과 파트너십을 맺고 이들의 과잉재고를 매력적인 앱 경험과 스마트한 UX를 통해 소비자에게 연결하고 있습니다.

'과잉재고'와 함께 '중고'에 대한 수요도 지속적으로 증가하고 있습니다. 중고품 시장은 단순히 가성비를 추구하는 소비자들의 요구를 충족시킬 뿐만 아니라, 지속 가능성을 고려하는 소비 트렌드에도 부합합니다.

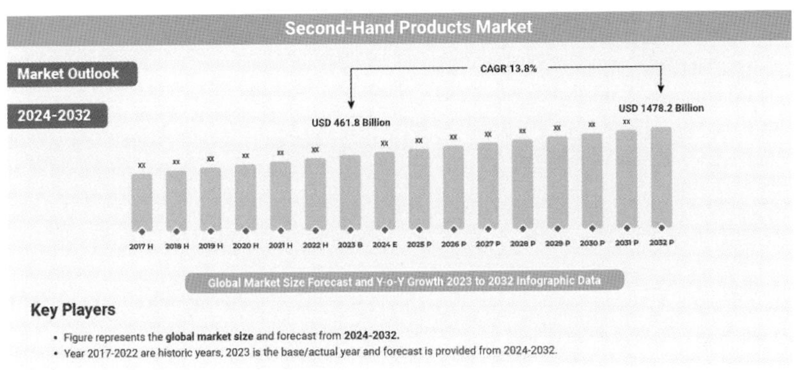

[그림 3] 중고 제품 시장 규모(출처: Dataintelo)

Dataintelo에 따르면 글로벌 중고 제품 시장 규모는 2023년에 4,618억 달러였으며, 2032년까지 13.8%의 CAGR로 1조 4,782억 달러에 도달할 것으로 예상됩니다.[그림 3]

독일의 중고 쇼핑몰인 리바이(Rebuy)는 2019년에 설립되어 중고 전자제품 및 미디어 품목을 구매 및 판매하는 스타트업입니다. 설립 이후 곧바로 흑자를 기록하였고, 2022년에는 매출 2억 1,600만 유로를 달성하며 2억 유로를 돌파하는 성과를 거두었습니다. 리바이는 중고 전자제품 분야에서 유럽 시장의 선두 주자로 평가받고 있으며, 특히 중고 스마트폰에 대한 수요는 폭발적으로 증가하고 있습니다.

특히 중고 가전과 중고 스마트폰은 점점 큰 기회가 되고 있습니다. 일본에서도 중고 스마트폰 수요에 발맞추어 통신사 도코모가 2022년부터 'docomo-certified'라는 인증 중고 스마트폰 시스템을 도입해 빠른 성장을 거두고 있습니다. 한국에서도 올해 SK, KT, LG 등 주요 통신사들이 안심 중고폰 거래 시스템을 일제히 출범시키면서 중고폰 시장에 적극적으로 진출하고 있습니다. 이처럼 중고품에 대한 수요 증가는 리테일 시장의 새로운 트렌드로 자리 잡고 있으며, 앞으로도 지속적인 성장이 기대됩니다.

3장. 제품 구매에서 체험 구매로의 이동

소비자들의 체험 소비 선호가 가속화되면서 리테일러들에게 새로운 과제가 주어지고 있습니다. 맥킨지(McKinsey)가 발표한 2024년 소비자 동향 보고서에 따르면, 중산층 소비자들은 경제적 어려움 속에서도 여행, 외식 등 경험 기반 소비를 유지하고 있습니다. 특히 이들의 '스플러지(splurge)' 의향은 높은 소득층 소비자와 유사한 비율을 보이고 있는데, 이는 새로운 소비 트렌드를 나타내는 중요한 신호입니다.

'스플러지(splurge)'란 특정 시점에 자신을 특별히 대접하기 위해 평소보다 더 많은 돈을 쓰는 행위를 의미합니다. 예를 들어, 평소에는 지출을 아끼는 소비자들이 여행이나 특별한 행사 시기에 고급 레스토랑에서 식사를 하거나 고가의 제품을 구매하는 행위 등이 이에 해당됩니다. 이러한 소비 경향은 최근 더욱 뚜렷해지고 있는데, 소비자들은 일상적인 쇼핑 지출을 줄이면서 그 비용을 여행이나 체험과 같은 경험에 투자하는 모습을 보이고 있습니다.

이러한 트렌드는 다른 보고서에서도 확인되고 있습니다. 누머레이터(Numerator)의 보고서는 2023년 소비자들이 영화, 콘서트 등 경험에 더 많은 비용을 지출하고 있음을 보여줍니다. 소비자들의 재정적 불안감에도 불구하고 경험 기반 소비가 지속되고 있다는 것은, 그들의 우선순위가 물건이 아닌 경험으로 전환되고 있음을 의미합니다.

과거 리테일러들은 오프라인 매장에서 제품을 판매하는 데 중점을 두었습니다. 제품의 구색, 가격, 서비스는 리테일러의 핵심 경쟁 요소였습니다. 하지만 지금은 제품 판매보다 경험 판매가 더 중요한 시대가 되었습니다. 이에 따라 리테일 기업들도 이러한 변화에 발맞추어 전략을 조정하고 있습니다.

이 변화에 부응하기 위한 오프라인 리테일러들의 가장 큰 과제는 '공간'을 최적화해야 하는 것입니다. 백화점이나 쇼핑몰은 최근 리테일 공간을 줄이고 외식 및 체험 공간을 확장하는 추세입니다.

미국 미네소타주에 위치한 북미 최대 규모의 쇼핑 및 엔터테인먼트 복합 단지인 몰 오브 아메리카(Mall of America)는 1992년 개장 당시 임차(테넌트)의 80%가 소매점이었고, 20%가 엔터테인먼트 및 식사 공간이었습니다. 그러나 현재는 리테일 비중이 65%로 감소했고, 외식 및 엔터테인먼트 공간은 35%로 확대되었습니다. 몰 오브 아메리카(Mall of America)는 향후 외식과 엔터테인먼트가 각각 50%를 차지하는 균형 잡힌 구조를 목표로 계속 전환해 나갈 계획입니다.

또한 몰 오브 아메리카(Mall of America)는 자체적으로도 다양한 엔터테인먼트 시설을 직접 개발했습니다. 대표적으로 북미 최대 규모의 실내 놀이공원 '니켈로디언 유니버스(Nickelodeon Universe)', 수족관 '시 라이프 미네소타 아쿠아리움(SEA LIFE Minnesota Aquarium)', 그리고 현장 게임쇼 스타일의 놀이 센터인 '그레이트 빅 게임 쇼(Great Big Game Show)' 등을 선보이고 있습니다. 이러한 시설들은 단순한 쇼핑 경험을 넘어서는 특별한 체험을 제공해 고객들의 발길을 사로잡고 있습니다.

비슷한 트렌드는 일본에서도 감지됩니다. 일본 오사카의 한신우메다 본점은 10개 층을 사용하는 대형 백화점으로, 3년 전 리모델링을 통해 4개 층을 식품 매장이나 레스토랑으로 꾸몄습니다. 특히 1층 중앙에 마련된 100평 규모의 엔터테인먼트형 식체험 '쇼쿠사이 테라스(食祭テラス)'에서는 다양한 이벤트가 열리고 있는데, "오코노미야끼 대결, 히로시마 VS 오사카"와 같은 테마를 열며 고객들의 흥미를 유발하고 있습니다.

한국에서도 유사한 움직임이 나타나고 있습니다. 신세계백화점은 2024년 2월 강남점 지하 1층에 위치한 '파미에스트리트'의 1,600평 분수광장에 43개의 디저트 브랜드를 모아 '스위트 파크'를 오픈했습니다. '스위트 파크'는 개장 첫 주말에만 10만 명 이상의 방문객을 끌어모으며 큰 호응을 얻었습니다.

이어 같은 해 5월에는 호텔 라운지 개념의 푸드홀 '하우스 오브 신세계'[그림 4]를 지하 1층부터 지상 2층까지 총 3개 층, 2,200평 규모로 오픈했습니다. 백화점이나 쇼핑센터 같은 종합 유통들은 공간 조정을 통해

[그림 4] 하우스 오브 신세계(출처: 신세계 뉴스룸)

패션이나 뷰티 등의 리테일 공간은 점차 줄이는 동시에, 체험 중심의 시대에 맞게 공간의 규모와 활용 방식으로 변화하고 있습니다.

전문 리테일러들도 오프라인 매장의 사이즈를 최적화하는 방향으로 움직이고 있습니다. 특히 더 작은 매장 포맷에 집중하는 경향이 뚜렷합니다.

최근 이케아는 기존 30만 평방피트(약 8,400평) 규모의 매장보다 훨씬 작은 3,500-5,500 평방피트 규모의 매장 포맷을 개발 중입니다. 이케아는 영국 해머스미스(Hammersmith) 지역의 킹스 몰(Kings Mall)에 37,000평방피트(약 1,000평) 규모의 매장을 열었고, 샌프란시스코 마켓 스트리트(Market Street)의 쇼핑센터에도 52,000평방피트(약 1,400평) 규모의 매장을 새롭게 오픈했습니다.

반면 매장 수를 줄이면서 효율을 높이는 전략을 취하는 기업들도 있습니다. 대표적으로 자라(Zara)와 유니클로는 소규모 매장을 폐쇄하고 대형 매장으로 트래픽을 집중시키는 전략을 활용하고 있습니다. 스페인의 의류기업인 인디텍스(Inditex)는 2020년에 최대 1,200개의 소규모 매장을 폐쇄할 계획을 발표했고, 동시에 450개의 신규 매장을 오픈하겠다고 밝혔습니다. 이러한 신규 매장들은 모두 대형 매장으로 구성될 예정이며, 이는 매장 수를 줄이는 대신 플래그십 공간을 키워 효율적인 공간 활용과 소비자 경험을 강화하겠다는 전략입니다.

한편, 리테일러들은 직접적으로 '체험'을 상품화하여 판매하려 노력하고 있습니다. 최근 숙박사업을 확장하는 기업들은 늘어만 가고 있습니다. 무인양품은 무지 호텔(Muji Hotel)외에도 무지 베이스(Muji Base), 무지룸(Muji Room) 등의 숙박서비스를 늘려나가고 있습니다. 미국의 아웃도어 브랜드 REI는 보다 종합적인 아웃도어 여행상품 플랫폼으로 진화했습니다.

온라인 리테일은 오프라인 리테일들과 달리, 체험 상품을 직접 판매하기에 용이한 채널입니다. 여행상품, 문화상품, e-ticket 등의 구색을 강화하려는 리테일러들의 노력은 계속되고 있습니다. 통계청 온라인 쇼핑 동향 보고서에 따르면 올해 2분기 여행 및 교통 서비스 거래액(10.8%)은 전체 온라인 매출 구성비에서 음식료품(13.8%)과 음식서비스(11.5%) 다음으로 높았습니다.

다양한 기업들의 여행업 진출이 가속화되면서 익스피디아(Expedia) 그룹은 'Open World'라는 기술 플랫폼을 발표했습니다. 이 플랫폼은 다양한 기업들이 자신의 고객에게 맞는 다양한 맞춤형 여행 상품을 쉽게 구성하고 판매하도록 돕습니다. 고객 경험을 우선시하는 파트너에게 Expedia가 리워드를 제공하는 시스템도 함께 운영 중입니다.

이처럼 체험은 그 자체로 리테일러들에겐 새로운 수익원이 될 카테고리인 동시에, 브랜드를 보유한 기업들에겐 오감으로 브랜드를 인지하게 만드는 좋은 캠페인 수단이 되고 있습니다. 과거의 브랜드 체험이란 구매를 통해서 비로소 이루어졌지만, 이제 리테일러들은 팝업이나 콜라보를 통해 구매 전에 더 많은 체험을 제공함으로써 소비자에게 확신을 제공하길 원하고 있습니다. 특히 온라인 D2C(Direct to Customer) 브랜드나 소비재(CPG) 브랜드들은 단순한 제품 판매가 아닌 특별한 브랜드 경험을 제공하기 위해 고객과 직접적으로 대면하는 기회를 더 자주 모색 중입니다.

한국에서는 이런 트렌드가 팝업스토어의 열기로 가시화되고 있습니다. 네이버 데이터랩 결과에 따르면 2023년 3월부터 2024년 2월까지 '팝업스토어' 검색량이 3만 6천 건에서 1.6배 이상 증가해 6만 건에 달했으며 팝업의 성지로 알려진 서울 성수동은 누계 방문자가 2019년 대비 64% 증가했습니다.

결론

거시적 소비 변화는 리테일 산업에 전방위적인 변화를 요구하고 있습니다. 소비 양극화 현상은 과거 중산층 중심의 매스 마켓을 겨냥했던 전략을 더 이상 효과적으로 활용할 수 없게 만들었습니다. 상위 1%의 초부유층을 타깃으로 하는 고가 시장에서는 에르메스와 같은 브랜드가 성공적인 사례로 주목받고 있지만, 소수의 시장을 노리는 이 경쟁은 극소수만이 승자로 남을 만큼 치열합니다.

동시에 저가 시장에서는 코스트코와 세븐일레븐, 쉬인(Shein) 등의 사례에서 보듯이 가격 경쟁력을 높이고 다양한 소비층을 아우르는 전략이 성공의 열쇠가 되고 있습니다. 이 가운데 가격 정책의 실패나 비용 통제의 어려움이 무인양품과 같은 사례에서 보듯 리테일러에게 큰 리스크로 작용할 수 있다는 점도 명심해야 합니다.

또한 소비자들이 경험 중심의 소비로 눈을 돌리면서 리테일 산업의 공간 활용과 제품 구색 전략에도 새로운 변화가 요구되고 있습니다. 오프라인 매장은 체험과 외식 공간을 확장하며 단순한 쇼핑을 넘어선 경험을 제공하는 공간으로 재정비되고 있고, 온라인 리테일러들은 여행과 문화 상품을 구색에 포함하는 등 소비자들의 다양한 니즈에 부응하고 있습니다.

이러한 변화 속에서 리테일러들은 가격 경쟁력 확보, 비용 절감, 경험 중심의 서비스 혁신 등을 통해 지속가능한 성장 전략을 모색해야 합니다. 장기적으로는 소비자의 변화하는 가치관에 대한 민첩한 대응과 사회적 책임을 고려한 비즈니스 모델을 구축하는 것이 필수적입니다. 이로써 리테일 산업은 끊임없는 혁신을 통해 소비 양극화와 체험 소비 시대에 새로운 기회를 창출하며 미래의 경쟁력을 확보해 나가야 할 것입니다.

이커머스의 혹한기, 살아남기 위한 필수 전략

가격 경쟁을 넘어 브랜딩과 글로벌 확장이 필요하다

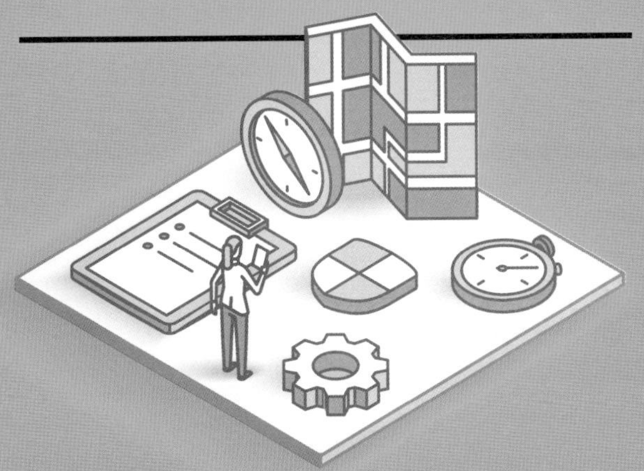

김요한

뉴스레터 트렌드라이트 발행인

저자는 국내 최대 규모의 커머스 버티컬 뉴스레터 「트렌드라이트」의 발행인으로, 「기묘한 이커머스 이야기」의 저자이기도 하다. 매주 뉴스레터를 통해 업계 현직자의 관점을 담은 유통 트렌드 이야기를 전하고 있으며, 커넥터스, 아웃스탠딩 등 다양한 전문 매체에 주기적으로 글을 기고하고 있다. 전체 업계의 발전에 기여하고, 이를 통해 조금 더 좋은 세상이 되도록 돕는 콘텐츠를 만들기 위해 노력 중이다.

서론. 모두가 우려하던 겨울이 왔다

'Winter is Coming.'

2024년 7월, 이커머스 업계는 무더위 속에서 예기치 않은 한파를 맞이했다. 티몬에서 시작된 미정산 문제가 위메프, 인터파크 커머스 등 큐텐(Qoo10) 그룹 전 계열사로 확산되며, 약 4만 8,000곳의 업체에서 총 1조 3천억 원 규모의 피해가 발생했다. 『물류트렌드 2024』에서 이커머스 플랫폼들의 대대적인 구조조정으로 소수의 플레이어들만 살아남을 것이라고 예상한 바 있었다. 그러나 이러한 구조조정이 최악의 형태로 실현되면서, 업계 전체가 움츠려 들고 있다.

다행히 큐텐 그룹 외의 다른 대형 플랫폼들이 이러한 극단적인 위기 상황에 처할 가능성은 낮다. 모두가 '겨울이 오고 있다'는 사실을 인지하고 있었기에, 선제적으로 비용을 효율화하고 손익을 개선하는 작업을 적극적으로 진행해 왔기 때문이다. 그러나 중소 플랫폼들은 상황이 다르다. 이들은 시장 내 입지가 취약했기에, 자구책을 마련하기 어려웠다. 실제로 바보사랑, 알렛츠 등 여러 플랫폼이 미정산 문제를 남긴 채 갑작스럽게 폐업을 선언했으며, 앞으로도 유사한 사례가 발생할 가능성이 크다.

정부와 국회는 이러한 상황을 막기 위한 여러 정책적 대안을 내놓고 있지만, 시장 내 구조적 요인이 근본적인 원인이기에, 이를 해결하지 않는 한 빠른 회복을 기대하기 어렵다. 현재의 시장 변화를 정확히 읽고 대응해야만 이번 위기를 슬기롭게 극복할 수 있을 것이다. 그렇다면 2023년부터 2024년까지 우리가 주목해야 할 시장의 변화에는 어떤 것들이 있었을까?

1장. 쿠팡이 내민 손을 제조사들이 잡을 수밖에 없었던 이유

현재의 한국 이커머스 시장을 이해하기 위해 가장 주목해야 할 플레이어는 단연코 쿠팡이다. 시간이 흐를수록 쿠팡의 영향력은 더욱 강해지면서, 『물류트렌드 2024』에서 언급했던 '쿠팡의 시대'는 더욱 공고해지고 있다. 특히, 한때 쿠팡과 갈등을 빚고 이탈했던 제조사들이 다시 쿠팡과 손을 잡는 모습은, 쿠팡이 이커머스뿐만 아니라 국내 리테일 업계

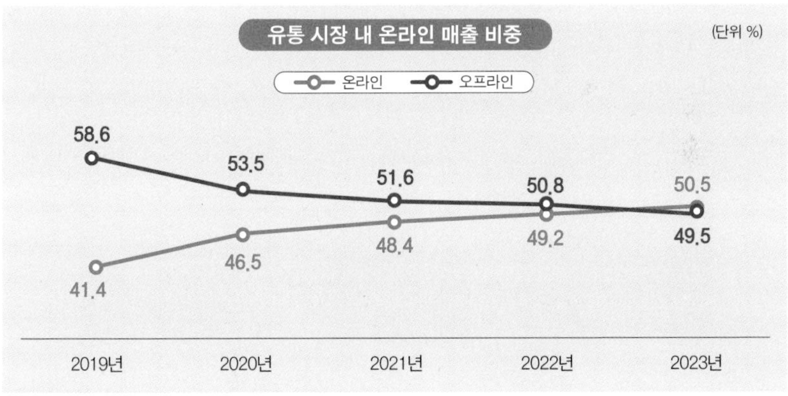

[그림 1] 2023년 주요 유통업체 기준으로 온라인의 비중이 오프라인을 넘어서면서 유통산업의 중심이 완전히 온라인으로 이동하였다.(데이터 출처: 산업통상자원부 주요 유통업체 매출 동향)

전반에서 차지하는 현재의 위치를 적나라하게 보여준다.

대표적인 국내 제조 대기업인 LG생활건강과 CJ제일제당은 쿠팡과 납품가 등을 두고 오랜 갈등을 겪어왔다. 2023년 8월, LG생활건강이 약 4년 만에 로켓배송 재개를 선언한 데 이어, 2024년 8월에는 CJ제일제당도 쿠팡과 전격적으로 화해했다. 일각에서는 이를 알리익스프레스, 테무 등 이른바 C커머스의 약진에 대응하기 위해 쿠팡이 먼저 양보한 결과라고 해석하기도 한다. 물론 이런 분석이 일부 맞을 수는 있지만, 더 근본적인 이유는 쿠팡을 거치지 않고 내수 시장에서 매출을 유지하기 어려워졌기 때문이다.

2022년과 2023년에 걸쳐 전체 리테일 시장의 중심축은 오프라인에서 온라인으로 완전히 이동했다. 유통 시장 내에서 온라인 매출 비중이 오프라인을 넘어선 것이다. 온라인 쇼핑 시장 내에서 특히 쿠팡의 영향력은 절대적이다. 엔데믹 이후 이커머스 시장의 성장률이 둔화되는 상황에서도 의미 있는 성장을 이어간 종합 플랫폼은 쿠팡이 유일하다. 2023

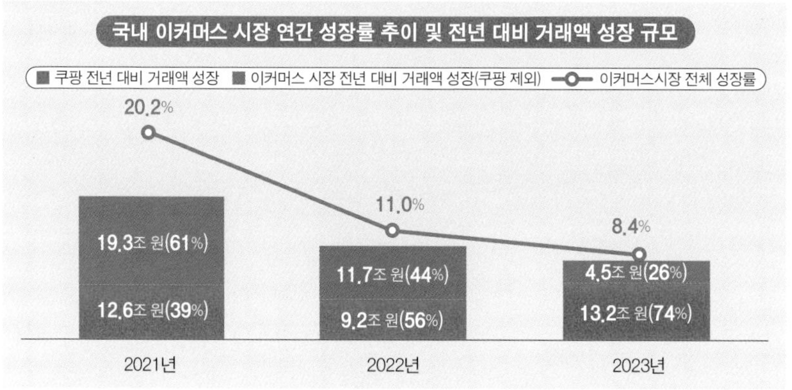

[그림 2] 이커머스 시장의 성장이 둔화되는 와중에도 쿠팡은 나홀로 성장을 지속하며, 시장 전체 성장분의 대부분을 독점하고 있다.(데이터 출처: 통계청 온라인 쇼핑동향 조사(이커머스 시장 전체 거래액), 하나증권(쿠팡 추정 거래액))

년 기준으로 쿠팡은 전체 이커머스 시장 성장의 74%를 차지할 정도로 독보적이다. 현재의 이커머스 저성장 기조가 앞으로도 지속된다면 쿠팡을 제외한 전체 시장이 역성장할 가능성도 있다.

티몬과 위메프를 비롯한 중소 플랫폼들의 경영 악화는 이러한 흐름과 밀접하게 연결되어 있다. 오랜 적자 속에서도 거래액이 성장세를 유지했다면 어느 정도 버틸 수 있었겠지만, 쿠팡의 독주로 인해 다른 경쟁사들은 성장은커녕 역성장을 겨우 피하는 상황에 처했다. 경쟁사가 손해를 보면서까지 상품권을 판매해 거래액 규모를 유지하려 했던 이유도 이러한 시장 경쟁 구도 변화 때문이다.

이러한 상황에서 대형 제조사들도 선택의 여지가 없었다. 과거 주요 유통 채널이었던 대형마트는 매장 수를 줄이는 어려움을 겪었으며, 판매처를 편의점 등으로 대체하는 것도 쉽지 않았다. 자사몰 기반의 D2C(Direct to Customer, 제조사가 소비자와 직접 거래하는 방식) 역량을 키우기에도 시간이 많이 필요했다. 따라서 로켓배송이라는 강력한 유통 채널을 포기할 수 없었고, 설사 쿠팡이 먼저 화해의 손을 내밀었다고 하더라도 이를 거절하기는 어려운 상황이었다.

2장. C커머스의 위협은 생각보다 과장되어 있다

물론 이러한 관점에 반론을 제기하는 이들도 많을 것이다. 앞서 언급했듯이, C커머스의 급성장 때문에 오히려 쿠팡이 더 긴박하게 움직였다는 해석이 여러 언론에서 자주 등장하고 있기 때문이다. 여기서 C커머스는 중국(China)과 전자상거래(E-commerce)의 합성어로, 주로 알리익스프레스(Aliexpress), 테무(TEMU), 쉬인(Shein) 등 중국에서 탄생한 서비스들을 묶어 지칭하는 용어이다.

C커머스의 위협은 사실 국내보다 해외에서 먼저 주목받기 시작했다. 2022년 9월 미국에서 론칭한 테무는 불과 몇 달 만에 엄청난 인기를 끌며 시장의 이목을 사로잡았고, 아마존의 경쟁자로까지 언급되었다. 알리익스프레스는 북미 시장에서의 영향력은 테무에 비해 상대적으로 약했지만, 유럽 시장에서는 아마존에 이어 2위 플랫폼으로 자리매김했다. 또한 쉬인은 패스트패션 브랜드로서 자라와 H&M을 위협하며 주목을 받았다. 이들의 가장 큰 무기는 '초저가'였다. 중국의 거대한 제조 인프라를 활용해 중간 유통 단계를 생략하고 저렴한 가격으로 소비자에게 제품을 제공하는 전략은 중국의 생산 과잉 이슈와 맞물려 더욱 강력해졌다.

이러한 세계적 흐름을 타고 중국 커머스 서비스들의 국내 시장 진출도 본격화되었다. 가장 먼저 포문을 연 것은 알리익스프레스였다. 배우 마동석을 기용한 TV 광고 등 공격적인 마케팅을 통해 알리익스프레스는 영향력을 급속도로 확장했다.

2018년 11월 처음으로 국내 시장에 진입한 알리익스프레스는 당시에는 아는 사람만 이용하는 수준이었다. 거래액 지표가 공개되지 않는 경우가 많아 플랫폼의 영향력을 간접적으로 평가할 때 주로 사용하는 MAU(Monthly Active Users, 월간 활성 이용자 수)를 살펴보면, 2023년 2월 기준 약 260만 명에 불과했다. 그러나 공격적인 마케팅과 프로모션을 개시한 지 단

[그림 3] 배우 마동석을 기용한 광고를 시작으로 C커머스의 본격적인 국내 진출이 시작되었다 (이미지 출처: 알리익스프레스)

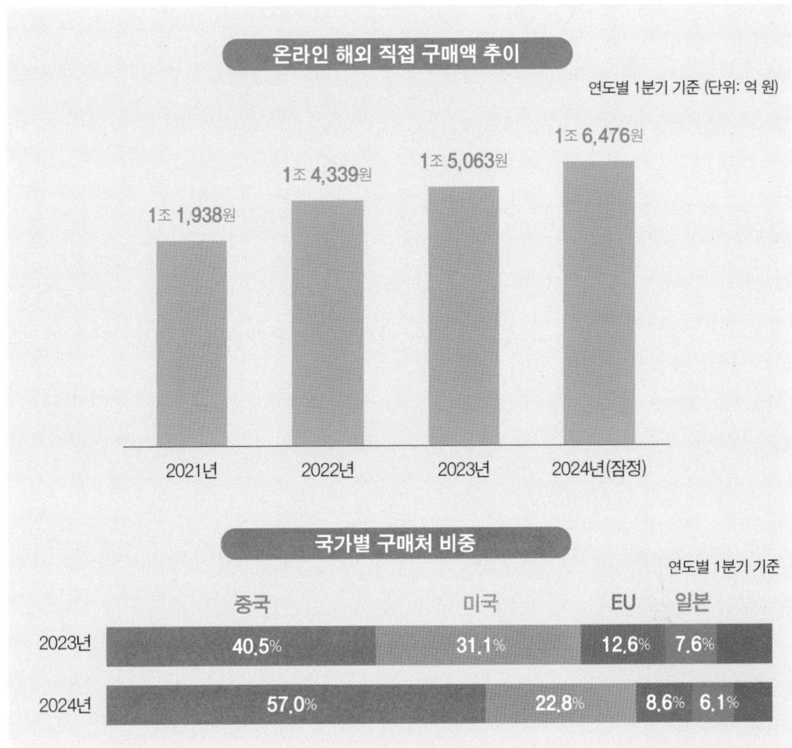

[그림 4] 분명 해외 직구 구매액은 성장하고 있고 이를 C커머스가 주도하고 있으나, 전체 온라인 쇼핑 시장에 비하면 그 규모가 너무도 작다.(데이터 출처: 통계청)

1년 만인 2024년 3월에는 MAU가 700만 명에 육박했다. 업계 2위인 11번가와 비슷한 수준으로 성장한 것으로 관계자들을 놀라게 하기에 충분했다. 쿠팡의 MAU는 약 3천만 명으로 여전히 압도적이지만, 알리익스프레스의 빠른 성장세는 충분히 위협적으로 평가되었다.

테무의 성장세는 더욱 눈에 띄었다. 2023년 7월 한국에서 정식 서비스를 시작한 테무는 불과 9개월 만에 MAU 700만 명을 달성하며 알리익스프레스를 따라잡았다. 당시 언론은 이 두 플랫폼이 이커머스 시장에서 2위 수준의 입지를 확보했다고 평가하며, 국내 이커머스 전체가 위협받고 있다는 기사를 쏟아냈다. 실제로 중국 도매에 의존하던 일부 카테고리나 특가를 내세우던 플랫폼은 상당한 타격을 입었다. 심지어 쿠팡의 실적 발표에서 애널리스트들이 이러한 현상을 언급하며 질문을 던지기도 하였는데, 이를 볼때 쿠팡 내부에서도 어느 정도 대응책을 고민했을 것이다.

다만 C커머스의 위협은 다소 과장된 면이 있다. 언론에서 주로 강조하는 트래픽, 특히 앱 이용 지표와 실제 거래액 사이에는 큰 차이가 존재한다. 2024년 1분기 해외 직구에서 중국 비중이 57%로 역대 최대를 기록했지만, 정작 규모는 9,384억 원에 불과했다. 같은 기간 쿠팡의 분기 매출이 약 9조 4,500억 원인 것을 감안하면, 실제 격차는 트래픽 수치 이상으로 압도적이었다. 2024년 2분기 이후에는 C커머스의 트래픽 성장세마저 주춤해졌다. 중국의 저가 상품들이 무한정 소비자들을 끌어들일 것으로 예상됐지만, 현실은 달랐다.

이는 미국에서도 동일하게 관측됐다. 아마존의 시장 지배력은 여전히 견고하며, 테무는 제한된 영역에서만 영향력을 행사하고 있다. 전문가들은 이러한 결과를 예견했는데, 품질과 가품 이슈로 인한 신뢰도 문제도 있었지만, 결정적으로는 아마존 수준의 배송 경험을 제공하지 못한다는 점이 큰 요인으로 작용했다. C커머스가 강점을 보이는 상품 영역이 제한적인 데다, 단순 공산품일지라도 배송 품질이 뒷받침되지 않으면 소비자들의 지속적인 지지를 받기 어렵다는 것을 보여주었다. 이러한 현상은 국내 이커머스 시장에서도 동일하게 나타나고 있다.

3장. 오프라인과 달리, 온라인은 모두 잘해야 살아남는다

왜 미국과 한국의 이커머스 시장에서 C커머스가 한계를 드러낸 것일까? 이는 소비자들이 온라인 쇼핑에서 기대하는 것이 오프라인과 완전히 다르기 때문이다. 아마존의 창업자 제프 베이조스(Jeff Bezos)는 과거 "10년 뒤에도 변치 않을 트렌드가 무엇이냐?"는 질문에, 변화보다는 변하지 않는 것에 주목하는 것이 중요하다고 말하며 다음과 같이 답했다고 한다.

> "앞으로 10년이 지나도 변하지 않을 기준은 다양한 구색, 낮은 가격, 빠른 배송(편의성)이다."

이 원칙은 온라인뿐만 아니라 오프라인 쇼핑에도 적용된다. 상품, 가격, 편의성의 3대 요소가 리테일 경쟁력의 핵심이라는 것이다. 그러나 오프라인에서는 시간과 공간 측면에서 피할 수 없는 물리적 한계가 존재한다. 따라서 리테일의 3대 요소가 구현되는 방식이 온라인과 다르다.

요약하자면, 오프라인에서는 이 세 가지 중 하나만 극단적으로 키워도 살아남을 수 있다. 근래 들어 오프라인의 위기 속에서도 편의점과 슈퍼마켓이 성장하고 있는 이유는 접근성이라는 측면에서 고객에게 압도적인 가치를 제공하기 때문이다. 물론 많은 매장을 운영하다 보니 다양한 구색을 갖추기 어렵고, 운영 비용 때문에 최저가를 보장하기도 힘들다. 하지만 대형마트가 더 다양한 상품을 더 저렴하게 판매하더라도, 고객들은 이동 자체가 비용이기에 오히려 상품 선택권도 제한되어 있고 가격도 비싼 편의점을 이용해 장을 보는 경우가 많은 것이다.

〈표 1〉 전체적으로 온라인에 밀리고 있는 오프라인 업태 중 편의점과 SSM(슈퍼마켓)**이 선전하고 있는 건 최소한 접근성 측면에서는 압도적인 우위에 있기 때문이다.**

구분	'23년 상반기		'24년 상반기	
	매출 비중	매출 증감률	매출 비중	매출 증감률
대형마트	12.3%	- 6.9%	11.3%	0.7%
백화점	17.8%	2.5%	16.6%	3.1%
편의점	16.8%	9.6%	16.0%	5.2%
SSM	2.8%	1.0%	2.6%	5.6%
오프라인 합계	49.7%	2.1%	46.5%	3.4%
온라인 합계	50.3%	7.2%	53.5%	17.5%
전체	100.0%	4.6%	100.0%	10.5%

출처: 산업통상자원부

반면 창고형 할인점은 여러모로 불편하다. 집 근처에 없을 때가 많고, 물건은 매우 저렴하지만 대용량으로 구매해야 한다. 그럼에도 불구하고 가격 경쟁력이 압도적이면, 고객들은 불편을 감수하고서라도 방문한다. 백화점에서도 마찬가지다. 독보적인 경험을 제공하는 대형 점포는 계속 성장하지만, 애매한 중소형 점포가 실적 부진에 시달리는 이유도 이 때문이다.

온라인에서는 상황이 완전히 다르다. 온라인에서 고객이 다른 쇼핑몰로 이동할 때 드는 비용은 사실상 제로에 가깝다. 클릭 한 번, 터치 한 번으로 손쉽게 옮겨갈 수 있기 때문이다. 간편 가입과 결제의 보편화로, 고객은 어느 쇼핑몰에서나 편리함을 누릴 수 있게 되었다. 따라서 이커머스에서는 특정 부분에서 뛰어난 곳보다는 모든 면에서 부족함이 없는 곳만이 살아남는다.

이는 현재 1위 플랫폼인 쿠팡에도 동일하게 적용된다. 많은 이들이 쿠팡

[그림 5] 알리익스프레스는 물류 인프라에 대대적인 투자를 하는 한편 한국 브랜드 전용관인 케이베뉴를 공격적으로 키우고 있으나 경쟁력을 갖추려면 상당한 시간이 소요될 전망이다.(이미지 출처: 알리익스프레스 웹서비스 갈무리)

의 성공 요인으로 '로켓배송'을 떠올린다. 그러나 쿠팡의 성공 요인으로는 '로켓배송'뿐 아니라, 최저가를 제공했다는 점도 있었다. 쿠팡은 손해를 감수하면서까지 경쟁력 있는 가격을 유지했다. 빠른 배송이라는 편리함만 강조했다면 지금처럼 단기간에 거래액 규모를 키울 수 없었을 것이다.

알리익스프레스나 테무가 국내 시장에서 빠르게 성장하다가 어느 순간 급격히 멈춰 선 이유도 바로 이러한 한계 때문이다. 아무리 저렴한 가격을 제시하더라도, 배송이 지나치게 늦거나 상품 선택의 폭이 제한되면 고객은 쉽게 이탈하고 재구매로 이어지지 않는다.

이러한 문제를 해결하기 위해 알리익스프레스는 물류 투자와 함께 한국 브랜드 전용관인 '케이베뉴(K-Venue)'를 만들고, 수수료 면제 정책을 통해 상품 구색을 확충하려 했지만 이를 단기간에 완벽히 갖추는 것은 불가능했다. 그 결과 현재는 오히려 쿠팡과의 격차가 다시 벌어지고 있다. 이러한 노력들이 결실을 맺어 C커머스가 쿠팡의 대항마로 떠오르기 위해서는 최소 수년의 시간이 필요할 것으로 보인다.

4장. 예선전 통과 자체가 너무도 어려워졌다

2024 파리 올림픽에서 한국 양궁 대표팀이 전 종목 금메달을 달성했다. 흔히 우스갯소리로 양궁선수들이 국가대표 선발전을 통과하는 것이 금메달을 따는 것보다 어렵다고들 말한다. 세계 최강을 자부하는 만큼, 국내 선수층이 두텁고 그중에서 선발되는 예선전 자체가 쉽지 않음을 강조하는 표현이다. 그런데 앞서 말한 특성으로 인해 국내 이커머스 시장도 마치 한국 양궁과 같은 극도로 상향 평준화된 경쟁의 장이 되어가고 있다.

가격, 구색, 편의성 측면에서 모두 기본 이상을 충족해야 하는 이커머스 시장에서, 이제 시장 표준은 1위 기업인 쿠팡이 되어가고 있다. 문제는 쿠팡의 배송 서비스 품질이 너무 뛰어나다는 것이다. 과거에는 시장

[그림 6] CJ대한통운, 대리점, 택배노조가 모두 뭉쳐 주7일 배송 서비스 도입에 합의할 만큼 배송 서비스 품질의 상향 평준화는 거스를 수 없는 흐름이 되어가고 있다 (이미지 출처: 매일노동뉴스)

의 표준이 D+2일 배송, 즉 오늘 주문한 물건을 내일 출고하고 그다음 날 고객에게 배송하는 방식이었다. 그러나 로켓배송의 등장 이후, 표준 자체가 익일 배송으로 변화하기 시작했다는 점은 이미 『물류트렌드 2024』에서 한 번 짚고 넘어간 바 있다.

이제는 이러한 배송 서비스가 주7일 서비스로 확산되고 있다. 휴일에도 물건을 배송하는 주7일 배송 역시 쿠팡이 업계 최초로 도입한 혁신적인 서비스였다. 당연히 고객들은 휴일 배송이 가능한 쿠팡으로 몰렸고, 다른 이커머스 기업들은 물론 택배 업계에서도 특단의 대책을 마련할 수밖에 없었다. 결국 CJ대한통운은 동일하게 주7일 배송을 제공하는 '매일 오네' 서비스를 선보이게 됐다. 그리고 이는 택배 대리점과 택배노조까지 단결한 결과물로 그 의미가 크다.

대리점과 노조가 뭉칠 수 있었던 이유는 쿠팡의 혁신이 이커머스 시장뿐 아니라 택배 시장의 근간마저 뒤흔들고 있기 때문이다. 쿠팡은 엄청난 물동량을 확보하여 규모의 경제를 실현했으며, 자사 물량을 소화하는 데 그치지 않고 쿠팡마켓플레이스를 통한 로켓그로스 등 풀필먼트 영역까지 확장하려는 움직임을 보이고 있다. 이러한 독점적 사업자의 등장은 시장의 다른 구성원들에게 위협적으로 다가올 수밖에 없고, 결국 이들은 힘을 모을 수밖에 없었던 것이다.

이처럼 예선전 통과를 위한 최소한의 조건은 마련되었지만, 앞으로 이커머스 업계 전반적으로 운영 환경은 더욱 어려워질 것이다. 쿠팡은 이커머스 전체 가치사슬을 수직적으로 통합하며 효율성을 극대화하고 있다. 극단적으로 말해 쿠팡은 상품 마진을 포기하고 물류 마진만으로도 사업을 운영할 수 있는 구조를 만들었다고 볼 수 있다. 반면, 전체 마진을 여러 사업자가 나눠 가져야 하는 경쟁자들은 그만큼 무언가를 포기해야 한다.

특히 초기에는 이러한 익일 배송과 주7일 배송의 단가가 상대적으로 높을 수밖에 없다. 쿠팡과 같은 규모의 경제를 실현하기까지는 오랜 시간이 걸릴 것이 분명하기 때문이다. 물론 쿠팡처럼 단독으로 적자를 감당할 수는 없겠지만, 버티는 것이 가능할지라도 구조적 혁신이 없다면 장기적으로 승산이 없을 것이다.

5장. 결국 답은 브랜딩에 있다

지금까지 티메프 사태를 시작으로 쿠팡의 영향력 확대, C커머스의 국내 진출, 그리고 택배 서비스 품질 경쟁의 심화까지 최근의 시장 변화들에 대해 살펴보았다. 그렇다면 여전히 급변하고 있는 이커머스 시장에서 플랫폼과 브랜드가 살아남기 위해서는 앞으로 무엇에 집중해야 할까?

C커머스가 전체 시장을 완전히 뒤흔들 수준까지 크진 못했지만, 초저가를 앞세워 '가격이 중요한 영역'에서는 절대적인 우위를 차지하면서 단순한 최저가 경쟁은 점점 의미를 잃어가고 있다. 어차피 중국 공장의 물건을 바로 가져오는 이들보다 더 싼 가격으로 판매한다는 것은 불가능하기 때문이다. 이에 따라 중국 도매를 통해 들여온 상품에 마진을 붙여 판매하는 방식 또한 시장에서 점차 사라져 갈 것이다.

또한 쿠팡을 비롯한 상위 플랫폼들의 영향력이 커지면서, 반대로 중소 플랫폼의 신뢰도는 떨어지고 있다. 이에 따라 자사몰 중심의 D2C(Direct to Consumer) 비중을 어느 정도 확보하는 것이 필요해졌다. 대형 플랫폼 중심의 쏠림 현상이 심화되면서, 브랜드와 셀러들의 협상력이 약화되고 있기 때문이다. 실제로 작년부터 쿠팡을 비롯한 주요 플랫폼들이 수수료를 인상하거나 셀러에게 불리한 정책을 도입하고 있다. 이들 역시 생존을 위해 불가피한 선택을 하고 있기 때문이다. 따라서 셀러와 브랜드들에게 있어 이제 자사몰 운영은 선택이 아닌 필수라 할 수 있다.

마지막으로, 앞서 설명하였듯이 서비스의 기본 품질이 점차 상향 평준화되면서, 이제 익일 배송, 더 나아가 주7일 배송이 고객의 선택을 받기 위한 필수 요건이 되고 있다. 그런데 이는 곧 주문 건당 물류비용의 상승을 의미한다. 쿠팡에서 로켓그로스처럼 로켓배송 인프라를 이용하여 판매할 경우 높은 수수료를 부담해야 하며, 쿠팡 밖에서 CJ대한통운 등 경쟁 서비스를 이용하려고 해도 상당한 비용이 발생할 것이다. 따라서 이러한 비용을 감당할 수 있는 적정 수준의 마진을 확보하는 것이 중요해졌다.

이러한 세 가지 요건을 모두 충족시키기 위해 필요한 것이 바로 '브랜딩'이다. 단순한 가격 경쟁에서 벗어나기 위해서도, 쿠팡이 아닌 자사몰로 고객을 유도하기 위한 브랜드 파워가 필요하다. 강력한 브랜드는 다소 높은 가격에도 고객을 구매로 이끌 수 있고, 이는 높아지는 물류비용을 감당할 수 있는 기반이 된다.

그동안 이커머스 시장에서는 기능적인 요소가 경쟁의 핵심 요소였다. 최저가 보장, 가장 빠른 배송, 가장 많은 상품 등이 주된 마케팅 문구로 사용되었다. 그러나 정보의 비대칭성이 점차 해소되면서 이러한 요소들로 차별화하기는 점점 더 어려워지고 있다. 최저가에 근접하지 않으면 판매가 어려워지고, 익일 배송은 이제 당연한 서비스가 되어가고 있다. 상품의 품질도 상향 평준화되면서 단순한 기능만으로는 고객의 마음을 사로잡기 어려운 시대가 되었다.

따라서 전장은 감성적인 요소로 확장될 것으로 보인다. 『물류트렌드 2024』에서 언급했던 CJ대한통운의 '오네'나 네이버의 '도착 보장' 서비스가 그 예이다. 단순히 내일 배송을 보장하는 것을 넘어서, 로켓배송처럼 하나의 브랜드로 고객의 인식 속에 자리 잡고 추가적인 가치를 제공해야 선택받을 수 있다.

초창기 로켓배송이 익일 배송뿐만 아니라, 감성적인 요인까지 더해져 더 큰 성공을 거두었던 것처럼, 플랫폼이든 셀러든 브랜드든 자신만의 팬덤을 구축하고 더 높은 가격을 받아낼 수 있는 곳만이 살아남을 수 있을 것이다.

6장. 정말 중요한 C는, Cross-border(크로스보더)?

그렇다면 브랜딩만으로 모든 문제가 해결될까? 물론 그렇지 않다. 강력한 브랜드로 거듭난다 해도 성장이 뒷받침되지 않는다면 장기적인 지속 가능성을 확보하기 어렵다. 결국 필요한 것은 글로벌 진출이다. C커머스 기업들이 국내에 진출한 이유도 단순히 한국 시장만을 겨냥한 것이 아니라, 글로벌 시장에서 더 강력한 입지를 다지기 위함이다.

2024년 6월에 열린 제12회 유통산업주간에서 김연희 BCG코리아 대표파트너는 "올해 유통산업의 최고 화두는 C커머스, 저희 내부에서 크로스보더 이커머스라고 이야기한다. 지금까지의 유통은 온오프라인을 막론하고 로컬 고객을 대상으로 한 시장이었지만, 크로스보더 이커머스를 통해 유통은 글로벌로 확장할 수 있으며, 이는 중요한 변화의 시작점"이라고 평가했다. 어쩌면 우리가 두려워할 C커머스의 'C'는 중국(China)이 아닌 크로스보더(Cross-border) 일지 모른다.

전통적으로 리테일은 매우 전형적인 내수 시장이었다. 유통에서 거리는 곧 비용을 의미하며, 여기에 통관 과정에서의 관세까지 더하면 경쟁력 확보가 어려웠다. 소비자들도 쉽게 접할 수 있는 국내 브랜드를 두고

군이 해외의 낯선 상품을 구매할 이유가 없었다.

그러나 제조업의 해외 생산 비중이 늘어나고, 제조를 담당하는 중국과 소비를 담당하는 유럽과 미국 간의 구조가 완성되면서 이러한 전통적인 틀이 깨지기 시작했다. 이 틈새에서 가능성을 발견한 것이 바로 알리익스프레스를 운영하는 알리바바와 테무를 운영하는 핀둬둬다. 이들은 제조 공장과 소비자를 직접 연결해 중간 마진을 없애고 상품을 초저가로 제공하며 빠르게 성장할 수 있었다.

물론 앞서 다뤘듯이 이들이 한계에 직면한 것도 사실이지만, 물류 과정에서 최소한의 수익성을 확보할 수 있는 규모의 경제를 실현했다는 점에서 의미가 크다. 이제 이들은 완성된 물류 인프라에 실을 양질의 상품을 찾기 위해 전 세계로 영역을 확장하고 있으며, 그중에서도 한국 시장이 중요한 타깃이 되었다.

한국은 패션, 뷰티, 식품 등에서 탄탄한 제조 인프라를 보유하고 있으

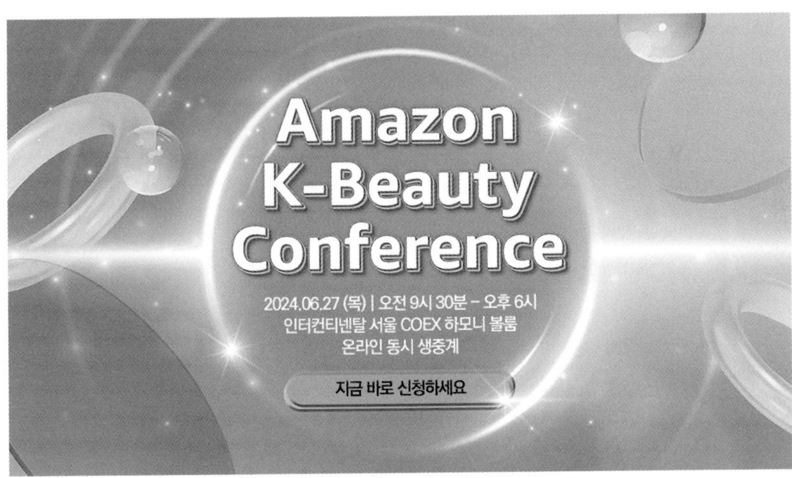

[그림 7] C커머스뿐 아니라 아마존 역시 한국 브랜드의 잠재력을 인지하고 자신들의 크로스보더 생태계 내 이들을 끌어들이기 위한 여러 노력들을 진행 중이다 (이미지 출처: 아마존 글로벌셀링 코리아)

며, K콘텐츠의 인기로 인해 해외에서도 팬덤을 확보한 상태이다. 이러한 배경에서 한국 브랜드들의 해외 실적은 계속 우상향 하고 있다. 바로 이 지점이 C커머스 플랫폼들이 주목한 부분이다. 이들은 한국의 셀러와 브랜드를 확보해 이들의 상품을 자신들의 창고에 두고, 크로스보더 형태로 북미와 유럽 시장에 진출함으로써 한계를 돌파하고 더 큰 성장을 도모하고 있다.

이러한 흐름을 국내 플랫폼은 물론 브랜드와 셀러들도 주의 깊게 살펴봐야 한다. 우선 플랫폼 입장에서는 크로스보더 역량을 갖추지 못한다면 국내외의 우수한 브랜드와 상품들을 잃을 수 있다는 점을 인지해야 한다. 그로 인해 국내를 넘어선 글로벌 물류 역량을 갖추고 규모의 경제를 실현하기 위한 물동량 확보에 적극적으로 나서고 있다. 쿠팡의 대만 진출 또한 이러한 배경에서 이루어진 것이다.

브랜드와 셀러들은 단기적으로 C커머스나 아마존 글로벌셀링 같은 크로스보더 서비스를 적극 활용해 추가적인 성장 기회를 얻을 수 있다. 그러나 중장기적으로 이들에게만 의존한다면, 해외 플랫폼 기업에 종속될 위험이 있다는 점을 명심해야 한다. 따라서 초기 물량 확보가 필요한 국내 플랫폼들과 전략적 제휴를 맺어 함께 성장하는 방안을 고려해 볼 만할 것이다.

7장. 급변하는 시장 변화의 흐름 속에서 살아남으려면

지금까지 살펴본 것처럼, 국내 이커머스 시장은 팬데믹을 지나 도약하던 시기를 넘어 이제 가혹한 구조조정의 시간을 맞이하고 있다. 그러나 이러한 변화는 기업들에게 새로운 도전과 기회를 동시에 제공하기도 한다. 특히 티메프 사태를 시작으로 쿠팡의 영향력 확대, C커머스의 국내 진출, 택배 서비스 품질 경쟁의 심화까지… 각 요소들은 개별 사건처럼 보일 수 있지만, 이면에는 공통된 시사점이 존재한다.

첫째, 가격 경쟁의 한계를 인식해야 한다. C커머스의 등장은 초저가를 무기로 삼아 가격 경쟁의 판도를 바꾸어 놓았다. 이제 단순히 최저가를 내세우는 것만으로는 시장에 큰 충격을 주기 어렵다. 가격 경쟁력 확보는 이제 단지 경쟁의 출발점일 뿐, 이를 넘어서는 전략이 필요하다.

둘째, 서비스 품질의 중요성이 더욱 부각되고 있다. 익일 배송과 주7일 배송이 새로운 표준이 되어감에 따라 고객의 기대치는 날로 높아지고 있다. 최소한의 배송 품질을 보장하지 못하는 플랫폼이나 브랜드는 고객의 고려 대상에서 쉽게 제외될 것이다. 이에 대응하지 못하는 기업은 도태될 수밖에 없다.

셋째, 브랜딩과 차별화의 필요성이다. 배송 품질 유지에 필요한 최소한의 마진을 확보하는 동시에, 최저가 경쟁에서도 벗어나려면 단순한 기능적 요소를 넘어선 감성적 요소와 팬덤 구축이 필수적이다. 플랫폼이든 브랜드든, 자신만의 고유한 스토리와 가치를 통해 고객의 마음을 사로잡아야 한다. 단순히 상품을 판매하는 것이 아니라, 고객에게 특별한 경험을 제공하고, 충성도를 높일 수 있는 전략이 필요하다.

넷째, 글로벌 확장의 필연성이다. 내수 시장에만 의존하는 전략은 더 이상 유효하지 않다. 글로벌 시장에서의 입지를 강화하기 위한 크로스보더 역량을 갖추는 것이 기업의 장기적인 성장에 필수적이다. 이를 위해서는 글로벌 물류 인프라와의 전략적 파트너십 체결이 중요하다.

마지막으로, 협업과 연대의 필요성을 잊어서는 안 된다. 쿠팡의 사례에서 볼 수 있듯이, 시장에서 지배적 위치를 차지하기 위해서는 규모의 경제와 수직적 통합이 필수적이다. 하지만 모든 기업이 쿠팡처럼 독자적으로 성공할 수는 없다. 특히 중소 브랜드와 플랫폼들은 서로 협력하고 연대함으로써 함께 성장하는 전략을 모색해야 하며, 때로는 쿠팡과 같은 시장 지배적 사업자도 전략적으로 활용할 줄 알아야 생존할 수 있을 것이다. 이러한 연대에 있어서 중요한 건 공동의 목적을 위해 일정 부분 자신의 것을 내려놓을 수 있어야 한다는 점이다. 2025년 본격화될 CJ대한통운의 주7일 배송이, 택배사, 대리점, 노조 간의 양보와 타협 아래 만들어졌듯이 말이다.

동아시아 전자상거래 미래를 재설계하다

B2C와 D2C, 그리고 크로스보더 풀필먼트와 역직구 물류

김철민

비욘드엑스(커넥터스 대표)

『네카쿠배경제학』의 저자로서 네이버 프리미엄 콘텐츠 채널 '커넥터스' 운영사이자 물류 지식 플랫폼 비욘드엑스의 창업자 겸 대표다. 인류의 라이프스타일 변화에 따른 물류 생태계를 관찰하고, 서플라이체인과 밸류체인, 그리고 금융 모델을 분석하는 일을 하고 있다. 대통령 직속 4차 산업혁명 위원회 위원을 지냈으며, 인하대학교 물류전문대학원 겸임교수와 한국로지스틱스학회 부회장으로 활동하고 있다.

서론

"변화는 우리 시대의 유일한 상수다."

이 말은 전자상거래 업계만큼 적절히 적용되는 곳도 없을 것입니다. 지난 10년간 우리는 모바일 커머스의 폭발적 성장, 소셜 미디어와 전자상거래의 융합, AI와 빅데이터의 혁명적 응용 등을 목격했습니다. 그리고 지금, 우리는 또 다른 거대한 변화의 물결 앞에 서 있습니다.

동아시아 전자상거래 시장은 이러한 변화의 최전선에 있습니다. 한국, 중국, 일본을 중심으로 한 이 지역은 세계에서 가장 역동적이고 혁신적인 전자상거래 생태계를 보유하고 있습니다. 알리바바, 쿠팡, 네이버, 라쿠텐과 같은 기업들은 단순한 온라인 쇼핑몰을 넘어 생활 플랫폼으로 진화하고 있으며, 끊임없는 기술 혁신을 통해 소비자 경험의 새로운 기준을 제시하고 있습니다.

그러나 이러한 성장과 혁신의 이면에는 여러 도전과제도 존재합니다. 데이터 프라이버시, 플랫폼의 독점화, 지속가능성 문제, 국제 무역 갈등 등 전자상거래 기업들이 해결해야 할 과제들이 산적해 있습니다. 또한 코로나19 팬데믹으로 인한 소비 행태의 급격한 변화는 기업들에게 새로운 적응을 요구하고 있습니다.

이 글에서는 이러한 격변의 시대를 헤쳐 나가는 동아시아 전자상거래 기업들의 여정을 탐구합니다. 현재의 시장 상황을 면밀히 분석하고, 주요 트렌드와 기술 혁신을 살펴보며, 2025년의 시장을 전망해 볼 것입니다. 또한 이 과정에서 기업들이 직면할 도전 과제와 새롭게 열릴 기회에 대해서도 심도 있게 논의할 것입니다.

특히 B2C(Business-to-Consumer)와 D2C(Direct-to-Consumer) 모델을 중점적으로 분석할 것입니다. 크로스보더 풀필먼트와 역직구 물류 시장의 확대에 대해서도 자세히 다룰 예정입니다. 이를 통해 동아시아 전자상거래 시장의 현재와 미래를 종합적으로 조망하고, 이 시장이 어떻게 변화하고 있으며 어떤 기회와 도전이 존재하는지 파악하고자 합니다.

데이비드 J. 스턴(David J. Stern)의 저서 『전자상거래 2025: 트렌드와 전략』에서 언급된 바와 같이, 전자상거래는 이제 단순한 온라인 판매를 넘어 전체 비즈니스 생태계를 근본적으로 변화시키고 있습니다. 이러한 변화의 중심에 동아시아 시장이 있으며, 이번 시장동향을 통해 동아시아 시장의 독특한 특성과 미래 전망을 제시하고자 합니다.

동아시아 전자상거래 시장 개요

동아시아의 전자상거래 시장은 지난 20년간 극적인 변화를 겪었습니다. 초기에는 전통적인 오프라인 소매가 주를 이루었으나, 인터넷과 모바일 기술의 도입으로 디지털 상거래로의 전환이 촉진되었습니다. 중국, 한국, 일본과 같은 국가는 기술 발전과 견고한 물류 네트워크를 활용하여 글로벌 전자상거래 시장에서 중요한 역할을 하고 있습니다.

2000년대 초반, 동아시아의 전자상거래 시장은 미미한 온라인 소매 활동을 보였습니다. 예를 들어, 중국에서는 2003년에 Alibaba의 타오바오(Taobao)와 같은 플랫폼이 등장하면서 소비자 간 거래 모델로 온라인 쇼핑에 혁신을 가져왔습니다. 마찬가지로, 한국 시장은 쿠팡(Coupang)과 같은 현지 대기업의 등장으로 변화하기 시작했으며, 이들은 성장하는 온라인 소비자 기반을 위해 혁신적인 물류 솔루션을 도입했습니다.

일본의 전자상거래 여정도 비슷한 시기에 시작되었습니다. 1997년에 라쿠텐(Rakuten)이 플랫폼을 출시하면서 일본의 전자상거래 진화의 무대를 마련했습니다. 이후 일본의 전자상거래는 품질, 고객 서비스 및 기술 통합에 중점을 두고 발전해 왔습니다.

이렇듯 동아시아 전자상거래 시장은 전 세계에서 가장 역동적이고 빠르게 성장하는 시장 중 하나입니다. 2020년을 기준으로 이 지역의 전자상거래 시장 규모는 약 2조 달러에 달하며, 이는 전 세계 전자상거래 시장의 약 50%를 차지하는 규모입니다.

McKinsey & Company의 『아시아의 미래: 아시아의 전자상거래』 보고서에 따르면, 이 지역의 전자상거래 시장은 2020년부터 2025년까지 연평균 13% 이상의 놀라운 성장률을 보일 것으로 예측됐습니다. 이는 글로벌 평균을 훨씬 상회하는 수치로, 동아시아 시장의 중요성과 잠재력을 잘 보여주고 있습니다.

이러한 급속한 성장의 배경에는 여러 요인들이 복합적으로 작용하고 있습니다. 먼저, 동아시아 지역의 높은 인터넷 및 스마트폰 보급률을 들 수 있습니다. 예를 들어, 한국의 경우 2021년 기준으로 인터넷 보급률이 96.5%에 달하며, 스마트폰 보급률은 95%에 이릅니다. 중국 역시 2021년에 인터넷 사용자 수가 10억 명을 돌파했으며, 이 중 99.7%가 모바일 인터넷을 사용하고 있습니다. 이러한 높은 디지털 인프라 보급률은 전자상거래 시장의 성장에 탄탄한 기반을 제공하고 있습니다.

둘째로, 젊은 디지털 네이티브 인구의 증가를 들 수 있습니다. 밀레니얼 세대와 Z세대가 주요 소비층으로 부상하면서, 이들의 디지털 친화적인 소비 습관이 전자상거래 시장의 성장을 가속화하고 있습니다. 이들 세대는 온라인 쇼핑에 대한 높은 친숙도와 수용성을 가지고 있어, 새로운 서비스나 플랫폼에 대한 적응력이 매우 높습니다.

셋째, 각국 정부의 디지털 경제 육성 정책도 시장 성장에 큰 기여를 하고 있습니다. 중국은 "인터넷 플러스" 전략을 통해 디지털 경제를 적극적으로 육성하고 있으며, 한국은 "디지털 뉴딜" 정책을 통해 디지털 전환을 가속화하고 있습니다. 일본 역시 "Society 5.0" 전략을 통해 디지털 혁신을 추진하고 있습니다. 이러한 정부 차원의 지원과 정책은 전자상거래 기업들에게 유리한 사업 환경을 제공하고 있습니다.

마지막으로, 코로나19 팬데믹의 영향을 빼놓을 수 없습니다. 팬데믹으로 인한 비대면 거래의 증가는 전자상거래 시장에 새로운 동력을 제공했습니다. 기존에 온라인 쇼핑을 꺼려하던 소비자들도 어쩔 수 없이 온라인 플랫폼을 이용하게 되면서 새로운 소비자층이 유입되었고, 기존 소비자들의 온라인 구매 빈도도 크게 증가했습니다. 이러한 변화는 팬데믹 이후에도 지속될 것으로 예상되어, 전자상거래 시장의 장기적인 성장에 긍정적인 영향을 미칠 것으로 보입니다.

동아시아 전자상거래 시장의 규모와 주요 플레이어

한중일 중 중국은 세계 최대의 전자상거래 시장입니다. 2020년 기준 약 1.5조 달러 규모를 자랑하며, 연간 성장률은 약 10-15%에 달합니다. 일본은 아시아에서 두 번째로 큰 시장으로, 2020년 기준 약 1,800억 달러 규모에 달합니다. 성숙 시장임에도 불구하고 연 5-7%의 안정적인 성장을 보이고 있습니다. 한국은 규모는 두 나라에 비해 크지 않은 약 1,000억 달러이지만, 인구 대비 높은 전자상거래 침투율을 보이고 있습니다.

두 나라에 비해 연간 성장률도 약 15-20%에 달할 정도로 높습니다.

동아시아 전자상거래 시장에는 시장을 지배하는 여러 주요 플레이어가 있으며, 이들은 각기 다른 방식으로 이 지역의 역동적이고 경쟁적인 풍경을 형성하고 있습니다.

1) 중국

① **Alibaba 그룹**: 타오바오(Taobao)와 티몰(Tmall)과 같은 플랫폼을 운영하는 거대 기업인 Alibaba 그룹은 중국의 전자상거래 기준을 설정했습니다. 국제 부문인 AliExpress는 중국 제품을 전 세계 소비자에게 소개하는 데 중요한 역할을 했습니다. Alibaba의 물류 부문인 Cainiao는 공급망 관리를 혁신하여 신속하고 신뢰할 수 있는 배송 서비스를 보장했습니다.

② **JD.com**: 광범위한 물류 네트워크로 유명한 JD.com은 신속하고 신뢰할 수 있는 배송 서비스를 통해 시장에서 중요한 점유율을 확보했습니다. JD의 직판과 품질 관리에 대한 집중은 중국 소비자들 사이에서 신뢰를 쌓는 데 기여했습니다.

③ **핀둬둬**(Pinduoduo): 핀둬둬는 그룹 구매를 통해 가격을 낮추는 혁신적인 소셜 커머스 모델로 시장을 교란시켰습니다. 핀둬둬의 빠른 성장은 소셜 네트워크를 활용하여 사용자 참여를 높이고 판매를 촉진하는 독특한 비즈니스 모델의 효과를 입증하는 사례입니다.

2) 한국

① **쿠팡**: "한국의 아마존"으로 불리는 쿠팡은 '로켓 배송' 서비스로 시장을 혁신하여 다양한 제품에 대해 익일 배송을 약속했습니다. 쿠팡의 물류 인프라에 대한 대규모 투자는 이행 센터와 배송 차량을 포함하여 한국 전자상거래의 새로운 기준을 설정했습니다.

② **네이버 쇼핑**: 검색 엔진으로서의 지배력을 활용하여 네이버는 전

자상거래를 생태계에 통합하여 원활한 쇼핑 경험을 제공합니다. 네이버의 스마트 스토어 플랫폼은 소규모 사업자들이 쉽게 온라인 상점을 설정할 수 있게 하여 소비자들에게 다양한 제품을 제공하는 데 기여했습니다.

③ **11번가**: 또 다른 주요 플레이어인 11번가는 다양한 제품을 제공하며 전략적 파트너십과 향상된 물류 역량을 통해 입지를 확장해 왔습니다. 사용자 친화적인 인터페이스와 빈번한 프로모션은 한국 소비자들 사이에서 인기를 끌고 있습니다.

3) 일본

① **라쿠텐**: 일본 최대 전자상거래 플랫폼인 라쿠텐은 소매부터 여행 및 금융 서비스에 이르기까지 다양한 제품과 서비스를 제공합니다. 라쿠텐의 로열티 프로그램인 라쿠텐 슈퍼 포인트는 고객 유지와 참여를 촉진하는 주요 요인이 되었습니다.

② **아마존 일본**: 글로벌 도달 범위와 광범위한 제품 선택을 갖춘 아마존은 일본의 전자상거래 시장에서 중요한 역할을 하고 있으며, 빠른 배송과 고객 서비스로 잘 알려져 있습니다. 아마존 프라임 회원 프로그램은 무료 배송 및 독점 거래와 같은 혜택을 제공하여 인기를 얻고 있습니다.

③ **야후! 재팬 쇼핑**: 이 플랫폼은 강력한 브랜드 존재감과 포괄적인 제품 제공을 통해 여전히 중요한 경쟁자로 남아 있습니다. 야후! 재팬의 경매 및 결제 솔루션과의 통합은 포괄적인 전자상거래 생태계를 조성하는 데 기여했습니다.

코로나 19 팬데믹이 변화시킨 동아시아의 전자상거래

코로나 19 팬데믹은 동아시아의 소비자 행동을 크게 변화시켰습니다. 봉쇄 조치와 사회적 거리두기가 시행되면서 소비자들은 필수품과 비필수품 모두를 온라인 쇼핑으로 전환했습니다. 온라인 식료품, 홈 엔터테인먼트, 원격 근무 도구에 대한 수요 급증은 전자상거래 플랫폼에 대한 의존도가 증가했음을 보여주었습니다.

예를 들어, 한국에서는 팬데믹이 온라인 식료품 쇼핑의 채택을 가속화하여 쿠팡과 마켓컬리와 같은 주요 플레이어들이 전례 없는 성장을 경험했습니다. 마찬가지로 중국에서는 JD.com과 Alibaba와 같은 플랫폼이 신선식품, 건강 제품 및 홈 인테리어 품목 등의 카테고리에서 판매 증가를 보였습니다.

팬데믹은 기업의 디지털 전환도 가속화했습니다. 이전에 전자상거래를 주저했던 기업들은 생존을 위해 신속하게 전환할 수밖에 없었습니다. 이 전환은 디지털 채택을 촉진하는 정부의 이니셔티브와 인센티브에 의해 지원되었습니다.

일본에서는 전통적인 소매업체들이 온라인 존재감을 확장했으며, 모바일 결제의 사용이 급증했습니다. 비접촉 배송 옵션과 도로변 픽업은 소비자들에게 안전과 편의를 제공하기 위해 표준 서비스가 되었습니다.

팬데믹은 공급망 중단 및 경쟁 증가와 같은 도전 과제를 제시했지만, 성장과 혁신의 기회도 제공했습니다. 전자상거래 플랫폼은 증가하는 수요를 충족하고 고객 경험을 개선하기 위해 물류와 기술에 많은 투자를 했습니다.

예를 들어, Alibaba의 Cainiao 네트워크는 적시 배송을 보장하기 위해 물류 역량을 강화했으며, 네이버 쇼핑은 AI 기반 추천을 도입하여 쇼핑 경험을 개인화했습니다. 이러한 혁신은 즉각적인 문제를 해결하는 동시에 장기적인 성장을 위한 기반을 마련했습니다.

전자상거래 시장 변화 속 B2C와 D2C

이러한 전자상거래 시장 변화 내에서 B2C 모델과 D2C 모델의 진화가 두드러졌습니다. B2C(Business to Customer) 모델에서는 기업이 소비자에게 직접 제품이나 서비스를 판매합니다. 전통적인 B2C 모델에는 Alibaba의 티몰(Tmall)과 아마존(Amazon)과 같은 다중 판매자가 제품을 등록할 수 있는 마켓플레이스가 포함됩니다.

현재 동아시아 B2C 전자상거래 시장은 몇 가지 뚜렷한 특징을 보이고 있습니다. 첫째, 대형 플랫폼의 지배력이 강화되고 있습니다. 중국의 알리바바(티몰), JD.com, 한국의 쿠팡, 네이버, 일본의 라쿠텐 등 대형 플랫폼들이 각국 시장을 주도하고 있습니다. 이들 기업은 막대한 자본력과 기술력을 바탕으로 시장을 선도하고 있으며, 지속적인 혁신을 통해 경쟁력을 강화하고 있습니다.

D2C(Direct-to-Consumer) 모델은 중개인을 생략하고 브랜드가 자체 온라인 채널을 통해 소비자에게 직접 판매할 수 있게 합니다. 이 접근 방식은 브랜드가 고객 경험, 가격 책정 및 브랜드 메시지에 대한 더 큰 통제력을 갖도록 합니다.

D2C 모델의 성장 배경에는 여러 요인이 있습니다. 첫째, 소비자들의 브랜드에 대한 직접적인 경험과 소통에 대한 욕구가 증가했습니다. 둘째, 소셜 미디어의 발달로 브랜드들이 소비자와 직접 소통할 수 있는 채널이 다양해졌습니다. 셋째, 전자상거래 플랫폼과 물류 서비스의 발달로 중소 브랜드들도 쉽게 온라인 판매를 시작할 수 있게 되었습니다.

한국에서는 아모레퍼시픽과 LG생활건강과 같은 브랜드가 자체 온라인 상점을 개설하면서 D2C 모델이 인기를 얻고 있습니다. 이들 브랜드는 강력한 브랜드 인지도와 충성도 높은 고객 기반을 활용하여 웹사이트와 모바일 앱을 통해 직접 판매를 촉진하고 있습니다.

중국에서는 B2C 및 D2C 모델이 공존하며 번창하고 있습니다. JD.com과 티몰과 같은 플랫폼은 B2C 공간을 지배하고 있는 반면, 샤오미(Xiaomi)와 화웨이(Huawei)와 같은 브랜드는 성공적으로 D2C 전략을 구현하고 있습니다. 예를 들어, 샤오미는 Mi.com 플랫폼을 사용하여 스마트폰과 스마트 홈 장치를 소비자에게 직접 판매하여 원활하고 통제된 쇼핑 경험을 보장합니다.

동아시아의 전자상거래 환경은 급속한 성장, 기술 혁신, 변화하는 소비자 행동이 특징입니다. 코로나 19 팬데믹의 영향으로 디지털 채택이 더욱 가속화되었고 견고한 물류 및 기술 인프라의 중요성이 강조되었습니다. AliExpress, Temu, Shein과 같은 플랫폼이 존재를 확장하면서 소비자 행동과 시장 역학을 재편하고 있습니다. 이러한 트렌드와 역사적 맥락을 이해하는 것은 동아시아 전자상거래 시장의 기회와 도전 과제를 탐색하는 데 있어 중요합니다. 다음 장에서는 한국과 중국 시장에 대한 구체적인 영향을 중점적으로 물류, 제조 및 규제 환경에 대해 더 깊이 다루고자 합니다.

한국의 전자상거래 시장 현황

네이버, 쿠팡, 지마켓 등 한국의 전자상거래 시장은 각기 다른 강점과 시장 전략을 가진 여러 주요 플랫폼이 지배하고 있습니다.

① 네이버

네이버는 원래 검색 엔진으로 알려졌으나, 네이버 쇼핑을 통해 전자상거래를 생태계에 통합했습니다. 검색에서의 지배력을 활용하여 네이버는 네이버 쇼핑으로 많은 트래픽을 유도합니다. 네이버 쇼핑은 사용자들이 가격을 비교하고, 리뷰를 읽고, 매끄럽게 구매할 수 있도록 합니다. 네이버의 스마트스토어 플랫폼은 수많은 중소기업들이 쉽게 온라인 상점을 개설할 수 있게 하여 다양한 제품을 제공하는 데 기여했습니다. 네이버의 강점은 네이버페이와 같은 결제 솔루션과 유기적인 트래픽을 유도하는 견고한 검색 엔진을 포함한 포괄적인 생태계에 있습니다.

② 쿠팡

종종 '한국의 아마존'으로 불리는 쿠팡은 '로켓 배송' 서비스로 시장을 혁신하여 다양한 제품에 대해 익일 배송을 약속했습니다. 쿠팡의 물류 인프라에 대한 대규모 투자는 풀필먼트 센터와 배송 차량을 포함하여 한국 전자상거래의 새로운 기준을 설정했습니다. 사용하기 쉬운 인터페이스, 광범위한 제품군, 혁신적인 물류 솔루션 덕분에 쿠팡은 가장 대표적인 전자상거래 플랫폼의 이름이 되었습니다. 빠른 배송 서비스와 경쟁력 있는 가격이 고객 기반을 계속해서 확대시키는 주요 요인입니다.

③ 지마켓

현재 이베이코리아가 소유한 지마켓은 한국 전자상거래 시장의 또 다른 주요 플레이어입니다. 전자 제품에서 패션, 가정용품에 이르기까지 다양한 제품과 경쟁력 있는 가격으로 잘 알려져 있습니다. 지마켓의 글로벌 도달 범위는 한국 소비자들이 국제 제품을 쉽게 구매할 수 있도록 합니다. 광범위한 벤더 네트워크와 빈번한 프로모션이 지마켓의 강점으로, 가격에 민감한 소비자들이 좋은 거래를 찾는 데 도움을 줍니다.

④ 중소기업 및 지역 브랜드의 역할

중소기업(SME)와 지역 브랜드는 한국 전자상거래 생태계에서 중요한 역할을 합니다. 네이버 쇼핑과 쿠팡과 같은 플랫폼은 이러한 비즈니스가 더 넓은 청중에게 도달할 수 있는 도구와 가시성을 제공합니다. 많은 중소기업들은 특정 소비자 요구에 부응하는 틈새 제품을 판매하여 이러한 플랫폼을 활용함으로써 성장하고 있습니다. 지역 브랜드의 성공은 종종 독특한 제품과 개인화된 고객 서비스를 제공하는 능력에 의해 주도되며, 이는 대기업이 제공하기 어려울 수 있습니다. 또한, 지역 브랜드는 강력한 커뮤니티 의식과 소비자 충성도로부터 혜택을 얻어 성공에 중요한 요소로 작용합니다.

한국 시장의 소비자 선호도와 행동

한국 소비자들은 제품 품질, 배송 속도, 고객 서비스에 대한 높은 기대를 가지고 있습니다. 그들은 편리함과 다양한 옵션을 결합한 매끄러운 쇼핑 경험을 선호합니다. 가격 경쟁력은 중요한 요소이지만, 소비자들은 또한 고품질 제품과 뛰어난 서비스에 더 많은 비용을 지불할 용의가 있습니다. 플래시 세일과 한정 시간 제공의 인기는 구매 결정에 있어서 가치와 긴급성의 중요성을 강조합니다.

① 모바일 상거래의 부상

모바일 상거래는 한국의 발전된 모바일 인프라와 높은 스마트폰 보급률로 인해 급격히 증가했습니다. 한국인의 90% 이상이 스마트폰을 소유하고 있으며, 많은 이들이 쇼핑에 이 기기를 사용합니다. 네이버, 쿠팡, 지마켓의 모바일 앱은 개인 맞춤형 추천, 쉬운 결제 옵션, 빠른 고객 서비스 접근과 같은 기능을 제공하여 매우 인기가 있습니다. 모바일 쇼핑의 편리함과 유연성은 특히 이동 중인 젊은 세대 사이에서 선호되는 선택이 되었습니다.

② 생성형 AI가 쇼핑 경험에 미치는 영향

생성형 AI는 한국의 전자상거래 환경을 혁신하여 쇼핑 경험을 향상시키고 있습니다. 네이버의 클로바(Clova)와 쿠팡의 AI 고객 서비스와 같은 AI 기반 챗봇과 가상 비서가 즉각적인 지원과 개인화된 추천을 제공합니다. 이러한 기술은 쇼핑 과정을 간소화하여 소비자가 제품을 찾고 정보에 입각한 결정을 내리는 데 도움을 줍니다. AI는 또한 재고 관리, 수요 예측 및 개인화된 마케팅에 중요한 역할을 하여 전자상거래 플랫폼이 운영을 최적화하고 고객 만족도를 향상시키는 데 도움을 줍니다.

한국 전자상거래 시장의 혁신 및 기술 발전

한국의 전자상거래 시장은 급속한 성장, 기술 혁신, 변화하는 소비자 행동이 특징입니다. 네이버, 쿠팡, 지마켓과 같은 주요 플랫폼은 다양한 소비자 요구를 충족시키기 위해 광범위한 제품과 서비스를 제공합니다.

모바일 상거래의 부상과 AI 기술의 통합은 쇼핑 경험을 크게 향상시켜 편리함, 개인화, 효율성을 제공합니다. 시장이 계속해서 진화함에 따라 물류와 배송 혁신은 한국 전자상거래의 미래를 더욱 형성하여 소비자들이 더 빠르고, 신뢰할 수 있으며, 더욱 개인화된 쇼핑 경험을 누릴 수 있도록 할 것입니다.

① 전자상거래에서의 AI와 머신러닝

인공지능(AI)과 머신러닝은 한국 전자상거래의 기술 발전의 최전선에 있습니다. 이러한 기술은 플랫폼이 방대한 데이터를 분석하여 소비자 행동과 선호도를 더 잘 이해할 수 있게 합니다. 예를 들어, 네이버와 쿠팡의 AI 기반 추천 엔진은 과거 구매와 검색 기록을 기반으로 제품을 추천하여 전환 가능성을 높입니다. 머신러닝 알고리즘은 또한 사기 활동을 감지하는 데 도움을 주어 안전한 쇼핑 환경을 보장합니다.

② 물류 및 배송 혁신

한국의 전자상거래 플랫폼은 물류 및 배송 혁신으로 유명합니다. 익일 배송을 보장하는 쿠팡의 '로켓 배송' 서비스가 그 대표적인 예입니다. 쿠팡은 적시 배송을 보장하기 위해 물류 네트워크, 창고, 배송 차량에 막대한 투자를 했습니다. 네이버는 또한 현지 슈퍼마켓과의 협력을 통해 당일 배송과 같은 혁신적인 배송 솔루션을 도입했습니다. 이러한 발전은 배송 속도와 신뢰성에 대한 높은 기준을 설정하여 전체 쇼핑 경험을 크게 향상시켰습니다.

③ 사례 연구: 네이버의 ClovaX와 Cue

네이버의 ClovaX는 개인화된 추천과 실시간 지원을 제공하여 온라인 쇼핑 경험을 향상시키는 AI 기반 가상 비서입니다. ClovaX는 자연어 처리와 머신러닝을 사용하여 사용자 질문을 이해하고 관련 제품을 제안합니다. 이 기술은 고객 만족도를 높일 뿐만 아니라 사용자를 쇼핑 여정 동안 안내하고 우려 사항을 해결하여 판매를 증대시키는 데 도움을 줍니다.

네이버의 Cue는 네이버가 개발한 또 다른 혁신적인 솔루션으로, 쇼핑 경험을 간소화합니다. Cue는 AI를 활용하여 개인화된 쇼핑 콘텐츠를 큐레이션하고, 제품 추천, 리뷰, 프로모션 제안을 제공합니다. 사용자 행동과 선호도를 분석하여 Cue는 개별 소비자와 공감하는 맞춤형 쇼핑 경험을 제공합니다. 네이버의 생태계에 Cue를 통합함으로써 사용자 참여와 충성도를 높이는 데 기여하고 있어, 소비자와 상인 모두에게 가치 있는 도구로 자리 잡았습니다.

중국의 전자상거래 시장 역학

중국의 전자상거래 시장은 세계에서 가장 크고 역동적인 시장 중 하나로, 혁신적인 플랫폼, 광범위한 물류 네트워크, 기술에 익숙한 소비자 기반의 결합으로 구동됩니다. 알리바바(AliExpress), JD.com, 핀둬둬(Temu), 쉬인(Shein) 등 주요 플레이어가 이 시장을 지배하고 있습니다.

① 알리바바

알리바바 그룹은 중국 전자상거래의 거대 기업으로, 타오바오(Taobao), 티몰(Tmall), 알리익스프레스(AliExpress) 등 여러 영향력 있는 플랫폼을 운영하고 있습니다. 2003년에 출시된 타오바오는 소비자 간 거래(C2C) 모델로, 개인과 중소기업이 소비자에게 직접 판매할 수 있게 합니다. 반면, 티몰은 브랜드와 소매업체를 위한 비즈니스 간 거래(B2C) 모델을 제공하여 더 세심한 쇼핑 경험을 제공합니다. 알리익스프레스는 중국 제조업체와 판매자로부터 국제 소비자들이 직접 구매할 수 있게 하여 알리바바의 글로벌 도달 범위를 확장합니다. 알리바바의 강점은 클라우드 컴퓨팅, 디지털 결제(알리페이), 광범위한 물류 네트워크(Cainiao)를 포함한 포괄적인 생태계에 있으며, 이를 통해 서비스 간의 원활한 통합을 보장합니다. 알리익스프레스는 특히 한국과 일본의 동아시아 시장에서 놀라운 성과를 보여주고 있습니다

② JD.com

JD.com, 또는 징동(Jingdong)은 알리바바의 주요 경쟁자로, 직접 판매 모델과 견고한 물류 역량으로 알려져 있습니다. 알리바바와 달리, JD.com은 주로 일차 소매 모델을 운영하여 공급업체로부터 직접 상품을 구매하고 이를 소비자에게 판매합니다. 이 모델은 JD.com이 엄격한 품질 관리를 유지하고 신뢰할 수 있는 배송 서비스를 제공할 수 있게 합니다. JD 물류(JD Logistics)는 효율성과 도달 범위로 유명하며, 중국 전역에서 당일 및 익일 배송 서비스를 제공합니다. 기술 및 자동화에 대한 JD.com의 집중은 또한 이를 전자상거래 혁신의 선두주자로 만들고 있습니다.

③ 핀둬둬

핀둬둬는 독특한 소셜 커머스 모델로 중국 전자상거래 시장에서 빠르게 부상한 혁신적인 기업입니다. 2015년에 출시된 핀둬둬는 소비자들이 친구나 다른 사용자와 함께 구매하여 낮은 가격을 확보할 수 있도록 장려합니다. 이 모델은 소셜 네트워크를 활용하여 참여를 유도하고 재미있고 인터랙티브한 쇼핑 경험을 제공합니다. 핀둬둬는 저층 도시와 농촌 지역에 집중하여 이전에 제대로 서비스되지 않았던 시장에 진입함으로써 급속한 성장을 이루었습니다. 가치와 소셜 상호작용에 중점을 둔 이 플랫폼은 다른 주요 플레이

어와 차별화됩니다. 핀둬둬의 해외 버전인 Temu는 특히 한국과 일본의 동아시아 시장에서 놀라운 성과를 보였습니다.

④ **쉬인**(Shein)

Shein은 글로벌 패스트 패션 전자상거래 플랫폼으로, 교차 국경 전자상거래 모델을 사용하여 한국 시장에 성공적으로 침투했습니다. 트렌디하고 저렴한 패션으로 알려진 Shein은 현지 시장에 맞춘 여러 전략적 이니셔티브를 통해 한국 소비자들을 효과적으로 유치했습니다. Shein은 또한 국제 창고에서 한국 소비자에게 제품을 신속하게 배송하기 위해 견고한 크로스보더 물류 네트워크를 구축했습니다. 이 회사는 신뢰할 수 있는 물류 제공업체와 협력하여 통관 절차를 간소화하고 배송 프로세스를 가속화합니다. 이는 고객이 주문한 물건을 신속하게 받을 수 있게 하여 전반적인 쇼핑 경험을 향상시킵니다.

⑤ **중소기업 및 지역 브랜드의 역할**

중소기업(SME) 및 지역 브랜드는 중국 전자상거래 생태계에서 중요한 역할을 합니다. 타오바오와 핀둬둬와 같은 플랫폼은 이들 기업이 방대한 소비자 기반에 도달하는 데 필요한 도구와 가시성을 제공합니다. 중소기업은 상대적으로 낮은 진입 장벽과 상당한 초기 투자 없이도 운영을 확장할 수 있는 능력으로 혜택을 얻습니다. 특히 지역 브랜드는 특정 소비자 선호도와 트렌드에 맞춘 독특한 제품을 제공함으로써 성장하고 있습니다. 이들은 현지 시장에 대한 깊은 이해를 활용하여 더 큰 국제 경쟁자와 차별화합니다.

중국 전자상거래 소비자 선호도와 행동

중국 소비자들은 편리성, 가격, 제품 품질, 브랜드 평판 등의 요소에 영향을 받는 다양한 쇼핑 선호도를 보입니다. 높은 스마트폰 보급률과 알리페이 및 위챗페이와 같은 모바일 결제 시스템의 광범위한 사용으로 인해 모바일 쇼핑에 대한 선호도가 강합니다. 소비자들은 빠른 배송과 쉬운 반품이 중요한 구매 결정 요소인 원활한 쇼핑 경험을 중시합니다.

라이브 스트리밍과 인플루언서 마케팅도 중국의 쇼핑 경험에 필수적인 요소가 되었습니다. 타오바오 라이브(Taobao Live)와 도우인(Douyin, 틱톡)과 같은 플랫폼은 브랜드와 판매자가 실시간으로 소비자와 소통하여 제품을 소개하고 질문에 직접 답할 수 있게 합니다. 이와 같은 상호작용 방식은 신뢰를 구축하고 특히 뷰티, 패션, 전자 제품과 같은 카테고리에서 판매를 촉진하는 데 도움이 됩니다.

① 소셜 커머스의 부상

소셜 미디어와 전자상거래를 결합한 소셜 커머스는 특히 중국에서 폭발적인 성장을 보였습니다. 핀둬둬의 성공은 소셜 커머스의 인기를 증명하는 사례로, 그룹 구매와 소셜 상호작용이 쇼핑 경험을 향상시킵니다. 중국의 주요 메시징 앱인 위챗(WeChat)도 미니 프로그램을 통해 소셜 커머스에서 중요한 역할을 합니다. 사용자는 앱 내에서 쇼핑하고 제품을 연락처와 공유할 수 있습니다.

플랫폼은 사용자 리뷰, 평점 및 소셜 공유 옵션과 같은 소셜 기능을 점점 더 많이 통합하여 참여를 높이고 판매를 촉진하고 있습니다. 이러한 소셜 상호작용과 쇼핑의 결합은 소비자에게 더 몰입적이고 즐거운 경험을 제공하여 커뮤니티와 신뢰감을 형성합니다.

② 생성형 AI가 쇼핑 경험에 미치는 영향

생성형 AI는 개인화 및 자동화를 통해 중국의 전자상거래 환경을 혁신하고 있습니다. 알리바바의 알리미(AliMe)와 같은 AI 기반 챗봇 및 가상 비서는 즉각적인 지원과 개인화된 추천을 제공하여 소비자가 제품을 쉽게 찾고 정보에 입각한 결정을 내릴 수 있도록 합니다. 이러한 기술은 방대한 데이터를 분석하여 소비자 선호도를 예측하고 마케팅 메시지를 맞춤화합니다.

생성형 AI는 또한 콘텐츠 생성에 중요한 역할을 합니다. 제품 설명, 마케팅 카피, 심지어 제품 이미지와 동영상과 같은 시각적 콘텐츠를 생성합니다. 이 자동화는 비즈니스가 운영을 간소화하고 전략적 활동에 집중할 수 있도록 하며, 소비자에게 더 관련성 있고 매력적인 콘텐츠를 제공합니다.

중국 전자상거래 시장의 혁신 및 기술 발전

중국의 전자상거래 시장은 급속한 성장, 기술 혁신, 변화하는 소비자 행동이 특징입니다. 알리바바, JD.com, 핀둬둬와 같은 주요 플랫폼은 다양한 소비자 요구를 충족시키기 위해 광범위한 제품과 서비스를 제공합니다. 소셜 커머스의 부상과 AI 기술의 통합은 쇼핑 경험을 크게 향상시켜 편리함, 개인화, 효율성을 제공합니다. 시장이 계속해서 진화함에 따라 물류와 배송 혁신은 중국 전자상거래의 미래를 더욱 발전시켜 소비자들이 더 빠르고, 신뢰할 수 있으며, 더욱 개인화된 쇼핑을 누리도록 할 것입니다.

① 전자상거래에서의 AI와 머신러닝

인공지능(AI)과 머신러닝은 중국 전자상거래의 기술 발전의 최전선에 있습니다. 이러한 기술은 플랫폼이 방대한 데이터를 분석하여 소비자 행동과 선호도를 더 잘 이해할 수 있게 합니다. 예를 들어, 알리바바와 JD.com의 AI 기반 추천 엔진은 과거 구매와 검색 기록을 기반으로 제품을 추천하여 전환 가능성을 높입니다. 머신러닝 알고리즘은 또한 사기 활동을 감지하여 안전한 쇼핑 환경을 보장합니다.

AI는 또한 가격 전략을 최적화하고, 재고를 관리하며, 고객 서비스를 향상시키는 데 사용됩니다. 자연어 처리를 기반으로 하는 챗봇과 가상 비서는 즉각적인 지원과 개인화된 추천을 제공하여 전반적인 쇼핑 경험을 향상시킵니다.

② 물류 및 배송 혁신

중국의 전자상거래 성공은 부분적으로 고도화된 물류 및 배송 인프라에 기인합니다. 알리바바의 물류 부문인 차이나오(Cainiao)와 JD 물류(JD Logistics)와 같은 기업들은 효율성과 신뢰성의 새로운 기준을 설정했습니다. 차이나오의 스마트 물류 네트워크는 AI와 빅데이터를 사용하여 배송 경로를 최적화하고, 재고를 관리하며, 수요를 예측하여 쇼핑 시즌 동안에도 적시 배송을 보장합니다.

JD 물류는 자동화 창고와 배송 드론을 사용하여 물류 역량을 더욱 강화했습니다. 이러한 혁신은 배송 속도와 신뢰성을 향상시킬 뿐만 아니라 운영 비용도 절감하여 소비자와 기업 모두에게 혜택을 줍니다.

③ 사례 연구: 알리바바의 AI 이니셔티브와 지능형 공급망

ⓐ **AI 이니셔티브**: 알리바바의 AI 이니셔티브는 전자상거래에서 고객 서비스를 혁신하고 있습니다. 회사의 AI 기반 고객 서비스 시스템인 알리미(AliMe)는 매일 수백만 건의 문의를 처리하여 고객 질문에 즉각적인 응답을 제공합니다. 알리미는 자연어 처리를 사용하여 고객 질문을 이해하고 개인화된 추천을 제공하며 문제를 효율적으로 해결합니다. 이 시스템은 인력 개입의 필요

성을 크게 줄여 알리바바가 높은 고객 상호작용 볼륨을 원활하게 처리할 수 있게 합니다.

ⓑ **지능형 공급망**: 알리바바의 지능형 공급망은 AI와 머신러닝을 활용하여 재고 관리와 물류를 최적화합니다. 이 시스템은 과거 데이터와 실시간 트렌드를 기반으로 수요를 예측하여 소비자 요구를 충족시키기 위해 적절하게 제품을 제공합니다. AI 알고리즘은 배송 경로를 최적화하여 운송 시간을 단축하고 배송 효율성을 높입니다. 이 지능형 공급망은 알리바바가 높은 수요 기간 동안에도 빠르고 신뢰할 수 있는 배송 서비스를 제공할 수 있게 합니다.

2장. 국경을 넘어선 한중간 전자상거래

한국과 중국 간 무역에서 가장 중요한 협정은 2015년 12월에 발효된 한중 자유무역협정(FTA)입니다. 이 협정은 관세를 낮추고 무역 장벽을 줄이며 전자상거래를 포함한 다양한 분야에서 협력을 강화하는 것을 목표로 하고 있습니다. FTA는 무역량을 증대시키고 양국 간의 경제적 유대를 강화하는 데 중요한 역할을 했습니다.

한국과 중국은 15개의 아시아-태평양 국가가 포함된 메가 무역 협정인 역내포괄적경제동반자협정(RCEP)의 회원국입니다. RCEP는 관세를 낮추고, 세관 절차를 간소화하며, 규제를 조화시켜 원활하고 효율적인 국경 간 무역을 촉진하는 역할을 합니다. 이러한 협정들은 보다 유리한 무역 환경을 조성해 국경 간 전자상거래의 성장을 위한 강력한 토대를 제공합니다.

무역 협정의 혜택에도 불구하고, 국경 간 전자상거래에 종사하는 기업들은 여러가지 규제에 직면합니다. 세관 규정, 제품 기준 및 인증 요구사항은 양국 간에 상당히 다를 수 있어 기업에 복잡성을 초래합니다. 예를 들어, 중국에서 물건을 판매하고자 하면 중국의 기준과 인증을 준수해야 합니다.

지적 재산권 보호는 또 다른 중요한 문제입니다. 양국 모두 상표 및 저작권을 보호하기 위한 엄격한 법률을 가지고 있지만, 이에 대한 집행은 일관되지 않을 수 있습니다. 양국을 대상으로 하는 기업은 이러한 규제 환경을 신중하게 탐색하여 법적 함정을 피하고 규정을 준수해야 합니다. 더욱이, 전자상거래에서 가장 중요한 데이터 프라이버시 및 사이버 보안 규정은 점점 더 중요해지고 있습니다. 한국과 중국 모두 소비자 데이터를 보호하고 안전한 거래를 보장하기 위한 법률을 제정했습니다.

국경간 전자상거래의 물류와 공급망 통합

자국 내가 아닌 국경을 넘어선 전자상거래의 경우 물류와 공급망이 가장 중요한 요소를 차지합니다. 효과적인 물류 및 공급망 관리는 국경 간 전자상거래 성공에 필수적입니다. 이들 무역의 과제를 해결하기 위해서 다양한 물류 솔루션이 등장해 보다 원활한 사업을 영위할 수 있도록 돕습니다.

① 보세창고

보세 창고는 국경 간 전자상거래를 촉진하는 데 중요한 역할을 합니다. 이러한 창고는 상품이 판매될 때까지 즉각적인 관세 및 세금 납부 없이 보관할 수 있게 합니다. 이로 인해 기업은 현금 흐름을 보다 효과적으로 관리하고 전체 비용을 절감할 수 있습니다. 특히 항만 및 공항 근처의 전략적 위치에 있는 보세 창고는 상품의 처리 및 배송을 신속하게 할 수 있습니다.

② **크로스보더 물류**

크로스보더 물류 서비스와 같은 직배송 솔루션은 인기를 얻고 있습니다. 알리바바의 물류 부문인 챠이나오(Cainiao)와 CJ대한통운은 해외 배송 서비스를 제공하여 배송 프로세스를 간소화하고 운송 시간을 단축하며 전체 고객 경험을 향상시킵니다. 이러한 서비스는 종종 종단 간 추적 및 세관 통관 지원을 포함하여 원활하고 신속한 배송을 보장합니다.

③ **전자상거래 특화 물류 단지**

국경 간 무역을 지원하기 위해 설계된 특화된 구역입니다. 특히 GDC(Global Distribution Center)는 글로벌 권역 물류센터, 해외 배송을 위한 물류센터로 불립니다. '자유무역지역 반출입물품의 관리에 관한 고시'에서는 "전자상거래 국제물류센터"란 세관장으로부터 입주기업체 관리부호를 부여받아 국경간 전자상거래 물품을 고객주문에 맞춰 품목별로 분류·보관·재포장 후 배송을 하는 물류센터라고 정의하고 있습니다. 해외에서 들여왔다가, 다시 나가는 물량은 관세와 부가세 감면이 가능합니다.

국경간 전자상거래의 원활한 진행을 위해 물류 제공업체는 중요한 역할을 하고 있습니다. CJ대한통운, SF익스프레스 및 챠이나오와 같은 회사는 특히 한중간 크로스보다 무역을 지원하기 위해 광범위한 네트워크와 고급 물류 역량을 구축해 서비스를 제공하고 있습니다.

① **CJ 대한통운**

한국의 선도적인 물류 제공업체인 CJ대한통운은 국경 간 전자상거래에 맞춘 다양한 서비스를 제공합니다. 보세 창고를 운영뿐 아니라 세관 통관 지원을 제공하며, 직배송 솔루션을 제공합니다. CJ대한통운의 광범위한 네트워크와 물류 관리 전문성은 국경 간 무역에 종사하는 기업들에게 귀중한 파트너로 도움을 줍니다.

② SF 익스프레스

SF 익스프레스는 높은 신뢰성을 갖추고 효율적인 배송 서비스로 잘 알려진 중국 물류 시장의 주요 기업입니다. 익스프레스 배송, 창고 및 세관 통관을 포함한 국경 간 물류 솔루션을 제공합니다. 한국과 중국에서 강력한 입지를 가지고 있어 원활한 국경 간 무역을 촉진합니다.

③ 챠이나오(Cainiao)

알리바바의 물류 부문인 챠이나오는 스마트 물류 네트워크로 국경 간 물류를 혁신했습니다. AI와 빅데이터를 사용하여 배송 경로를 최적화하고, 재고를 관리하며, 수요를 예측합니다. 챠이나오의 고급 물류 역량은 빠르고 신뢰할 수 있는 배송을 보장하여 국경 간 전자상거래 생태계의 핵심 플레이어가 되었습니다.

한중간 크로스보더 전자상거래 성공 사례

한국과 중국 간의 크로스보더 전자상거래 사례는 여러가지를 들 수 있지만, 그 중에서 가장 큰 영향을 미친 기업과 서비스를 소개하고자 합니다.

① 알리익스프레스

알리바바의 국제 전자상거래 플랫폼인 알리익스프레스는 한국 시장에서 주목할 만한 성공을 거두었습니다. 알리바바의 광범위한 중국내 제조 생태계와 기술적 역량을 활용하여 한국 소비자의 요구와 선호에 효과적으로 부응했습니다. 알리익스프레스는 다양한 제품을 제공하여 기술에 익숙하고 품질을 중시하는 한국 시장에 전략적으로 접근했습니다. 이 플랫폼은 전자제품, 패션, 가정용품, 뷰티 제품에 이르기까지 다양한 상품을 제공합니다. 경쟁력 있는 가격과 다양한 제품군을 제공해 한국 소비자층을 폭넓게 확보할 수 있었습니다.

알리익스프레스는 또한 한국 소비자들에게 공감하는 현지화된 광고 캠페인, 현지 명절 동안의 프로모션 및 한국어 고객 지원 서비스를 제공하는 등 마케팅 노력을 기울였습니다. 이러한 노력은 한국 소비자들이 브랜드에 대해 긍정적인 인식을 가지도록 하여 브랜드 충성도를 높였습니다.

② **테무**(Temu)

핀둬둬의 해외 플랫폼인 Temu는 한국 전자상거래 시장에서 큰 진전을 이루었습니다. 소셜 커머스 플랫폼으로서 Temu는 핀둬둬의 그룹 구매 및 소셜 상호작용 모델을 활용하여 대폭적인 할인(Significant discounts)을 제공합니다. 이는 한국 소비자들에게 더욱 저렴한 제품을 제공합니다. Temu는 한국의 강력한 모바일 상거래 문화와 높은 스마트폰 보급률을 활용합니다. 이 플랫폼의 소셜 커머스 모델은 소셜 미디어를 사용하여 쇼핑과 추천을 하는 데 익숙한 한국 소비자들에게 잘 맞습니다. Temu의 그룹 구매 기능과 소셜 상호작용은 재미있고 매력적인 쇼핑 경험을 제공하여 사용자가 소셜 네트워크에서 거래와 제품을 공유하도록 유도합니다.

Temu는 또한 한국에서 견고한 물류 네트워크를 구축하는 데 집중하여 현지 제공업체와 협력한 신속하고 효율적인 배송 서비스를 제공합니다. 이 플랫폼은 AI와 빅데이터를 활용하여 추천을 개인화하고 재고를 최적화함으로써 한국 소비자들의 전반적인 쇼핑 경험을 향상시켰습니다.

③ **샤오미**

중국의 전자 제품 제조업체인 샤오미는 국경 간 전자상거래를 통해 한국 시장에 효과적으로 진출했습니다. 샤오미는 글로벌 전자상거래 플랫폼인 Mi.com을 통해 스마트폰, 스마트 홈 디바이스 및 기타 전자 제품을 한국 소비자에게 직접 판매합니다. 고품질, 비용 효율적인 제품과 효율적인 물류에 집중함으로써 샤오미는 한국 소비자들 사이에서 인기를 얻고 있습니다.

④ **아모레퍼시픽**

한국의 화장품 회사인 아모레퍼시픽은 국경 간 전자상거래를 통해 중국 시장을 성공적으로 확장했습니다. 이 회사는 티몰 글로벌(Tmall Global) 및 JD 월드와이드(JD Worldwide)와 같은 플랫폼을 활용하여 중국 소비자에게 직접 다가갑니다. 강력한 온라인 존재감을 구축하고 중국 소비자의 선호에 맞춘 인기 제품을 제공함으로써 아모레퍼시픽은 국경 간 판매에서 상당한 성장을 이뤘습니다.

역직구 물류 시장의 확대와 전망

역직구(역해외직구) 시장은 최근 한국과 중국을 중심으로 급속히 성장하고 있으며, 이에 따라 역직구 물류 시장도 함께 확대되고 있습니다. 이러한 현상의 배경과 주요 특징, 그리고 시장의 전망에 대해 자세히 살펴보고자 합니다.

역직구 물류시장이 확대된 데에는 다양한 요인이 있으나, 특히 동아시아 지역에서는 한국의 역직구 시장이 눈에 띕니다. K-뷰티, K-푸드 등 한국 제품에 대한 글로벌 수요 증가가 그 원인으로 꼽힙니다. 한국 화장품 브랜드 '이니스프리'와 삼양라면의 라면 브랜드 '불닭볶음면'의 세계적 인기가 그 예입니다.

중국의 경우 글로벌 시장을 직접 진출하는 경우가 증가하고 있습니다. 중국의 제조업체들이 자체 브랜드를 개발하고, 글로벌 시장에 직접 출사표를 내고 있습니다. 중국의 전자제품 전문 브랜드 '샤오미'나 드론 제조업체 DJI의 경우 글로벌 시장에서 큰 성공을 거두었습니다.

코로나 19 팬데믹으로 인한 비대면 거래가 증가한 것도 역직구 시장에 큰 영향을 미쳤습니다. 전 세계적으로 온라인 쇼핑이 증가하면서 해외 직구에 대한 진입장벽이 낮아진 것입니다. 이는 역직구 시장의 성장에 큰 영향을 미쳤습니다. McKinsey & Company의 보고서에 따르면, 역직구 시장은 2025년까지 연평균 20% 이상의 성장률을 보일 것으로 예상되고 있습니다.

향후 역직구 물류 시장의 발전 방향은 다음과 같이 예상됩니다. 첫째, AI와 빅데이터를 활용한 물류 최적화가 더욱 고도화될 것입니다. 둘째, 블록체인 기술을 통한 물류 추적의 투명성이 강화될 것입니다. 셋째, 드론 및 자율주행차량 등과 같은 새로운 배송 수단이 도입될 것입니다. 넷째, 환경 친화적 기술 발전에 대한 관심이 증가할 것입니다. 마지막으로 크로스보더 전자상거래 플랫폼과 물류 서비스의 통합이 가속화될 것입니다.

이러한 역직구 물류 시장의 확대는 동아시아 기업들에게 글로벌 시장 진출의 기회를 제공하고 있습니다. 그러나 동시에 글로벌 경쟁에 직면하게 되므로, 기업들은 지속적인 혁신과 효율성 개선을 통해 경쟁력을 유지해야 할 것입니다.

전자상거래와 물류 시장의 변화를 이끄는 핵심 동력인 기술 혁신은 최근 어떤 영향을 미치고 있을까요? AI, IoT, 5G 등의 첨단 기술이 어떻게 전자상거래의 미래를 형성하고 있는지, 그리고 이것이 동아시아 시장에 어떤 영향을 미치고 있는지 살펴보겠습니다.

전자상거래 산업은 기술 혁신과 밀접하게 연관되어 있으며, 새로운 기술의 도입은 소비자 경험을 개선하고 운영 효율성을 높이는 데 큰 역할을 하고 있습니다. Forrester의 『전자상거래에서 AI의 상태』 보고서와 MIT Sloan Executive Education의 『디지털 트랜스포메이션: AI 및 IoT에서 클라우드, 블록체인, 사이버 보안까지』 등의 내용을 참고하여, 동아시아 전자상거래 시장에서 주목받고 있는 주요 기술 혁신과 미래 전망을 살펴보려 합니다.

인공지능(AI)과 머신러닝

전자상거래가 계속해서 진화함에 따라 개인화 및 맞춤화가 점점 더 중요해지고 있습니다. 소비자들은 자신들의 개별적 선호와 필요에 맞춘 쇼핑 경험을 기대합니다. AI와 머신러닝은 소비자 데이터를 분석하여 개인화된 추천, 타겟 프로모션 및 맞춤형 제품 제안을 제공함으로써 개인화를 가능하게 하는 중요한 역할을 하고 있습니다. 예를 들어, 알리바바와 네이버와 같은 플랫폼은 AI를 활용하여 고객 만족도를 높이고 판매를 촉진하는 개인화된 쇼핑 경험을 제공합니다.

맞춤화는 제품 추천을 넘어서 개인화된 제품을 포함합니다. 브랜드는 점점 더 소비자들이 자신의 취향과 선호에 따라 제품을 개인화할 수 있는 옵션을 제공하고 있습니다. 이 트렌드는 패션, 뷰티 및 전자 제품과 같은 카테고리에서 특히 두드러지며, 소비자들은 독특하고 개인화된 제품을 선호합니다.

AI는 사용자의 검색 기록, 구매 이력, 선호도 등을 분석하여 개인에게 최적화된 상품을 추천합니다. 알리바바의 '타오바오'는 AI 기반 추천 시스템을 고도화하여 개인별 맞춤 상품을 제안하고 있으며, 이를 통해 전환율을 크게 높였습니다.

AI로는 챗봇을 운영할 수 있습니다. 챗봇은 24시간 고객 응대가 가능하며, 복잡한 질문에도 정확한 답변을 제공할 수 있습니다. 한국의 '롯데ON'은 AI 챗봇 '로사'를 도입하여 고객 문의 응대 시간을 크게 단축시켰습니다.

AI는 과거 데이터와 시장 트렌드를 분석하여 정확한 수요 예측을 가능케 합니다. 이를 통해 기업은 재고 관리를 최적화하고 비용을 절감할 수 있습니다. 일본의 유니클로는 AI를 활용한 수요 예측 시스템을 도입하여 재고 관리 효율성을 크게 높였습니다.

이미지 인식 기술을 활용한 비주얼 검색도 AI를 통해서 가능합니다. 소비자가 궁금한 상품에 관한 이미지를 업로드하면 AI가 이와 유사한 제품을 찾아주는 기술입니다. 중국의 핀둬둬는 이 기술을 활용하여 사용자 경험을 개선하고 있습니다.

전자상거래에서의 블록체인 기술

블록체인 기술은 투명성, 보안 및 효율성을 강화하여 전자상거래를 혁신할 수 있습니다. 블록체인의 분산형 및 불변의 특성은 공급망 관리, 결제 처리 및 제품 인증과 같은 응용 분야에 이상적입니다. 특히 공급망 관리에서 블록체인은 제품의 출처와 경로를 추적할 수 있는 엔드 투 엔드(End to end) 가시성을 제공하여 기업과 소비자가 제품의 출처와 여정을 추적할 수 있도록 합니다. 이러한 가시성은 신뢰를 구축하고 특히 명품 및 제약과 같은 분야에서 제품의 진위성을 보장하는 데 도움이 됩니다.

블록체인은 또한 결제 처리를 간소화하여 안전하고 빠르며 저비용 거래를 가능하게 합니다. 암호화폐와 블록체인 기반 결제 시스템은 전통적인 결제 방법에 대한 대안으로 인기를 얻고 있으며, 더 큰 보안을 제공하고 사기 위험을 줄여줍니다. 블록체인을 통하면 제품의 생산부터 판매까지의 전 과정을 추적할 수 있어, 위조품 방지에 도움이 됩니다. 중국의 JD.com은 블록체인 기술을 활용하여 식품의 이력을 추적하는 시스템을 도입하기도 했습니다.

또한 블록체인 기반의 암호화폐를 통해 더욱 안전하고 빠르게 국제거래를 할 수 있습니다. 일본의 라쿠텐은 자체 암호화폐인 '라쿠텐 코인'을 발행하여 이용중입니다.

결론: 동아시아 전자상거래 시장의 미래 전망

한국과 중국을 중심으로 한 동아시아의 전자상거래 시장은 급속한 성장, 기술 혁신, 변화하는 소비자 행동이 특징입니다. 네이버, 쿠팡, 알리바바, JD.com, 핀둬둬와 같은 주요 플랫폼은 다양한 소비자 요구를 충족시키기 위해 광범위한 제품과 서비스를 제공합니다. 코로나 19 팬데믹의 영향은 디지털 채택을 가속화하고 견고한 물류 및 기술 인프라의 중요성을 강조했습니다.

개인화, 지속 가능성 및 블록체인은 전자상거래의 미래를 형성하는 주요 트렌드로 떠오르고 있습니다. 이러한 트렌드와 모바일 상거래 및 소셜 커머스의 부상은 쇼핑 경험을 혁신하고 기업에 새로운 기회를 창출하고 있습니다.

한국과 중국 간 국경 간 전자상거래는 유리한 무역 협정과 고급 물류 솔루션에 의해 촉진되고 있습니다. 아모레퍼시픽과 샤오미와 같은 성공적인 벤처는 국경 간 무역의 잠재력을 보여주며 다른 기업에게 유용한 교훈을 제공합니다.

동아시아 전자상거래의 미래는 지속적인 성장과 혁신의 전망이 밝습니다. 기술이 발전하고 소비자 기대가 변화함에 따라 기업은 민첩성을 유지하고 변화하는 시장 역학에 적응해야 합니다. 최첨단 기술에 투자하고 지속 가능성을 받아들이며 고객 경험에 중점을 두는 것이 경쟁력을 유지하는 데 중요합니다.

신규 진입자와 기존 기업 모두 B2C 및 D2C 시장에서 지역화 전략을 채택하고 틈새 시장을 탐색하며 국경 간 전자상거래를 활용하여 기회를 포착할 수 있습니다. AR, VR 및 음성 상거래와 같은 신흥 기술은 쇼핑 경험을 재정의할 잠재력을 가지고 있습니다.

결론적으로, 동아시아의 전자상거래 시장은 기술 발전, 역동적인 소비자 행동 및 유리한 규제 환경에 의해 주도되어 상당한 성장을 할 준비가 되어 있습니다. 이러한 트렌드를 받아들이고 혁신에 투자하는 기업은 이 변화하는 환경에서 성공할 수 있는 좋은 위치에 있을 것입니다.

참고문헌

"전자상거래 2025: 트렌드와 전략" - David J. Stern 저

"알리바바: Jack Ma가 세운 집" - Duncan Clark 저

"에브리씽 스토어: 제프 베조스와 아마존의 시대" - Brad Stone 저

"디지털 마케팅 우수성: 온라인 마케팅의 계획, 최적화 및 통합" - Dave Chaffey 및 PR Smith 저

"아시아의 미래: 아시아의 전자상거래" - McKinsey & Company

"글로벌 소매업체의 힘" - Deloitte

"소매 기술 비전" - Accenture

"전자상거래에서 AI의 상태" - Forrester

"디지털 트랜스포메이션: AI 및 IoT에서 클라우드, 블록체인, 사이버 보안까지" - MIT Sloan Executive Education

S-
지속가능
SUSTAINABILITY

지속가능 공급망 리스크 관리: 변수가 아닌 상수의 시대

전쟁과 기후변화가 불러온 물류 경로의 불확실성 대처법

박태오

SCM 칼럼니스트

저자는 경제학 석사 및 물류경영학 석사로 물류관리사/CPL이다. 군수병과 군 복무, 글로벌 해운기업, 글로벌 3자물류 기업, 글로벌 화주기업에서 20여 년간 실전 경험한 물류와 공급망 관리를 바탕으로 균형 잡힌 시각을 가지고 물류전문지 CLO 외부기고, 물류관리사 수험서 집필, 외부강의 등 다양한 방법으로 물류전문인력 양성을 위해 노력하고 있다.

서론

2015년쯤으로 기억한다. 미국의 한 벤처기업이 자사의 솔루션을 홍보하려고 한국의 어떤 기업을 방문했다. 그 벤처기업의 젊은 간부는 전세계 공급망 관련 뉴스를 갈무리하여 공급망 리스크에 대응할 수 있도록 지원하는 솔루션을 열심히 홍보했다. 방문을 받은 기업 담당자가 뉴스의 출처를 묻자, 간부는 우리가 접촉할 수 있는 일반적인 미디어의 뉴스라고 밝혔다. 그때는 무슨 이런 봉이 김선달의 대동강 물장사 같은 솔루션을 홍보하러 머나먼 한국까지 왔나 했다.

공급망 리스크가 일상다반사가 된 지금 생각해 보니, 요즘처럼 이런 솔루션이 필요한 시기가 또 있을까? 크리스탈리나 게오르기에바(Kristalina Georgieva) IMF 총재는 2024년 4월 18일 춘계총회 당시 언론과의 인터뷰에서 전 세계가 인명 피해, 감염병, 전쟁, 기후 재앙과 싸우고 있다고 전제하고, 2020년대는 격동의 시기(a turbulent decade)라고 말했다. 아닌게아니라 인명 피해와 감염병에 의한 공급망 혼란을 겪은 지 몇 년 되지도 않아 요즘은 전쟁과 기후 변화가 공급망에 심각한 타격을 주고 있다.

신냉전 시대의 서막

1991년 구소련 붕괴 후 한동안 지속되었던 슈퍼파워 미국의 시대는 G. W. 부시 행정부의 '테러와의 전쟁', 오바마 행정부의 '미국은 세계의 경찰이 아니다'라는 선언, 트럼프 행정부의 '미·중 무역마찰'로 서서히 타격을 입기 시작한 끝에 2022년 러시아의 우크라이나 침공으로 사실상 끝났다.

역사는 말한다. 모든 국가는 먹고 살기 힘들어지면 대중의 관심을 딴 데로 돌리려 했고, 지금까지 적이 아니었던 국가나 집단을 적으로 만들었다. 적을 이기려는 마음으로 뭉친 국가들은 진영을 구축했고, 국가 간 싸움은 진영 간 싸움으로 번졌다. 냉전 종식 후 미국 단일 슈퍼파워에 버금가는 경쟁 국가가 등장하고, 지금까지 누려온 풍요가 앞으로도 계속 유지될 수 있을지 의문시되면서 이러한 경향은 더욱 두드러졌다. 냉전에서 패배한 구 소련의 유산을 이은 러시아는 역사적으로 대립을 지속해 온 우크라이나를 적으로 만들었다. 공산주의 실패 직전까지 갔던 중국은 자본주의를 과감하게 도입하고 힘을 키워 일찌감치 아시아의 네 마리 용으로 자리매김한 대만을 넘보게 되었다. 미국을 비롯한 서방 각국의 경제 제재로 경제적 어려움을 겪어 온 이란과 북한은 핵무기를 내세워 미국과 우리나라를 비롯한 서방 각국을 끊임없이 위협하게 되었다. 미국 단일 슈퍼파워로 통제할 수 없는 세계가 만들어졌고, 자연스럽게 진영이 만들어졌으며, 그 안에서 신냉전은 싹을 틔웠다.

요즘의 세계를 보면 러시아, 중국, 이란, 북한 대 미국, 우크라이나, 나토(NATO) 가맹국, 대만, 우리나라의 대결 양상이다. 이제 신냉전 시대는

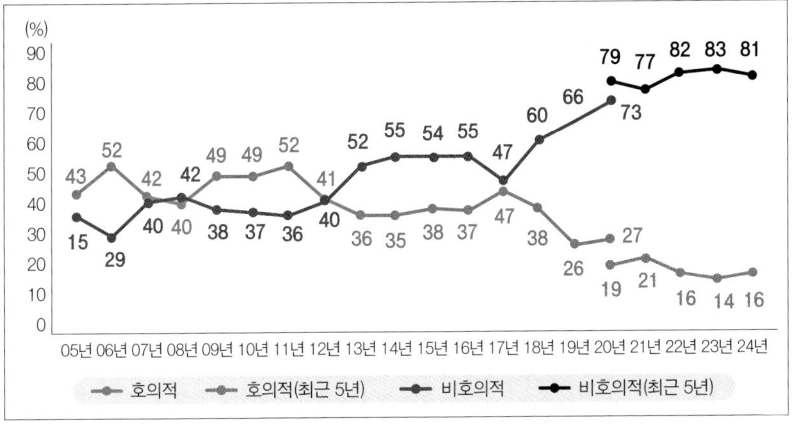

[그림 1] 미국인의 연도별 중국 선호도 추이(출처: Pew Research Center)

엄연한 현실이다.

그래서인지 특정 국가에 대한 증오는 도를 더해가고 있다. 비교적 중립적이라는 평가를 받는 미국의 여론조사 기관 퓨 리서치센터(Pew Research Center)의 조사 결과조차 미국인의 80% 이상은 중국인을 좋게 생각하지 않는다고 보고 있다. 유럽은 이미 중국산 제품에 대한 특별관세를 시행하고 있다.

인터넷도 없었고, 서로 교류도 하지 않았으며, 당연히 교역도 하지 않았던 과거의 냉전 시대와 신냉전 시대는 다르다. 세계 각국은 인터넷으로 연결되어 있고, 비자와 초청장이 필요하지만 그래도 활발하게 교류하고 있으며, 그 어느 때보다도 많이 교역하고 있다.

원자재와 저가 공산품을 중국에 의존하고 있는 미국이나 서방 각국이 하루 아침에 중국과의 교역을 중단하거나 중국인 이민을 중단할 리 없다. 다만 어떻게 해서라도 의존도를 줄이려고 필사적으로 노력하고 있다는 사실만큼은 분명하다. 미국은 희토류의 대중국 의존도를 줄이려 노력하고 있고, 우리나라 전기차 배터리는 미국 현지생산 비중을 높이고 있다.

이 또한 역사의 반복이다. 냉전 시대에 대응하던 미국의 핵심 전략은 봉쇄 전략이었다. 제2차 세계대전 종전 직후 미국 외교관 조지 F. 케넌(George F. Kennan, 1904~2005)은 구소련의 확장 전략을 수용하되 이용하지 말고 위협하거나 전복하려 해서도 안 된다는 봉쇄 전략을 제창했다.

봉쇄 전략의 핵심은 미국이 지정학적으로 중요한 국가들과 협력관계를 유지하고, 유라시아에서 세력 균형을 잘 유지한다면 결국 구소련의 공산주의는 점차 약해질 거라는 계산이었다. 결과적으로 이 전략은 1991년 12월 구소련의 붕괴를 이끌어냈다.

그래서 케넌은 1990년대 클린턴 행정부의 나토 확장 정책을 강력하게 비판했다. 케넌은 1997년 2월『뉴욕 타임스』기고를 통해 "나토의 확장은 냉전 이후를 통틀어 서방의 가장 큰 실수"라고 혹평했으며, "러시아 여론의 민족주의, 반서방주의, 군국주의를 자극할 뿐만 아니라 냉전 분위기를 되살릴 것"이라고 주장하였다. 그리고 케넌의 주장대로 러시아는 나토의 확장과 우크라이나의 나토 가입 추진을 이유로 전쟁을 일으켰다.

결국 돌이킬 수 없이 신냉전 시대를 맞은 여러 나라들은 사실상 절대 강자가 없는 새로운 국제 질서에서 생존하기 위해 각자가 노력할 수밖에 없다.

러시아 - 우크라이나 전쟁

러시아 우크라이나 전쟁의 영향으로 러시아와의 직교역은 마비 상태이고, 카자흐스탄, 우즈베키스탄 등 주변 국가를 활용한 대체 경로가 부상했다.

한국은 시베리아 횡단철도(TSR)를 이용한 수출입이 사실상 불가능한 상태다. 철도운송은 다른 운송수단에 비해 탄소를 적게 배출한다. 그래서 탄소중립 열풍에 따른 녹색물류를 실천하는데도 TSR은 꽤 요긴하게 이용되었으나, 이제는 이용할 수 없게 되었다.

어디 그 뿐인가? 러-우 전쟁으로 세계 해운업계는 선원 부족을 겪기도 했다. 2022년 2월 국제해운회의소(ICS, International Chamber of Shipping)는 전 세계 선원 189만 명 중 14.5%가 러시아와 우크라이나 출신이라고 밝힌 바 있다. 흑해를 오가는 선박의 선박보험료가 폭증했고, 선박보험료의 폭증은 당연히 물류비용 부담을 낳았다. 비록 화물 운송에 미치는 비중은 크지 않았지만, 최근 주목을 받기 시작한 북극항로도 전쟁의 영향으로 이용하기 꺼려지고 있다.

과거 유빙 때문에 이용할 수 없었던 북극항로는 지구온난화로 선박이 통항할 수 있는 항로가 되었지만, 수에즈 운하나 파나마 운하를 경유하는 현재의 유럽항로나 북미동안 항로보다 이동거리가 훨씬 짧은데도 불구하고 아직 화물 운송에 유의미하게 활용되지는 않고 있다. 하지만 시간이 가면 어떻게 될 지 모른다. 부산~로테르담(네덜란드) 기준 웨스트바운드는 약 15,700km로 수에즈 운하를 경유하는 21,700km보다 약 6,000km 짧고, 이스트바운드는 약 13,000km로 파나마 운하를 경유하는 23,300km보다 약 7,600km 짧다.

전쟁 발발 초기 국제통화기금(IMF)은 전쟁으로 이미 가뜩이나 높은 운송비가 더욱 높아졌다고 전제하고, 운송비 상승에 의한 인플레이션 경향이 앞으로도 오랫동안 지속될 수 있다고 경고한 바 있다. 그도 그럴 것이 2020년 2월 887.72였던 상하이 컨테이너 운임지수(SCFI, Shanghai Containerized Freight Index)는 2022년 1월 7일 5,109.6으로 당시 최고치를 찍었고 2022년 7월까지 4천선을 유지했다. 이후 세계경기 둔화와 신조선 투입으로 운임지수는 크게 하락했지만, 2024년 들어 중동의 또다른 분쟁으로 인해 다시 반등했다.

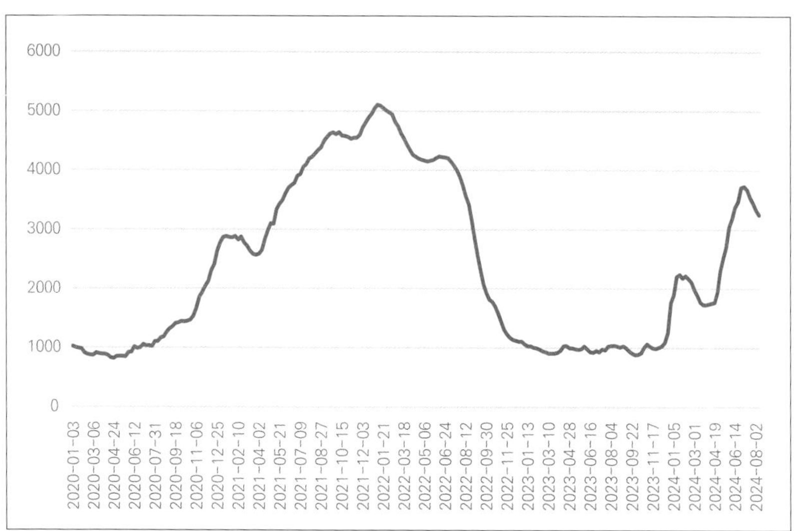

[그림 2] Shanghai Containerized Freight Index 추이(2020년~2024년 8월)

후티 반군 사태

홍해에서는 예멘의 친이란 무장단체 후티 반군이 상선을 잇달아 공격하면서, 우리나라 HMM은 물론 머스크와 하팍로이드를 비롯한 거대 해운사들이 수에즈 운하 통행을 중단했다. 운항을 중단한 선박들은 희망봉을 돌아 아프리카 대륙을 따라 우회하고 있다. 생각해 보니 2021년 에버그린의 에버 기븐호(Ever Given)가 수에즈 운하를 막았을 때도 HMM은 일찌감치 희망봉을 돌기 시작했다.

지난 2023년 11월, 수에즈 운하 당국(SCA, Suez Canal Authority)의 오사마 라비 국장은 수에즈 운하 통항은 정상적으로 이루어지고 있지만, 11월 19일 이후 55척의 선박이 희망봉을 우회하기로 했다고 밝힌 바 있다. 아마 당시만 해도 이러다 말겠지 생각했을 것이다.

그러나 2024년 6월 마감한 2023-2024 회계연도 수에즈 운하 매출은

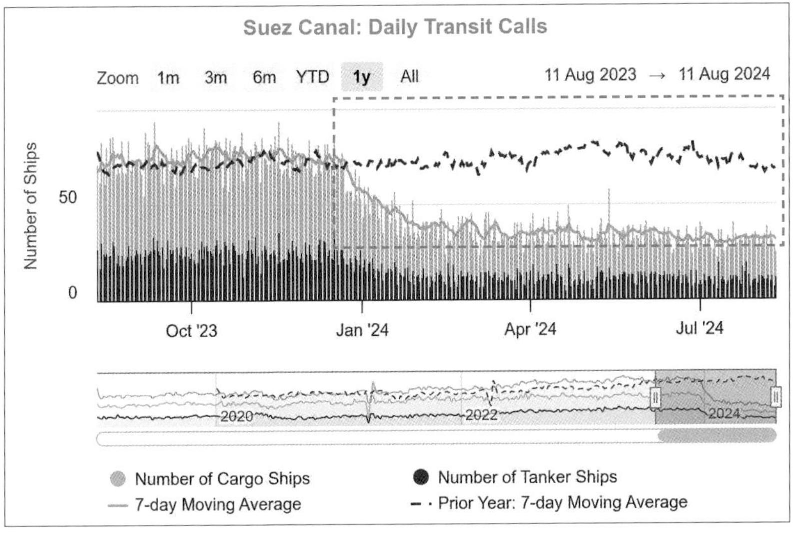

[그림 3] 수에즈 운하 통행량(출처: IMF PortWatch). **전년대비 2024년 통행량 급감 경향이 뚜렷하다.**

72억 달러로 전년 94억 달러 대비 하락했으며, 통항선박 수 또한 20,148척으로 전년도 25,911척 대비 감소했다. 이 때문인지 SCFI는 2024년 연초부터 폭등했다.

실제로 유럽항로 운임은 상반기 중 폭등했다. 유럽항로는 수에즈 운하를 통과하더라도 항로 자체가 길어서 북미항로에 비해 투입되는 선박 수가 많다. 최근 컨테이너선의 초대형화와 감속운항 경향으로 투입선박 수는 약간 더 늘었다. 게다가 선박 운항속도가 느려졌다고, 희망봉을 돌아 1~2주 더 걸리는 등 항로가 길어졌다고 약속한 Port Call을 안 할 수는 없으니 더 많은 선박을 투입해야 한다. 이로 인해 중국을 경유하여 유럽으로 향하는 철도 운송이 다시 주목받고 있는 실정이다.

그런데 냉정하게 생각해 보면 2021년 에버 기븐호가 수에즈 운하를 막았을 때도 수많은 선박이 수에즈 운하 입구에서 대기했고, 다수의 선박이 희망봉을 돌았으며, 컨테이너 운임은 잠시 폭등했다. 수에즈 운하에서 에버 기븐호가 치워지자 이러한 상황은 언제 그랬냐는 듯 곧바로 정리되었다.

이제는 분쟁에 의한 물류 경로 차단이 일시적인 사건이라고 치부하기에는 너무 자주 발생한다는 데 주목해야 한다. 신냉전 시대가 도래했으니 이것도 한때라고 무시할 수가 없게 되었다. 게다가 전통적인 물류 경로가 영향을 받고 새로운 물류 경로가 주목을 받는 원인으로 분쟁 외에 한 가지가 더 있다.

2장. 기후변화와 공급망

기후 전쟁의 서막

이제는 신냉전과 분쟁만이 아니라 기후변화도 공급망의 변수로 심각하게 고려해야 한다. 기후변화는 1992년 브라질 리우데자네이루에서 열린 지구정상회의, 즉 리우회의에서 기후변화협약이 합의되면서 처음으로 국제적 이슈로 떠올랐다.

1992년은 구소련이 붕괴된 1991년 다음해다. 게다가 이 회의에 참석한 쿠바 국가평의회 의장 피델 카스트로는 서방세계가 환경을 무기로 개도국을 압박하는 환경제국주의를 맹비난했다. 리우회의는 냉전시대의 종식으로 드디어 기후변화가 전세계의 관심사에 올랐으며, 환경이 국제분쟁의 주제가 되었음을 보여주는 상징적 사건이었다.

그러잖아도 환경 분야의 국제협력은 자국의 이해 관계 때문에 쉽지 않다. 전세계가 러시아, 중국, 이란, 북한 등과 미국, 나토 가맹국, 대만, 우리나라의 진영 대결이 되어 버린 듯한 지금의 신냉전 상황에서 탄소

중립을 위한 국제 협력은 더욱 어려워졌다. 전쟁 자체가 디젤이나 벙커C유 등 화석연료를 쓰지 않으면 수행 불가능하지 않던가? 게다가 전쟁의 축인 중국과 러시아는 지하자원 대국이다. 화석연료를 쓰지 않을 이유가 없다. 애초에 2050년까지 탄소 중립 달성 자체가 불가능한 목표였다는 자조 섞인 푸념이 들린다.

그런 가운데 전세계는 어느 때보다도 기후변화의 대가를 혹독하게 치르고 있다. 더운 곳은 더 더워졌고, 습한 곳은 비가 더 많이 내리고 있으며, 건조한 곳은 마르다 못해 화재가 몇 달 동안 지속되는 기상이변이 속출하고 있다. 이러한 기상이변은 이미 물류 경로에도 막대한 영향을 미쳐 왔다. 미국 서부와 동부를 잇는 대륙횡단철도는 하필이면 가장 화물 유입이 많은 8월에서 10월 사이 잦은 산불로 차질을 빚어 왔다. 뿐만 아니라 최근에는 열대 기후여서 강수량을 걱정할 필요 없었던 파나마에서 가뭄으로 인해 심각한 물류 차질이 빚어졌다.

파나마 운하 통항 제한

『워싱턴포스트』(WP)는 지난 2024년 1월 25일 사설을 통해 "파나마 운하가 기후변화 때문에 국제 무역경로의 가치를 상실할 수 있다"고 지적했다. 그러면서 파나마 운하를 통과할 때 갑문에 채울 물을 공급하는 담수호 가툰 호수(Gatun Lake)의 수위가 기록적인 가뭄 때문에 낮아져 통행량과 매출이 정체되었다고 전했다. 파나마는 원래 12월부터 4월 사이가 건기이지만, 2023년 12월 이후 가뭄은 좀 심했던 모양이다.

다행히 최근에는 강수량이 회복되면서 파나마 운하 통행량은 예전 수준을 회복하는 모양새다. IMF의 PortWatch에 따르면 2023년 11월 이후 파나마 운하 통행량은 전년동기 30여 차례에 비해 크게 떨어졌다가 7월

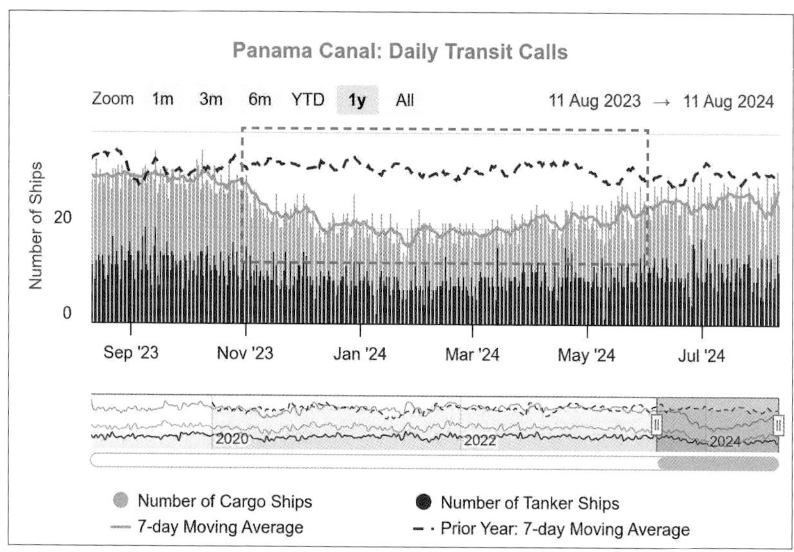

[그림 4] 파나마 운하 통행량(출처: IMF PortWatch). **전년 대비 2024년 통행량 급감 경향이 뚜렷하다.**

말이 되어서야 서서히 회복되어가고 있다. 가툰 호수의 담수량은 52억 톤, 평균 수심은 26미터 수준인데 2023년부터 계속된 가뭄으로 수심이 24미터 수준까지 줄었다가 다시 회복되고 있기 때문이다. 가툰 호수의 담수는 파나마 운하 통행 용도는 물론 파나마 국민의 용수로도 사용되

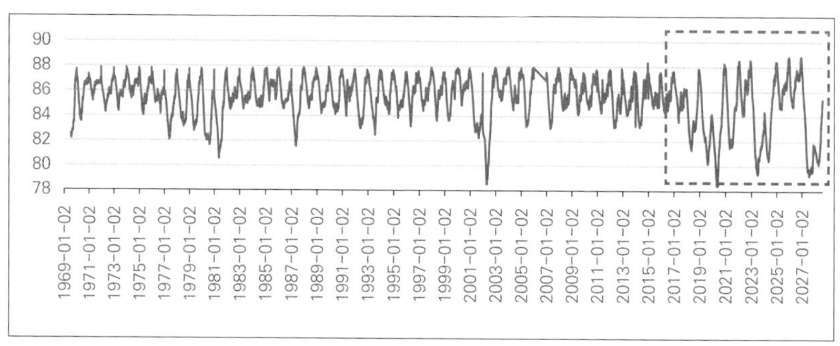

[그림 5] 가툰 호수 수심(출처: 파나마운하 당국). **2017년 이후 변동폭이 커졌다.**

다 보니, 파나마 운하 당국은 선박 통항을 위해 담수를 낭비할 수 없었다. 결과적으로 선박 통항을 제한하게 되었으며, 그 결과 파나마 운항 통과를 대기하는 선박이 증가하게 되었다.

말하자면 파나마 운하 통행량이 줄어든 이유는 가뭄과 함께 더 까다로워진 운하 운영 때문이었다. 가뭄으로 파나마 운하의 갑문을 채울 담수를 공급하는 호수의 수심이 낮아졌다고는 하지만, 그렇다고 우리가 흔히 상상하는 바닥이 쩍쩍 갈라지는 가뭄은 아니었다. 다만 용수 사용량 증가를 생각해서 담수량을 관리하다 보니 자연스럽게 통행량을 통제한 셈이었다.

최근 가툰 호수의 수심이 평년 수준으로 회복되면서 통행량 또한 회복 추세를 보이고는 있지만, [그림 5]에서 보는 바와 같이 지구 온난화와 기후 변화가 공론화된 2010년대 이후 가툰 호수 수심 변동폭이 늘었다는 사실에 주목해야 한다. 과거와 같은 계절 변동이 아닌 불규칙 변동이 관찰된다. 기후변화는 잠시 소강상태일 뿐, 언제 또다시 물류 경로에 영향을 미칠 지 모른다.

3장. 공급망 위험의 상수(常數)화

위험은 언제 어디에나 있다

이쯤 되면 2021년 코로나 19 팬데믹에 의한 공급망 대혼란은 서막에 불과했다는 사실이 분명해진다. 세계 각지에서 일어나는 크고 작은 분쟁과 이상기후는 물류 경로의 변동에 의한 공급망의 취약성을 부각함과 동시에 공급망의 유연성을 주문하고 있다. 공급망 위험은 이제 변수가 아니라 상수다.

그러나 많은 화주기업은 이러한 공급망 위험을 어쩌다 발생하는 돌발 상황으로 본다. 그러니 적절한 조치를 취하지도 않는다. 기업정보회사 Dun & Bradstreet가 분기마다 전 세계 10,000개 기업을 대상으로 실시하는 GBOI(Global Business Optimism Insights) 설문조사의 2024년 2분기 결과를 살펴보면, 응답기업 7개 중 1개는 최근의 지정학적 사건이 공급망 혼란을 가져와 기업의 성과에 영향을 미치고 있다고 보고 있고, 6개 중 1개는 지역별 공급업체 다각화 계획을 가지고 있으며, 3개 중 1개는 사이버 보안, 정치 불안, 지역 갈등을 향후 1년간 가장 큰 위험 요소로 생각하고 있다. 현재 국제 정세가 심상치 않다는 건 알지만, 그렇다고 심각하게 바라보고 대응하는 기업은 소수라는 뜻이다. 기업의 분기별 실적 발표에서 언급되는 '공급망'의 빈도가 코로나 19 팬데믹 이후 그 이전보다 두 배로 증가했다는 주장도 있다.

설령 위험을 알고 있다고 해도 기업들이 정말 그 위험에 유연하게 대처할 수 있을까? 대처한다 해도 한계가 명확할 뿐 아니라 동원할 수 있는 수단도 많지 않다는 게 문제다. 공급망 위험은 여러 경로로 발생하지만, 그 위험이 공급망에 미치는 영향은 몇 가지 패턴을 보인다. 리드타임 증가, 예상도착시간 정확도 저하, 그리고 출발지와 목적지간 경로 및 운송수단 변경이다. 이에 따라 재고는 증가하고, 계획 정확도가 낮아지며, 계획 기준정보 설정도 어려워질 뿐만 아니라 안전한 공급지가 필요하다.

재고 증가

공급망 중단의 위험이 점점 커지면서, 대체 공급업체 발굴과 재고 확보가 기업의 중요한 공급망 관리 과제가 되었다. 공급망 중단이 기업에게 얼마나 큰 타격을 주는지는 2011년 동일본 대지진과 2020년 차량용 반도체 부족 사태가 제대로 보여주었다. 일본의 경우 차량용 반도체 부족으로 2021년 일본 내수판매 1위가 엇갈리기까지 했다. 2017년 이후 일본 자동차 시장에서 내수판매 1위를 놓치지 않았던 혼다의 경차 N-BOX가 2021년에는 차량용 반도체 부족에 의한 감산으로 도요타 야리스에 내수판매 1위를 내준 바 있다. 이제는 더 나아가 국제 분쟁과 기후 변화에 따른 물류 경로의 혼란 때문에 공급망 중단이 더 자주 발생할 수 있다.

〈표 1〉 혼다 N-BOX 판매량 및 판매 순위

연도	판매량	경차 부문 순위	종합 순위
2011년	2,860	45	165
2012년	211,155	2	4
2013년	234,994	1	3
2014년	179,930	2	5
2015년	184,920	1	2
2016년	186,367	1	2
2017년	218,478	1	1
2018년	241,870	1	1
2019년	253,500	1	1
2020년	195,984	1	1
2021년	188,940	1	**2**
2022년	202,197	1	1
2023년	231,385	1	1
2024년	100,680	1	1
	2,633,260		

출처 : 혼다기연공업 공식 홈페이지

공급망 위기 극복 방향성

공급망 위기 극복을 위해, 완성차 제조사, 업계 단체 및 정부가 리스크 평가와 리스크 대응책 두 단계로 나누어 각자의 대응 방안을 논의함

	공급망 위기 극복을 위한 구체적 대책	대책 검토 주체: 완성차 제조사 조달팀	완성차 제조사 조달팀 외 (설계, 개발 등)	정부, 업계, 기타 업종
공급망 리스크 평가	① 기술을 활용한 공급망 분석	✓	✓	
	② 거래처 정보 제공 검토	✓		
	③ 수평적 데이터 공유 기반 구축	✓	✓	✓
공급망 리스크 대응	**④ 대체 공급업체 사전 평가 및 재고 비축 확대**	✓		
	⑤ 중장기 반도체 전략 구축	✓	✓	✓
	⑥ 부품 소재 산업의 국내 사업 철수 리스크 대응	✓		✓

[그림 6] 일본 경제산업성과 자동차업계가 검토한 공급망 위험 대응방안 (출처 : 일본 경제산업성)

한때 일본 제조업 혁신의 상징과도 같았던 적시생산(JIT, Just In Time)도 공급망 위험 때문에 진화하고 있다. 동일본 대지진 후 JIT는 재고를 최소화하는 개념을 넘어 필요한 재고는 전략적으로 확보하는 개념으로 변하고 있다. 2022년 7월 경제산업성은 일본 자동차업계와 머리를 맞대고 공급망 위험 극복을 위한 대책을 강구한 결과를 보고서로 발표했는데, 보고서 내용에 '대체공급업체 확보 및 재고 확보'가 명기되어 있다는 사실에 주목해야 한다.

실제로 JIT의 전도사 도요타 또한 갈수록 심각해지는 공급망 위험 속에서 동일본 대지진 당시 공장이 문 닫는 상황을 지켜본 끝에 전략자재에 관한 한 재고를 확보하는 방향으로 전환했다. 그 결과 2020년 차량용

반도체 부족 사태를 미리 예견하고 공급업체를 총동원해서 반도체 재고를 확보했고, 그 결과 경쟁사보다 훨씬 늦게 감산에 들어갈 수 있었다. 어차피 반도체 부족으로 언젠가 하게 될 감산이었지만, 이를 최대한 늦춤으로써 2021년 일본 내수판매 1위를 차지할 수 있었다고 해도 지나친 표현은 아니다. 그 덕분에 도요타의 재고회전율은 최근 들어 낮아지는 추세인데, 특히 동일본 대지진 이후 눈에 띄게 낮아지는 추세임에 주목해야 한다.

물류경로 변화에 의한 재고 확보도 시급한 과제로 부상하고 있다. 앞에서 언급한 유럽항로를 생각해 보자. 희망봉을 돌아가야 하는 선박이 늘면 자연스럽게 해상운송 리드타임은 평소보다 1~2주 증가한다. 운송 리드타임이 증가하면 재고를 조달하는 기업의 재주문점은 높아진다. 늘어난 리드타임만큼의 안전재고를 확보해야 하기 때문이다. 게다가 요즘은 전자상거래의 발달로 재고를 쌓아 놓고 고객의 주문을 받고, 재고가 없으면 아예 고객의 주문을 안 받는 풀필먼트 비즈니스가 일반화되었다.

풀필먼트는 이제 플랫폼 기업의 전유물이 아니라 어떤 기업이든 재고만 있으면 시도해볼 수 있는 비즈니스 수단이 되었다. 풀필먼트를 충족하고 고객 만족을 극대화하기 위해 이론상으로는 예전보다 더 많은 재고가 필요하다.

실제로 주요 기업들이 필요한 재고를 앞당겨 조달하고 있다는 징후가 곳곳에서 관찰되고 있다. 나이키는 2024년 들어 6월에서 8월에 조달하려던 재고를 3월에서 5월 사이에 조달하였고, 자동차 업계는 3분기 미국 서부항만 체선과 항만노조 파업 등에 대비해서 반도체 칩이나 전기차 배터리 등을 조기 조달하려는 움직임을 보였다. 아마존 셀러들은 7월 16일에서 17일에 진행된 아마존 프라임 데이에 앞서 재고를 확보하려는 움직임을 보였다. 홈디포(Home Depot)는 핼러윈 상품을 7월부터 판매하기

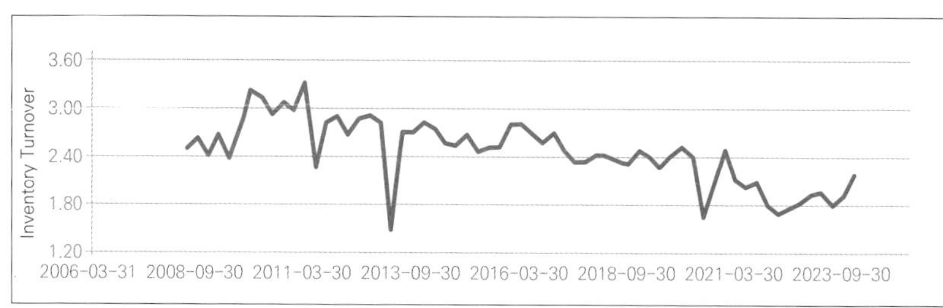

[그림 7] 도요타 분기별 재고회전율 추이 (출처 : AlphaQuery)

시작했다.

다만, 재고가 더 많이 필요하다고 마냥 재고를 늘릴 수는 없는 게 제조업체와 유통업체의 운명이다. 잘 팔리는 재고는 늘리고 그와 동시에 안 팔리는 재고는 과감하게 단종하거나 판매를 줄임으로써 재고를 최소화하는 노력이 이어지고 있다.

지금은 자체 생산으로 전환했지만 한때 삼성전자의 비주력 가전제품들은 ODM(Original Development Manufacturing, 주문자 개발생산)으로 운영되었다. ODM은 제조를 수탁한 업체가 직접 자재를 조달하고 재공품을 관리하기 때문에 상품구색을 갖추기 위한 비주력제품 판매와 단종이 쉽다. 재고를 늘려야 하는 시대의 흐름에 맞춰 가장 합리적인 선택을 한 셈이다. 최근에는 LG전자의 인기 노트북 그램도 일부 제품을 ODM으로 전환했다.

계획 프로세스 고도화

공급망 관리는 수요예측에 근거한 판매계획, 판매계획에 근거한 공급계획과 생산계획, 생산계획에 근거한 조달계획 순서로 이어진다. 공급망 위험이 커지면 더 많은 재고를 확보할 수밖에 없고, 재고를 제대로 확보하기 위해서는 계획 프로세스 고도화를 추진할 수밖에 없다. 공급망 중단 위험을 사전에 감지하거나, 위험이 발생했을 때 공급망을 유연하게 운영할 수 있는 디지털 기술에 대한 욕구도 강해진다. 그러한 욕구는 제조업체나 유통업체 현장에서 각종 시나리오를 고려한 판매계획 수립 기능, 생산계획과 공급계획 시뮬레이션 기능, 그리고 그러한 계획 수립을 지원하는 가시성 제공 기능으로 현실화되고 있다.

실제로 공급망 관리 현장에서는 계획 수립 과정 전체를 더 자주, 더 빨리 수행할 수 있는 기능을 그 어느때보다도 강하게 요청하고 있다. 단순히 강력한 엔진으로 빨리 계획을 수립하는 차원을 넘어, 이제는 시뮬레이션과 시나리오 분석을 위해 그 계획을 여러 번 반복 실행해 보려는 요구가 커지고 있다.

잊지 말자. 공급망 위험이라고 여러 번 얘기하지만 그걸 계획에 반영하는 기법은 몇 가지 안된다. 리드타임, 안전재고 기간, 예상도착시간 등 몇 개 없다. 공장에서 소비지까지의 리드타임을 평시 5주에서 7주로 늘려 잡아봐야 하고, 안전재고 확보 기간을 평시 0주에서 1주로 늘려 잡아봐야 한다. 그것도 하루에도 몇 번씩 해야 한다. 그러니 하루 한 번 밖에 돌지 않았고, 돈다 해도 몇 시간이 걸렸던 생산계획을 10~20분 만에 만들어내는 강력한 엔진이 필요할 수밖에 없다.

공급망 위험으로 예상도착시간 정확도가 무너지면서 계획 실패 확률이 높아졌던 과거 코로나19 당시의 경험 때문에 예상도착시간 정확도를 높이려는 시도 또한 활발하다. 경험에 의한 리드타임보다는 물류 기업이 제공하는 실제 도착시간을 근거로 분석하고 좀 더 정확하게 예측하려는 움직임도 있다.

공급망 위험 정보를 사람의 개입 없이 신속하고 정확하게 공유하는 업무 흐름도 절실해지고 있다. 2011년 동일본대지진을 겪은 도요타는 공

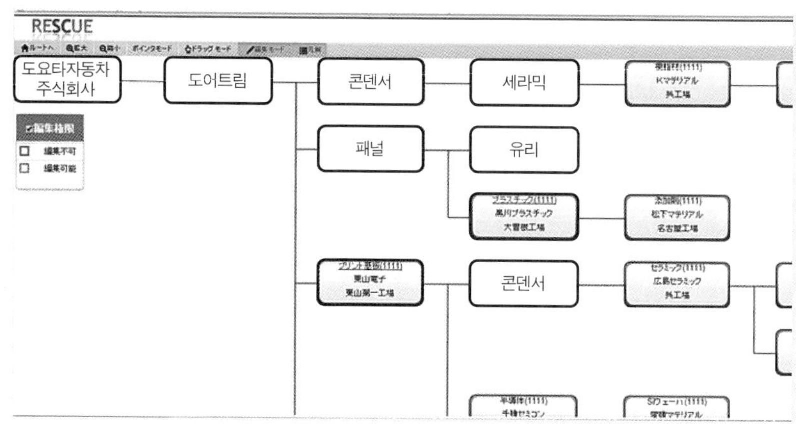

[그림 8] RESCUE 시스템 화면

급망 위험 분석을 위해 부품공급업체의 정보를 취합할 수 있는 별도의 시스템을 구축하여 2013년부터 운영하고 있다. RESCUE(Reinforce Supply Chain Under Emergency)라 부르는 이 시스템은 부품공급업체의 공급망 정보를 취합하는 시스템으로, 부품 이름을 입력하면 해당 부품의 생산과 사용에 관련된 공급업체가 Tree 구조로 표시된다.

[그림 8]의 시스템 화면을 설명하면 도어트림이라는 모듈의 제조사가 있고, 그 아래 하위 부품인 콘덴서와 패널, PCB 기판 제조사가 보인다. 지진, 태풍 등 재해 발생시 영향을 받을 것으로 보이는 업체가 해당 시스템에 표시되는데, 당연하겠지만 원청인 도요타가 부품공급업체의 동의를 받아 공급망 정보를 받는다. 말은 이렇게 하지만 사람에 의한 운영이 전혀 없지는 않을 것이다. IT 역량이 되는 업체는 EDI나 API 등으로 도요타가 원하는 정보, 생산 현황이나 재고 현황 등을 공유하겠지만, 역량이 안 되는 업체는 정해진 시간에 사람이 직접 등록하고 있을 것이다. 도요타가 원하는 정보를 공급하기 위해 부품공급업체는 죽을 맛일 수도 있다. 그래도 아무튼 끈질기게 관리한다는 사실이 중요하다.

이 시스템의 효과는 지난 몇 년간 이미 증명되었다. 2021년 3월 차량용 반도체를 생산하는 반도체 기업 르네사스의 나카 공장에서 화재가 발생했다. 도요타는 지원 인력을 파견해서 공장 재가동을 지원했고, 2021년 4월 17일 지원 한달만에 공장은 다시 가동되었다. 2020년 차량용 반도체 부족을 미리 감지하고 모든 협력사를 동원하여 반도체 재고를 확보할 수 있었던 것도 이 시스템 덕분이었다.

공급망 위험 못지않게 일반적인 공급망 정보라고 할 수 있는 생산계획 정보 또한 온라인 기반으로 공유되어야 한다. 2022년 7월 1일 일본 경제산업성 보고서에 따르면 차량용 반도체 부족을 겪은 일본 자동차업계 1차 부품공급업체나 반도체 제조사들은 미래 6개월분 완성차 생산계획이 있어야 원활한 반도체 공급이 가능하다고 입을 모아 지적하였으며, 특정 부품이 투입되는 완성차가 무엇인지를 부품별로 알면 반도체 생산계획 수립에 더 많은 도움이 된다고 결론지었다. 부품업체 입장에서 완제품 공장의 완제품 생산계획을 안다는 것은 정보 과다로 비칠 수 있지만, 이제는 그 정도 정보를 모르고는 공급망 위험에 대비하기 어렵다는 뜻도 된다.

그러나 우리나라 기업, 특히 중소기업의 공급망 관리 실태를 보고 있으면 생각보다 정보 공유가 부진하다는 사실에 놀랄 때가 많다. 그나마 공급망 관리 선도 기업은 이미 십여 년 전에 선진 각국과 정보 공유 체계를 구축하고 점차 고도화해 왔으며, 부품 공급업체와는 공급업체 포털을 통해 상당량의 정보를 공유하고 있다.

유통업체와 제조업체 또는 수입업체와의 정보 공유는 정말 선구적 기업이 아니면 제대로 이루어지고 있지 않다. 언제까지 납품단가 가지고 기업간 불균형과 국가 경제 발전을 논하려고 하는지 매우 궁금하다. 요즘과 같은 공급망 위험의 세상에서는 계획 공유와 정보 공유를 파트너십의 한 축이자 중소기업 발전의 수단으로 접근해야 한다.

니어쇼어링(Nearshoring)

국제 분쟁과 기후 변화는 물류 경로의 변화에 따른 재고 확충의 원인일 뿐 아니라 생산기지 이전의 원인도 된다. 애플(Apple)은 제조 기능에 대한 과도한 중국 의존을 벗어나기 위해 노력하고 있다. 미국과 중국의 갈등이 첨예해진 데다 코로나 19 팬데믹 시절 중국 공장 폐쇄를 겪은 끝에 공장을 인도나 인도네시아로 확장하고 있다. 이미 인도 타밀나두 스리페룸부두르의 폭스콘(Foxconn) 공장은 확장에 확장을 거듭하여 현재 2천만 대의 아이폰을 생산하고 있다.

폭스콘은 인도네시아 공장을 신설하려는 움직임도 보인다. 과거 애플은 공급망을 이렇게 운영하지 않았다. 대부분의 생산 능력을 중국에 집중시켜 놓고 박리다매로 항공운임을 설정해서 전세계에 공급하는 체제를 오랫동안 고수해 왔다.

단일 거대공장을 구축하고 세계시장에 중앙집중 형태로 공급하는 체계는 이미 1990년대 패스트 패션 브랜드인 자라(Zara)에서 구축한 비즈니스 모델이었고, 오랜 시간 모범적인 공급망 관리로 칭송을 받아왔다. 공급망 위험이 증가하고 스마트폰이 성숙기에 접어들면서 시장 인근, 그리고 지정학적 위험이 적은 장소로 공장을 이전하고 있는 셈이다. 공급망의 목표를 효율적 공급망으로 할 지 효과적 공급망으로 할 지는 양자택일이 아닌 균형의 문제라고 하지만, '비용 최소화를 위한 효율적 공급망'에서 '회복력에 중점을 둔 효과적 공급망'으로 이동하는 흐름에 주목해야 한다.

회복력에 중점을 두기 위해 시장과의 거리를 줄이고 조달 거리를 단축하는 니어쇼어링은 비단 애플에서만 일어나지는 않는다. 기후 변화에 대처하고 공급망의 탄소 배출량을 줄이기 위해 자연스럽게 니어쇼어링이 일어나고 있다. 미국이 TSMC와 삼성전자의 반도체 공장을 유치하려고 노력하고 있고, EU에서 소비되는 의류의 생산지는 과거 동남아시아에서 최근 동유럽으로 대거 이전했다.

미국과 중국의 갈등으로 중국의 전기차 업체들이 멕시코에 공장을 건설하고 있는 흐름도 흥미롭다. 2024년 5월 14일 미무역대표부는 중국산 전기차, 리튬이온 배터리, 태양광패널, 반도체 등을 포함한 다수 제품을 대상으로 관세를 인상한다고 발표했다. 중국산 전기차의 경우 관세율이 25%에서 100%로 대폭 인상될 예정이다.

그 결과 중국의 생산거점이 멕시코, 베트남, 인도 등으로 이전될 가능성이 높아졌다. 이들 국가들의 인프라와 생산능력, 현지 노동자의 숙련도 등이 중국에 비해 미흡하기 때문에 조달부터 생산, 납품에 이르는 리드타임 불안정을 극복하고 생산관리와 품질관리를 개선하는 데는 그만큼의 시간이 걸린다. 특히 멕시코는 아직 컨테이너 항만 인프라가 부족한 국가여서 체선 가능성이 높고, 공장 설립 초기는 품질이 불안정하기 때문에 수율이 낮아 특정 생산량을 달성하려면 더 많은 부품을 선적해야 한다. 벌써부터 운임 오르는 소리가 들리지 않는가?

실제로 2024년 1분기 중국발 멕시코향 컨테이너 운송량이 전년 동기 대비 34% 증가했고, 그 결과 중남미항로 해상운임은 급등 추세다. 주요 컨테이너 선사들은 이러한 움직임을 알아채고 발빠르게 대응하고 있다. CMA CGM, MSC, HMM, COSCO, OOCL 등 주요 컨테이너 선사들이 앞다투어 멕시코향 서비스를 개설하고 있다. 선사들이 중남미 서비스를 강화하기 위해 서아프리카 등 타 항로의 선박을 이동시키고 있어서 이번에는 서아프리카 항로 운임이 상승하는 추세까지 나타나고 있다.

미국과 중국의 무역분쟁이 격화될수록 멕시코의 제조업 경기는 활황세를 보이고 있다. 모건 스탠리는 멕시코의 대미수출액은 앞으로 5년간 4,450억 달러에서 6,090억 달러로 증가할 것이라고 전망하기도 했다. 멕시코는 미국시장에 접근하기 쉬울 뿐 아니라 저임금 노동력이 풍부하며, 미국·멕시코·캐나다협정(USMCA, The United States-Mexico-Canada Agreement)이 적용된다. 2024년 4월 우리나라 GDP가 세계 14위로 내려가 멕시코에도 뒤쳐졌다는 소식이 언론에 보도되었을 정도로 멕시코의 경제는 제조업 중심의 활황세다. 그래서 컨테이너 물동량 역시 증가 추세다. 시장분석 플랫폼 Xeneta에 따르면 중국발 멕시코향 컨테이너 물동량은 2024년 1월만도 전년 대비 60% 가까이 증가했으며, 영국 컨테이너 해운 통계업체 Container Trades Statistics에 따르면 2024년 1~5월 사이 중국 - 멕시코 간 컨테이너 물동량은 563,829TEU로 전년 동기 대비 28% 증가했다.

공급망 뉴스

이렇게 분쟁과 기후 변화 때문에 공급망이 자주 바뀌어야 한다면, 뉴스 크롤링을 위해서라도 데이터 사이언스에 대한 의존이 늘 수밖에 없다. 최근 인공지능이 왜 갑자기 중요한 테마로 부상했을까? 여러 가지 이유가 있겠지만, 이제는 현실 인공지능이 과거의 SF영화에 나오는 인공지능처럼 사람의 의사결정을 도와줄 수 있을 거라는 기대가 생겼기 때문이고, 그런 기대가 생기는 이유는 경영환경이 자주 바뀌다 보니 사람이 의사결정을 하기에는 이미 피로도가 극에 달했기 때문 아닐까?

인공지능이 뉴스를 갈무리해서 후티 반군이 아이젠하워 항공모함 전단을 공격했다고 전하면서 반군의 공격 이후 수에즈 운하 통항량 감소

경향을 알려 주면 인간은 희망봉을 도는 운항 서비스로 전환을 지시하고, 이어서 유럽 공장 생산을 늘리고 물류센터의 안전재고를 늘리라고 지시할 수 있지 않을까?

아까도 설명했듯이 공급망계획(Supply Chain Planning, SCP) 솔루션에서 공급망 위험을 방지할 수 있는 수단은 그리 많지 않다. 안전재고 구간이나 리드타임, 그리고 그 리드타임을 정확하게 산정할 수 있는 정확한 예상도착시간(ETA, Estimated Time of Arrival) 정도다.

리드타임이나 ETA는 다량의 컨테이너 운송 데이터가 있으면 인공지능 기반 분석(머신 러닝, 딥러닝 등)으로 예측 가능하다. 비록 니어쇼어링 의사결정을 인공지능에 맡기기에는 아직 극복할 과제가 많겠지만, 인공지능을 활용해서 공급망 위험을 사전에 감지하고 좀 더 정확한 공급망 계획 수립을 이끌어내려는 시도는 계속될 것이다.

특히 분쟁에 의해 공급망이 변하면 컴플라이언스(Compliance), 즉 규제 준수에 대한 부담도 커진다. 2001년 9.11 테러 이후 기업들은 C-TPAT, IFS 등 미국에서 도입한 각종 보안 규제를 지켜야 했다. 보안 규제 말고 2020년 코로나 19 이전 기업들이 지켜야 했던 가장 큰 규제는 이란 경제제재나 화웨이 제재 정도였다.

공급망 위험이 커진 요즘, 기업들이 준수해야 할 제재는 더 많아졌다. 러시아가 우크라이나를 침공한 이후 러시아 기업, 은행 및 개인에 대한 일련의 제재가 도입되었다. 미국, 유럽연합(EU), 호주는 러시아산 석유, 가스, 석탄 수입을 금지했고, 유럽연합(EU)도 러시아산 철·석탄, 시멘트, 목재, 사치품에 제재를 가했다.

이제 미국은 중국산 반도체와 전기차 등도 받지 않을 태세다. 기업이 제재를 위반하면 규제 국가 당국으로부터 강력한 벌칙을 받기 때문에 규제 준수는 더 복잡하고 고도화된다. 솔직히 규제는 대부분 원산지와 화물 명세, 화물을 운반하는 운송경로, 화물 수화인 등에서 걸린다. 이러한 규제 변경도 뉴스 크롤링을 통해 사전 감지할 수 있다. 다시 말해서, 공급망 위험을 사전에 감지하기 위해서는 판에 박은 주제, 인공지능이나 데이터 사이언스에 대한 수요가 늘어날 수밖에 없다.

결론

글로벌 공급망은 그 어느 때보다도 빠른 속도로 변해 왔고, 그 변화의 속도는 더 빨라지면 빨라졌지 더 느려지지는 않을 것이다. 세계 ERP 솔루션 톱 티어(Top Tier)인 SAP HANA의 경우 새로운 비즈니스 세팅 시간이 매우 빠르다는 점을 자사 솔루션의 장점으로 주장할 정도다. 그럴수록 모든 공급망 위험에 대응할 수 있는 뾰족한 수는 없다는 사실을 받아들여야 한다. 또한 공급망 위험은 빈도와 강도의 차이만 있었을 뿐, 과거에도 있었고 지금도 있으며, 앞으로도 있을 거라고 생각해야 한다. 다만 과거보다 더 신속하게 관리해야 할 뿐이다.

따라서 공급망 위험에 따른 리드타임과 도착예정시간의 변동을 적절히 관리하고, 팔리는 재고는 충분히 확보하고 안 팔리는 재고는 빠르게 정리하거나 최소화하는 재고 관리는 물론, 그나마 차선의 물류 경로로 빠르게 갈아타는 물류 관리를 지원하는 고도화된 SCP 솔루션에 대한 니즈는 더욱 커질 것이며, 이를 지원하는 인공지능과 데이터 사이언스에 관련된 연구 또한 가속화될 것이다.

생활용품의 녹색 혁명: 생산과 소비, 그리고 폐기까지

그린 공급망과 그린슈머의 이해

함윤희

메디앙스 주식회사 생산물류센터 센터장

저자는 물류학 박사이자 CPSM 자격 보유자로 2011년부터 2018년까지 롯데 계열사인 한국후지필름㈜에서 구매 전문가로 근무하였다. 2019년에는 보령그룹 계열사인 메디앙스㈜에 입사하여 현재까지 SCM전문가로 근무하면서 생산물류센터를 총괄하고 있다. 2023년도에는 국립 한국교통대학교에서 1년 간 철도경영물류학과 겸임교수로 재직하면서 생산운영관리, 공급망관리 등 공급망 관련 수업을 진행하였다. 또한, 2021년부터 2023년까지 ㈜한진의 공식 물류전문 블로그의 칼럼니스트로 활동하면서 다수의 칼럼을 기고한 이력을 보유하고 있다.

1장. 기업의 ESG활동과 탄소배출 감소 목표

최근 다수의 기업들이 ESG경영 활동과 성과를 담은 지속가능경영 보고서를 발간하고, ESG경영활동 강화를 기업의 지속성장 가능한 핵심 경영목표로 제시하고 있다. 몇 년 전만 하더라도 ESG라는 단어는 매우 생소하였지만 지금은 일상 대화에서도 자주 사용할 정도로 흔한 단어가 되었다. 그리고 현재 ESG는 우리 사회에 있어 중요한 핵심 지표로 여겨지고 있다. 그럼 우리가 알고 있는 ESG는 정확히 무엇을 뜻하는 것일까?

KRX ESG포탈에 따르면 ESG는 환경(Environmental), 사회(Social), 지배구조(Governance)의 영문 첫 글자를 조합한 단어로, 기업 경영에서 지속가능성을 달성하기 위한 3가지 핵심요소라고 개념을 소개하고 있다(출처-ESG포탈, ESG소개, http://esg.krx.co.kr).

과거 기업의 평가가 '투자 대비 매출 또는 이익' 중심의 '재무적' 지표가 기준이었다고 한다면 최근에는 기업의 경영활동이 사회적으로 미치는 영향이 커지면서 기업의 지속가능한 경영활동과 같은 '비재무적' 가치가 더욱 중요해지고 있는 실정이다. 그럼 여기서 '비재무적' 가치가 왜 중요한 것일까? 이에 대한 답을 얻고자 한다면 다음 내용을 꼭 확인해야 할 필요가 있다.

여러분은 '탄소중립', '넷제로(net zero)'와 같은 단어를 들어본 적이 있는가? 처음 들어본다고 해도 괜찮다. 지금부터 알게 될 테니까 말이다. '탄소중립'과 '넷제로'는 모두 온실가스 배출량을 줄인다는 동일한 목적을 지니고 있다. 하지만 실질적인 개념은 조금 다른 부분이 있다. 2020년 미국 환경보호청(EPA)이 발표한 자료에 의하면 전 세계에서 배출한 온실가스 중 79%가 이산화탄소이다. '탄소중립'은 6대 온실가스 중 이산화탄소만을 고려하여 배출량(+)과 흡수량(-)을 같게 하는 활동을 의미한다. 반면, 넷제로는 1997년 12월 교토의정서에서 규정한 이산화탄소, 메테인, 이산화질소, 수소불화탄소, 과불화탄소, 육불화황 등 기후변화에 영향을 미치는 6대 온실가스의 배출량(+)과 흡수량(-)의 총량을 같아지도록 하여 순배출량을 0(zero)으로 만드는 것을 의미한다. '넷제로'가 '탄소중립'보다 조금 더 포괄적인 개념을 담고 있다. 그럼 우리는 왜 지금 이러한 활동을 하고 있는 것일까?

1880년 기후과학이 등장하면서 과학자들은 지구의 온도를 기록하기 시작하였고, 1957년 로저 레벨이라는 과학자가 기후변화 데이터 분석을 통해 인간의 산업활동으로 대기에 이산화탄소가 쌓이고 있다는 온실효과를 발표하게 된다. 이후 1960년대 기후연구가 활발해지면서 지구 온난화로 빙하가 녹고 해수면이 상승한다는 사실을 알고 기후 변화의 심각성을 인지하게 되었다. 결국 세계 각 국가들은 기후 변화 방지를 위해

1997년 교토의정서를 시작으로 2015년 유엔 기후 변화 회의에서는 파리협정 조약을 채택하였다.

이 과정에서 기후 변화에 대응하기 위해 온실가스 배출량을 감축하는 것 외에 각 국가가 자발적으로 감축 목표를 정하는 단계로 발전하였고, 이 목표를 국가결정기여(NDC)라고 정하였다. 그리고 교토의정서는 세계 최대 온실가스 배출국인 중국과 인도 등 개발도상국의 감축의무를 부과하지 않았다는 한계를 지니고 있었기 때문에 파리협정에서는 모든 당사국에 NDC를 제출할 의무를 부과함으로써 보다 포괄적이고 효과적인 기후변화 대응을 목표로 하였다.

파리협정 2조 1항에 따르면 '산업화 이전 수준 대비 지구 평균온도의 상승폭을 2℃이하로 제한하면서 1.5℃ 이하로 유지하기 위한 노력을 한다.'고 명시하고 있다. 2018년 기후변화에 관한 정부 간 협의체(IPCC)의 '지구온난화 1.5℃ 특별보고서'에서는 파리협정의 감축목표 달성을 위해서 2030년까지 전 세계 이산화탄소 배출량을 2010년 대비 최소 45% 감축하고, 2050년과 2052년 사이에 탄소중립의 필요성을 제시하였다. 그러나 IPCC가 최근 발표한 『기후변화 2023 종합보고서』에서는 산업화를 기점으로 지구 평균 온도가 1.1도 상승했으며, 2030년대 상반기까지 지구 평균온도가 1.5도까지 상승할 것으로 예측하였다. 이는 2018년 발표한 특별보고서 예측보다 더 빠른 변화로 기후변화의 심각성과 함께 빠른 대응을 촉구하고 있다. 탄소중립 활동이 꼭 필요한 이유이다. 그럼 우리는 탄소중립을 위해 어떠한 노력을 기울이고 있을까?

2020년 정부는 2050년까지 탄소중립을 달성하는 내용을 골자로 '2050 탄소중립 추진전략'을 발표하였다. 구체적으로는 ▲경제구조의 저탄소화 ▲신(新)유망 저탄소 산업 생태계 조성 ▲탄소중립 사회로의 공정전환 등 3개 정책방향과 함께 제도적 기반을 강화하기로 하고, 10대 과제를 제시했다. 기후 변화에 대한 중요성이 커지면서 기업들은 지속가능 경영을 위해 ESG 경영활동을 기업의 핵심 가치로 설정하고, 여러 산업 부문에서 환경 및 사회를 위한 다양한 활동을 전개해 나가고 있다. 특히, 탄소배출 저감을 위한 친환경 제품 개발에 앞장서고 있으며 소비자들도 친환경 제품을 일반제품 보다 우선시하여 구매함으로써 탄소중립 활동에 동참하고 있다.

공급망에 대해 관심있는 분들이라면 이 부분에서 다음과 같은 궁금증을 가질 것이다. 친환경 제품이란 구체적으로 무엇을 말하고, 어떻게 생산되는 것일까? 지금부터 우리는 그 답을 얻고자 일상 생활에서 사용하고 있는 '생활용품'이라는 카테고리를 가지고 그린 공급망에 대해 이야기해 보고자 한다.

2장. 생활용품 공급망 운영 현황

여러분들은 아침에 일어나서 잠들기 전까지 어떠한 생활용품을 사용했는가? 샴푸, 로션, 보디클렌저, 칫솔, 치약, 비누, 손세정제(핸드워시), 세탁세제, 섬유유연제… 등 개개인마다 차이가 있을 순 있겠지만 아마도 셀 수없이 많은 생활용품을 사용했을 것이다. 그 이유는 생활용품은 일상 생활을 할 때 꼭 필요한 품목이면서 경영학의 관여도[1] 기준으로 보면 고관여 상품군에 비해 긴 고민없이 쉽게 구매하는 저관여 상품군이기 때문이다. 물론 프리미엄 생활용품의 경우 비싸기 때문에 저관여 상

1) 경영학에서 소비자 행동론의 개념 중 하나이며, 특정 상황에 있어 자극에 의해 유발되어 지각된 개인적인 중요성이나 관심도의 수준을 뜻함(출처-위키백과, 관여도 - 위키백과, 우리 모두의 백과사전 (wikipedia.org))

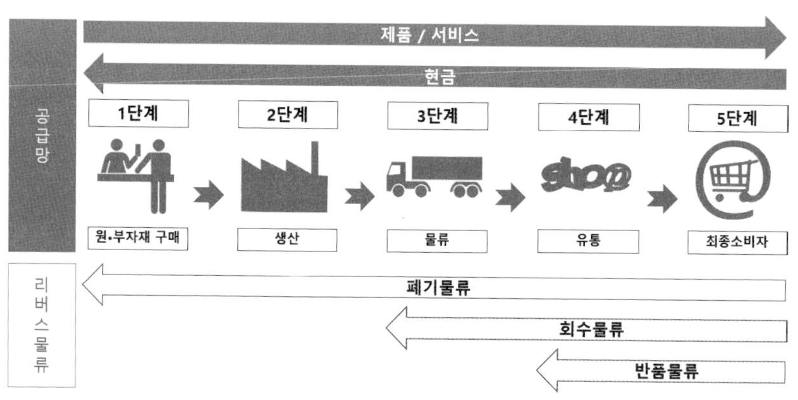

[그림 1] 공급망 프로세스

품의 예외가 될 순 있겠지만 본 장에서는 보편적인 기준을 가지고 이야기하도록 하겠다.

여러분은 자신이 쓰고 있는 생활용품이 어떻게 생산되는지 궁금증을 가져본 적이 있는가? 궁금증을 가진 분들을 위해 생활용품 공급망 운영(SCM:Supply Chain Management)에 대해 단계별로 살펴보자. 공급망 프로세스는 학자마다 조금씩 다르게 표현할 수는 있지만 본 장에서는 다음과 같은 프로세스로 정의하고자 한다.

① **1단계**: 제품 생산에 필요한 원료 및 부자재를 구매하는 단계이다. 우리가 집에서 자주 사용하는 용기로 된 세탁세제를 한번 떠올려 보자. 세탁세제 제품을 생산하기 위해서는 원료, 용기, 내부 및 외부 캡(cap), 유통채널에 납품하기 위한 박스(box), 그리고 인쇄가 아닌 경우 제품명과 법적 표기사항이 들어간 전(후)면 라벨이 필요하다. 추가로 집에서 매일 사용하는 식기(주방)세정제를 살펴볼까? 식기(주방)세정제는 일반적으로 용기, 펌프, 라벨, 포장박스로 구성된다. 이렇게 제품 생산에 필요한 원료와 부자재는 BOM(Bill of Material)[2]으로 구성하여 관리하고 있다. 그리고 BOM을 통해 한 개의 제품을 생산하기 위해 필요한 원료와 부자재의 소요량을 계산할 수 있고, 해당 소요량을 바탕으로 원가를 산출할 수 있다. 즉, 1단계는 원가와 관련 있기 때문에 제품의 경쟁력을 좌우하는 단계라고 해도 과언이 아니다. 따라서 본 단계에서는 구매 및 SCM담당자가 품질(Quality), 가격(Cost), 납기(Delivery) 부분에 있어 우수한 공급 파트너사를 선정하여 최적의 원료와 부자재를 구매하는 것이 무엇보다 중요하다고 할 수 있다.

② **2단계**: 1단계에서 구매한 원료와 부자재 재고를 활용하여 제품으로 만드는 단계이다. 세탁세제나 식기(주방)세정제의 제품화를 위해서는 먼저 원료를 활용하여 내용물을 만들어야 한다. 내용물은 고유 처방(레시피)에 따라 다양한 원료를 배합한 후 일정시간을 두고 필요한 품질테스트를 통해 합격하면 충진(용기에 주입)하기 위한 준비가 완료된다. 이후 자동화설비를 기준으로 용기가 컨베이어벨트를 타고 지나가면 충진설비를 통해 정해진 용량만큼 순서대로 내용물을 주입한다. 그 다음은 캡핑기를 통해 캡을 잠그고, 전면과 후면에 라벨을 부착한다. 마지막으로 생산한 제품을 정해진 박스에 넣고, 팔레트에 적재하여 물류센터로 최종 이관하는 절차로 생산단계는 마무리된다. 본 단계에서는 목표 정량 생산을 준수하여 생산성을 높이고, 철저한 검수와 품질 테스트를 통해 우수한 제품을 생산하는데 가장 중요한 목적이 있다.

③ **3단계**: 2단계에서 이관한 재고를 출고하는 단계이다. 영업사원들은 각 담당 채널의 구매자(buyer)와 협의한 제품 및 수량에 대해 정

2) 자재명세서 - 제품 생산을 위해 필요한 원료, 부자재 목록 및 소요량을 나타내는 구성 관리표

해진 기일 내 해당 거래처로 출고해 줄 것을 물류팀에 요청한다. 출고요청을 받은 물류팀은 B2C[3] 요청 건에 대해 고객이 주문한 제품과 수량에 맞춰 개별 포장을 한다. 반면 B2B[4] 요청 건은 B2C에 비해 수량 단위가 크기 때문에 대부분 박스나 팔레트 단위로 포장을 하는 경우가 많다. 이렇게 제품의 피킹(picking) 및 패킹(packing)이 완료되면 영업용이나 자가용 차량을 활용해 해당 고객 또는 거래처로 물품을 출고하는 것으로 마무리된다. 하지만 아직 물류의 프로세스는 다 끝난 것이 아니다. 소비자 및 유통단계에서 발생하는 제품의 반품부터 팔레트, 빈용기 등 회수, 파손 및 유통기한 경과 등으로 인한 제품 폐기도 물류 고유의 업무 영역 중 하나이다. 본 단계에서는 오(誤)피킹 및 오(誤)배송을 최소화하고, 제품이 운송 중 파손되지 않도록 패킹을 하는 것이 최우선 시 되어야 한다.

④ **4단계**: 일반적으로 3단계에서 B2B 건은 유통채널로 출고하고, 유통채널은 제품 진열 및 마케팅을 통해 최종소비자에게 판매하게 된다. 여러분들 모두 대형할인점에 방문한 경험이 있을 것이다. 그리고 원하는 카테고리 진열 구역으로 가서 다양한 제품을 보면서 제품 브랜드, 성능, 스펙, 가격 등 각자의 기준에 따라 여러 요소로 비교 검토하여 구입하였을 것이다. 이처럼 본 단계에서는 소비자의 니즈에 따라 제품을 구성하고 가격 경쟁력을 갖추는 것이 꼭 필요하다.

⑤ **5단계**: 소비자가 오프라인이나 온라인 쇼핑을 통해 제품을 구입하는 단계이다. 최근에는 온라인 이커머스 시장이 지속 성장하면서 물동량이 증가하고 기업 간 경쟁이 치열해지고 있다. 쿠팡의 로켓

---

3) Business to Consumer의 약어로 기업과 소비자 간 거래를 의미
4) Business to Business의 약어로 기업과 기업 간 거래를 의미

배송, 마켓컬리의 샛별배송은 빠른 배송 서비스를 원하는 소비자를 만족시키고 있으며, 네이버도 당일 도착배송 서비스를 도입하면서 빠른 배송은 이커머스 기업의 필수 서비스가 되어가고 있다. 소비자들 입장에서는 기업 간 경쟁을 통해 서비스가 향상되어 삶의 질이 달라지고 있기 때문에 더할 나위 없이 반길 것이다. 소비자들은 과거 오프라인이 대세였던 시절에 비해 온라인에서 쉽게 원하는 제품의 쇼핑이 가능하고, 서비스가 점차 향상되면서 소비자들은 다빈도 구매행태를 가지게 되었다.

그러나 최근 구매행태의 변화는 이커머스 시장의 물동량 증가로 이어지고, 다(多)품종 소(少)로트(LOT) 다(多)빈도 생산, 물류배송 빈도 증가, 포장재 사용 증가 등으로 나타났다. 전 세계적으로 '탄소중립', '넷제로'를 외치는 상황에서 이러한 변화는 탄소배출, 플라스틱 사용량 증가와 같은 환경문제를 야기하고 있기 때문에 그 어느 때보다도 기업의 공급망 활동에 있어 친환경적 요소가 절실한 상황이다. 따라서 지금부터는 공급망 전체 프로세스 내에서 할 수 있거나 해야 하는 친환경 공급망 활동에 대해 이야기해보자.

3장. 생활용품 친환경 공급망 활동

누구나 한번정도 길을 걷다가 목이 말라서 편의점이나 마트에 들어가 생수 또는 음료수를 구입해 본 경험이 있을 것이다. 구입한 생수 및 음료수 라벨을 자세히 들여다보면 소비자가 쉽게 뜯어 페트(PET)병과 분리할 수 있도록 되어 있는 것을 보았을 것이다. 최근에는 라벨이 붙어 있

- 제조 단계부터 재활용이 쉽도록 생산
- 비닐, 플라스틱 제품 등을 재활용 의무대상으로 단계적 편입하여 재활용 의무대상 품목 확대
- 제품의 설계개선과 생산자 책임을 강화하고, 제품 및 포장재에 재활용 의무 확대·강화
- 생산자책임재활용제도(EPR)를 통해 재활용이 어려운 생산 품목에 대해 분담금 차등 부과

- 운송 및 일반 포장재 관련 과대포장 제한 기준 신설 및 가이드라인 배포
- 과대포장 억제를 위해 현행 사후점검 방식 → 제품 출시 전 사전 과대포장 검사 의무화 추진
- 일회용품과 비닐봉투 사용 획기적으로 저감(제한 기준 위반 시 과태료 상향)

- 폐기물 수입 시 환경부-관세청 협업검사 확대를 통한 수입관리 강화
- 국산 재생원료 사용 제고
- 재활용제품 제조기술 상용화 및 품질 제고를 위한 중장기 R&D로드맵 마련

[그림 2] 단계별 재활용관리 종합대책
(출처: 환경부 홈페이지, 재활용 폐기물 관리 종합대책(5.10), www.me.go.kr)

지 않은 무라벨 페트도 출시되고 있는 상황이다. 이러한 현상은 음료에 국한되지 않고, 샴푸와 같은 일반 생활용품 용기에서도 찾아볼 수 있다.

2018년 정부는 관계부처 합동으로 '재활용 폐기물 관리 종합대책'을 논의하였다. 주요 내용으로는 생산자책임재활용제도(EPR, Extended Producer Responsibility)[5]를 통해 생산자 책임을 강화하고, 2030년까지 플라스틱 폐기물 발생량 50% 감축 및 재활용률(%)을 기존 34%에서 70%까지 끌어올리기 위한 종합대책을 추진하였다. 단계별 과정을 담고 있는 재활용관리 종합대책은 [그림 2]와 같다.

5) 포장재·제품 생산자(제조·수입업체)에게 포장재·제품에서 발생하는 폐기물(PET 병 등)을 회수하여 재활용 의무를 부여하는 제도

위의 내용에서 알 수 있듯이 정부는 제품의 제조·생산단계부터 생산자 책임을 강화하여 소비자들이 쉽게 분리 배출을 할 수 있는 제품을 만들도록 재활용 의무 및 규제를 확대해 나가고 있다. 이러한 정부 활동은 기업의 친환경 제품 개발 및 재활용 제조기술의 상용화를 독려하는 촉진제로 작용하고 있는 실정이다. 이 과정에서 기업은 다음과 같이 다양한 방향성을 가지고 정부의 대책에 대응해 나가고 있다.

① **리필**(refill) **제도 적극 활용**: 요즘 주방세제 및 세탁세제를 구입할 때 용기제품과 함께 파우치 형태의 리필 제품도 함께 구매하는 경우를 많이 볼 수 있다. 기업에서 제품을 판매할 때 두 가지 형태의 제품을 세트로 판매하는 경우가 많기 때문이다. 그 이유는 용량대비 가격적인 측면에서 가장 경쟁력 있기 때문이다. 다음 〈표 1〉은 용기와 리필 파우치 타입의 제조원가 비교를 나타내고 있으며, 리필 파우치가 제조원가 기준으로 더 낮다는 것을 확인할 수 있다. 기업은 용기와 리필 파우치 타입의 제조원가 차이 500원만큼 소비자에게 추가 용량 또는 제품을 싸게 공급해 줄 수 있는 것이다.

〈표 1〉 세제 1,500㎖ 타입별 제조원가 비교 (단위:원)

구분		1,500㎖ 기준		비고
		용기 타입	리필파우치 타입	
재료비	부자재	1,000	500	
	원료	1,500	1,500	동일 전제 조건
노무비		2,000	2,000	
경비		500	500	
제조원가		5,000	4,500	

주: 설비의 능력은 동일조건이라고 가정

일반적으로 생활용품은 일상생활에서 자주 사용하는 제품으로 저관여 제품군에 속한다. 따라서 소비자들은 가성비 우위에 있는 리필 파우치 타입의 제품을 구입하게 되는 것이다. 대부분 소비자들은 기존 사용 용기에 리필하여 사용하는 경우가 많다. 가격적인 측면 이외에도 환경적인 측면에 있어 플라스틱 용기의 사용을 줄일 수 있다.

이 부분에서 누군가는 "파우치 타입도 HDPE(고밀도 폴리에틸렌), LDPE(저밀도 폴리에틸렌), LLDPE(선형 저밀도 폴리에틸렌)와 같은 소재를 활용하기 때문에 차이가 없는 거 아닌가요?" 라고 반문할 수도 있다. 그러나 플라스틱 함유량은 파우치보다 용기타입이 더 높은 것이 일반적이다. 소비자 입장에서 동일가격이라고 한다면 파우치의 용량이 더 크기 때문에 사용기간이 길어져 구입빈도 수가 상대

[그림 3] 리필 스테이션(출처: 기후변화 인식공동체(The Climate Times), '리필 스테이션, 문제점과 개선방안', http://climatetimes.org/)

적으로 감소하여 생산량도 함께 줄어들 것이다.

또한, 최근 소비자들에게 각광받고 있는 친환경 프로그램이 있다. 바로 '리필 스테이션(Refill Station)'이라고 불리우는 친환경 소비를 독려하는 일종의 제로 웨이스트(zero waste) 활동이다. 전용 용기(리필용 디스펜서)를 들고 리필 스테이션에 방문하면 저렴한 가격으로 샴푸, 섬유유연제, 주방세제, 보디클렌저, 클렌징폼, 로션 같은 제품을 리필 할 수 있다. 이렇게 함으로써 불필요한 용기 사용을 줄여 플라스틱, 에너지, 물 사용을 최소화할 수 있는 것이다.

하지만 리필 스테이션이 대중화되기 위해서는 해결해야 할 과제가 있다. 리필 스테이션은 용기를 재활용한다는 점에서 친환경처럼 보이지만 해당 서비스를 이용하기 위해 전용 용기를 구매해야 하기 때문에 그린워싱 논란이 있을 수 있다.

그린워싱(Greenwashing)이란 친환경 또는 자연환경을 상징하는 그린(green)과 눈속임, 눈가림을 의미하는 화이트워싱(whitewashing)의 합성어로, 실제로는 친환경이 아니지만 기업들이 친환경인 것처럼 제품과 서비스를 홍보하고 판매하는 위장된 친환경을 뜻하는 말로 많이 활용되고 있다. 그린워싱의 사례는 주변에서 많이 찾아볼 수 있다.

우리가 잘 알고 있는 유명 커피 체인점의 '리유저블컵'은 '다회용컵을 사용하자'라는 취지에서 시작하였지만 결국은 많은 양의 플라스틱컵 사용으로 이어졌다. 글로벌로 스마트폰을 판매하는 한 기업은 최근 포장을 줄여 환경을 위한다는 취지로 항상 패키지로 제공하던 부속품을 제외시켰지만 신형 부속품 판매로 이어지는 결과를 초래하면서 많은 비난을 받았다. 종이빨대의 경우 생산과정은 친환경적이지만 사용 후 재활용이 어렵다는 점에서 과연 플라스틱 빨대에 비해 친환경적인지 고민해 볼 필요가 있다. 다시 본 내용으로 돌아가서 그린워싱 논란이 있는 리필 스테이션을 점차 확대해 나가기 위해서는 100% PCR원료 및 생분해 원료를 사용한 용기를 활용하여 재활용률을 높일 필요가 있다. PCR과 생분해 원료에 대해서는 뒤에서 좀 더 구체적으로 확인해보고자 한다. 또한, 리필스테이션 전용 용기의 사용을 위해서는 무엇보다 세척이 매우 중요한데 이 과정에서 상황에 따라 회수, 배송, 세척과 같은 단계가 추가되어 탄소배출이 증가한다는 점에서 해결해야 할 과제가 남아있다.

② **제품의 고체화**: 플라스틱 재활용이 가능한 품목이든 불가능한 품목이든 결국은 해당 제품을 최소한으로 생산하여 폐기물을 줄이는 것이 친환경을 위한 가장 좋은 방안이다. 재활용이 가능한 품목이라고 할지라도 해당 제품의 생산부터 소비까지 공급망 전체 단계에서 탄소배출이 발생하는 것은 불가피하기 때문이다.

예를 들어 공급망 1단계에서 원료 및 부자재를 생산하고, 구입처까지 운송하는 과정 중에 탄소배출이 발생한다. 2단계에서 제품을 생산하면서 포장재가 추가되고, 3단계를 거치면서 제품을 운송하기 위해 트럭과 같은 운송수단을 이용해야 한다. 그 외에도 생산 및 물류 운영을 위한 전기, 수도, 가스 등이 소모된다. 즉 플라스틱 제품 생산량을 줄인다면 탄소배출을 최소화할 수 있는 것이다. 그렇다고 기업의 이익을 무시한 채 무조건 줄이기만 할 수는 없는 노릇이다. 그 대안으로 최근 몇몇 기업들이 플라스틱을 사용하지 않기 위해 제품을 고체화하여 판매하기 시작하였다.

제품의 고체화란? 샴푸, 린스, 주방세제, 클렌징폼 등 액체 상태의 제품을 비누와 같이 고체상태로 만드는 것을 의미한다. 제품을 고체상태로 판매하기 때문에 생산과정에서 별도로 플라스틱 용기에

[그림 4] 고체화 제품

담을 필요가 없다. 대신 종이와 같은 친환경 패키징을 사용할 수 있으며, 플라스틱을 무(無)사용하기 때문에 폐기물을 획기적으로 줄일 수 있다는 장점을 가지고 있다.

③ **재활용률 증대**: 서두에 잠깐 '탄소중립', '넷제로'라는 키워드를 통해 탄소배출 저감 활동의 중요성을 언급하였다. 플라스틱은 생산부터 폐기까지 많은 양의 탄소를 발생시키고 있는 주요 소재이다. 이러한 중요성 때문에 우리는 지금도 플라스틱을 열심히 분리배출하고 있다. 하지만 우리의 생각과는 다르게 실제 재활용할 수 있는 플라스틱은 많지 않다. 실제 그런지 궁금하다면 집에 있는 플라스틱 제품의 후면 인쇄 라벨을 살펴보자.

'재활용 어려움'이라는 글자를 쉽게 찾아볼 수 있다. 이유는 여러 가지가 있을 수 있지만 구조적으로 재활용이 불가능한 소재가 포함되어 있거나 인쇄부분과 용기의 접착면 분리가 어려워 재활용이 불가능한 경우가 많다. 그리고 설령 재활용이 가능하다 할지라도 분리배출 시 분리배출 규정을 준수하지 않거나 내용물이 포함되어 있는 경우도 재활용이 어려울 수 있다. 따라서 최근 기업들은 재활용이 불가능한 소재를 없애 100% 재활용 가능한 플라스틱 제품을 만드는 것을 목표로 삼고 신소재 개발에 힘쓰고 있다.

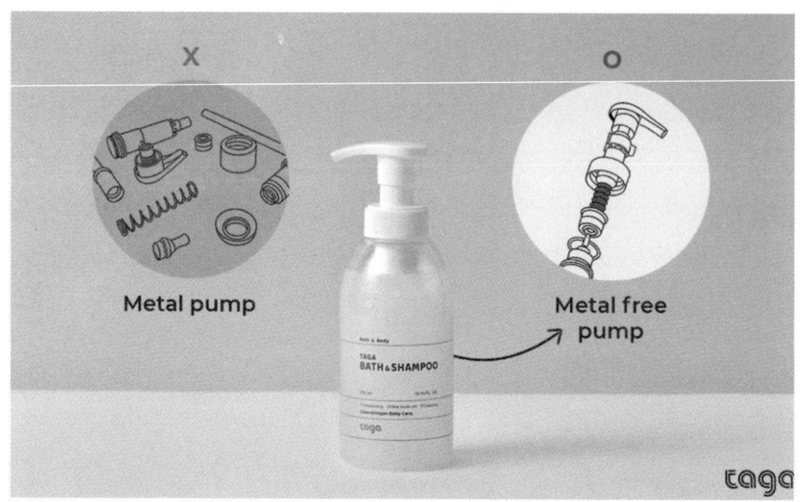

[그림 5] 메탈 프리 펌프(출처: 타가(taga)블로그, 친환경 화장품 용기 사용! 미래를 위한 실천, 2022, 12, 23)

위의 그림은 탄소중립 브랜드 '타가'에서 출시한 100% 리사이클이 가능한 메탈 프리 펌프 용기다. 일반적인 펌프 용기의 경우 펌프 내부에 메탈 소재의 스프링이 들어간다. 이 부분 때문에 재활용이 불가능하여 해당 메탈 소재를 분리배출이 가능한 ALL Olefin 계열의 소재로 개선하여 100% 재활용이 가능하도록 만든 제품이다. 기존 일반 용기를 메탈 프리 펌프 용기로 대체 시 재활용률이 증대되어 탄소중립에 긍정적인 영향을 줄 수 있다.

④ **친환경 원료 용기 활용**: 앞서 리필 스테이션을 소개하면서 PCR과 생분해 원료에 대해 잠깐 언급하였다. PCR과 생분해 원료에 대해 아직까지 잘 모르시는 분이 더 많을 것으로 생각해서 함께 살펴보고자 한다. 먼저 PCR이란 Post-Consumer Recycled의 약어로 사용 후 재활용을 뜻한다. 다시 말해 소비자가 다 쓴 후 분리배출한 플라스틱을 수거, 분류, 세척, 건조 단계를 거쳐 화학적, 물리적으로 재

활용하는 것을 의미한다. PCR원료를 활용해서 원하는 용기 형태로 만들 수 있으며, 원료 함량에 따라 PCR 100%, PCR 90%, PCR 80% 등으로 구분할 수 있다. 기존 플라스틱을 폐기물 처리하고 새로 만드는 것에 비해 탄소배출과 폐기물을 감소시킨다는 점에서 분명 친환경적인 측면에서 장점이 있다. 실제 PCR 50% 플라스틱을 활용했을 경우 일반 플라스틱에 비해 약 40% 정도의 탄소배출을 저감할 수 있다고 한다.

반면, 아직까지는 일반 플라스틱에 비해 가격이 비싸다는 점은 단점이다. PCR원료를 생산하기 위해서는 초기 설비투자 비용이 많이 들어가기 때문에 일반 플라스틱에 비해 약 1.5배 정도 더 비싸다. 그리고 재활용한 원료를 활용하기 때문에 PCR 용기 겉면에 흑점 및 매끄럽지 않은 표면상태가 나타날 수 있다. 위의 단점들은 정부가 정책적으로 지원하고 일반 소비자들의 PCR원료 활용 목적에 대한 이해를 통한 대중화가 뒷받침되어야 해결할 수 있다.

PCR원료와 함께 친환경으로 각광받고 있는 것이 천연 생분해 원료이다. 본 책에서는 대표적으로 PLA(Polylactic Acid)로 불리우는 '생분해성 플라스틱'을 이야기하고자 한다. 우리가 흔히 알고 사용하고 있는 일반 플라스틱은 PE, PP, PET와 같은 합성수지이지만 PLA는 사탕수수나 옥수수와 같은 식물에서 추출한 포도당을 발효시켜 만든 젖산(Lactic acid)을 락타이드(Lactide)로 변환시킨 후 합성하여 제조하기 때문에 친환경 생분해 플라스틱으로 각광받고 있다.

일반 플라스틱이 분해되는 시간이 약 500년 정도이지만 PLA는 매립 후 1년 내에 토양속에서 미생물에 의해 물과 이산화탄소로 분해되기 때문에 생분해라고 부른다. PLA는 식물성 천연자원을 원료로 활용한다는 점에서 일반 플라스틱에 비해 소각 시 유해물질이 발

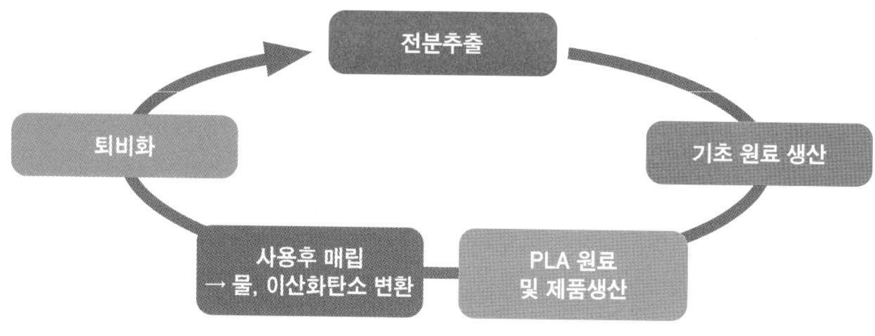

[그림 6] PLA 제조 및 생분해 사이클

생하지 않아 탄소배출 저감 활동이 우수하고, 인체에 무해하다는 장점을 가지고 있다.

또한, PLA는 PET, PS와 물성이 유사하다는 점 때문에 생활소비재, 포장재, 의료용 플라스틱 등 다양한 곳에 활용할 수 있다. 하지만 PLA의 생분해 조건이 60도가 유지되어야 한다는 점과 일반 플라스틱과 구분하여 PLA만 별도 분리배출 해야 한다는 점은 단점이다. 그리고 해당 작물을 어디서, 어떻게, 누가 키워서 천연원료를 확보할 수 있을지는 우리에게 남은 숙제이다.

⑤ **친환경 운송수단**: 지금까지 우리는 소비자의 소비 행태를 고려하여 제조단계에서의 친환경 공급망 활동에 대해 확인하였다. 이것만 한다고 진짜 친환경 공급망을 잘 운영하고 있다고 할 수 있을까? 우리는 서두에서 공급망 운영현황에 대해 살펴보았으며 모두 프로세스의 3단계를 기억하고 있을 것이다. 생산한 제품의 출고 단계로 이 과정에서 친환경 수단을 통해 탄소배출 저감 활동을 이어 나갈 수 있다. 물류 현장에서는 상·하차 작업 시 기존 디젤엔진이 아닌 전기로 충전되는 하역장비의 활용이 증가하고 있는 추세이다. 그 이유는 이산화탄소를 배출하지 않고, 디젤엔진에 비해 유

지관리비가 낮다는 장점을 지니고 있어 친환경 하역장비로 주목받고 있기 때문이다. 친환경 하역장비를 활용하여 상차 작업이 끝나면 물류의 운송이 시작된다. 그리고 운송과정에서도 친환경 물류의 변화를 확인할 수 있다.

2021년 11월 15일 산업통상자원부는 대한상공회의소 샌드박스 지원센터와 '산업융합 규제 샌드박스 심의원원회'에서 수소전기트럭을 이용한 물류서비스를 승인하였다. 환경부는 친환경 화물차와 관련하여 보조금을 지원하고, 국토교통부는 연료보조금 지원방안을 강구하는 등 정부는 물류회사의 지원 혜택을 확대해 나가고 있다. 따라서 많은 물류회사들이 친환경 운송수단을 검토하고 있으며, 일반적으로 많이 알려진 운송수단으로 세계 최초의 대형 수소전기트럭 엑시언트(Xcient Fuel Cell)를 꼽을 수 있다. 24년 6월 현대자동차 공식 뉴스에 따르면 스위스에서 운행중인 엑시언트 수소전기트럭 48대의 총 누적 주행거리가 1,000만㎞를 돌파하였으며, 이는 일반 디젤 트럭과 동일 운행거리 비교 시 약 6,300톤의 이산화탄소를 절감하는 효과가 있다고 발표하였다.(출처 - 현대자동차 공식 홈페이지 뉴스, https://www.hyundai.com, 엑시언트 수소전기트럭, 스위스에서 누적 주행거리 1천만㎞ 돌파, 2024.06.12)[6] 정부에서는 친환경 운송수단 확대를 위해 2019년 수소경제 활성화 로드맵을 발표하고 2040년까지 단계적으로 수소 모빌리티를 확대해 나가겠다는 계획을 수립하였다.

해상운송에서도 친환경에 대한 요구가 점차 증가하고 있다. IMO(UN산하 국제해사기구)는 선박 연료유의 황산화물질 함유량을 기존 3.5% 수준에서 0.5% 수준까지 제한하는 규정과 함께 2050년까

6) https://www.hyundai.com, 2024.06.14 뉴스

지 온실가스 배출량을 100% 정도 감축하는 규정을 발표하였다. 해당 요구에 대응하기 위해서는 친환경 선박 도입이 필요하다. 대표적인 친환경 선박으로 LNG(저탄소), 수소를 활용한 무탄소, 그린 암모니아, 그린 메탄올 선박 등이 있다.

라스트마일(last mile)[7] 배송 단계에 있어 스웨덴의 Velove사는 도심 내 물류서비스 관련 혼잡도를 해결하면서 연료 사용량을 최소화할 수 있는 화물 자전거(Armadillo)를 개발하였다. 기존 운송수단 대비 상·하차 소요 시간을 대폭 감소시키며, 동일 무게 기준 전기밴(VAN) 1대에 비해 약 87% 더 적은 전기를 사용한다는 장점을 가지고 있다.[8] 이러한 효과 때문에 UPS, 페덱스, Rytle사 등은 물류 운송 관련 교통혼잡 문제와 환경문제를 해결하기 위해 도심 내 친환경 배달 전기자전거 카고 바이크(cargo bike)를 개발하였다.

Future Market Insights에 따르면 글로벌 전기 카고 바이크 시장은

[그림 7] 스웨덴 Velove사의 Armadillo

7) 주문한 물품이 고객에게 배송되는 공급망 마지막 단계를 의미
8) velove.se/electric-cargo-bike

2023년 2.1억 달러 수준에서 2033년 6.2억 달러 수준까지 CAGR(연평균 성장률) 11.4% 성장할 것으로 전망하고 있다(출처-Electric Cargo Bike Market, 2023.6, futuremarketinsights.com/reports/electric-cargo-bikes-market) 이처럼 친환경 공급망을 위한 활동은 공급망 전체 단계에서 동시에 운영되어야 큰 효과를 기대할 수 있다.

4장. 그린슈머의 역할

우리는 지금까지 친환경 공급망을 위한 정부와 기업의 노력에 대해 이야기하였다. 하지만 이들의 노력만 가지고 친환경 제품의 소비까지 이어지는 것은 아니다. 아무리 좋은 아이디어를 가지고 친환경 제품을 생산하고 공급한다 할지라도 이것을 받아들이는 소비자들이 함께 공감하고 협력해주어야 비로소 진정한 의미의 친환경 활동을 통한 큰 효과를 얻을 수 있다.

우리는 이러한 소비자들을 그린슈머(Greensumer)라고 부른다. 사전적 의미의 그린슈머는 자연을 상징하는 단어인 '그린(green)'과 소비자를 뜻하는 단어 '컨슈머(consumer)'의 합성어로 친환경적인 제품을 구매 또는 소비하는 소비자를 지칭한다. 따라서 그린슈머는 일반 소비자들과는 다른 소비행태를 보인다. 보통 일반적인 소비자들은 생활용품을 구매할 때 저관여 제품군이기 때문에 가성비를 가장 우선 시 하는 경우가 많다. 반면, 그린슈머는 상대적으로 '가치소비'를 지향하고 있기 때문에 가성비의 중요성보다는 제품의 원료부터 생산방식, 포장까지 친환경을 추구하고 있는지를 최우선 가치에 두는 소비행태를 보이고 있다.

그린슈머라는 단어에서 무언가 거창하고 어렵다고 느껴질 수 있지만

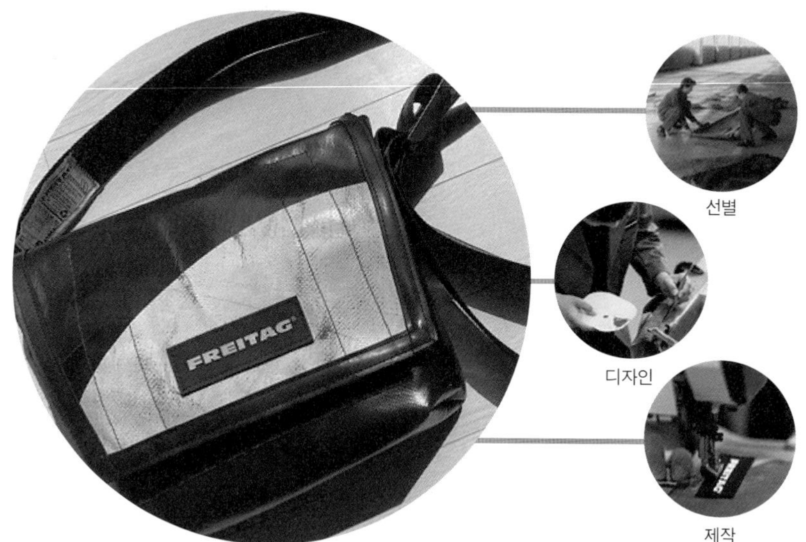

[그림 8] 업사이클링 대표 사례 - 프라이탁(FREITAG) : 폐현수막 활용

우리는 이미 일상생활에서 그린슈머의 역할을 실천해 나가고 있기 때문에 부담을 느낄 필요가 전혀 없다. 당신의 하루 일과를 돌이켜보자. 일회용품을 줄이기 위한 노력을 하지 않았는가? 종이컵 대신 텀블러를 사용하거나 무언가 구매를 할 때 비닐봉투 대신 에코백을 사용하지 않았는가? 또는 배달음식 주문 후 일회용품을 거절하였다면 당신은 이미 그린슈머가 된 것이다.

최근에는 소비자들이 기후 환경문제의 심각성을 정부 및 기업과 이해를 같이 하면서 적극적으로 동참하고 있는 상황이다. 일회용품을 줄이는 것뿐만 아니라 리사이클링(recycling)이나 업사이클링(upcycling) 제품을 적극적으로 구매하는 등 소비행태가 변하고 있는 것이다. 리사이클링은 버려지는 폐기물을 단순 재활용하는 것이고, 업사이클링은 리사이클링의 상위 개념으로 친환경적 디자인, 아이디어, 기술과 같은 가치를 부가하여 폐기물을 단순 재활용하는 것을 넘어 새로운 제품으로 재탄생시키는 활동이나 제품을 말한다.

이와 같은 소비행태의 변화는 그린슈머의 증가를 가져왔으며, 그린슈머의 증가는 기업에 친환경 제품의 요구로 이어졌다. 기업들은 앞에서 본 바와 같이 다양한 친환경 공급망 활동을 통해 소비자 요구를 충족시켜주고, 소비자들은 그러한 활동에 적극 동참하면서 완전한 친환경 공급망이 될 수 있도록 함께 노력해 나가고 있다.

5장. 지속가능 경영활동을 위한 친환경 공급망

제2차 산업혁명 이후 대량생산 체제가 갖추어지면서 화석연료 사용이 크게 증가하였다. 그 결과 지구온난화와 같은 기후 이상이 나타났으며, 빙하의 녹는 속도가 빨라지면서 매년 약 4㎜정도씩 해수면이 상승하고 있는 결과를 초래하였다. 이러한 상황이 지속되면 2050년에는 많은 면적이 수몰할 수 있으며, 이로 인해 토양의 해안 경작지가 황폐해져 전 세계 식량안보에도 큰 영향을 줄 수 있다. “늦었다고 생각할 때가 빠르다.”라는 말이 있는 것처럼 지금 당장 지구 환경을 지키기 위해 범지구적 노력과 협력 체제를 구축해야 한다. 본 책에서는 그 시작점을 친환경 공급망에서 찾고자 한다.

우리는 지금까지의 내용을 통해 정부, 기업, 소비자가 친환경 공급망을 위해 어떠한 활동을 하고 있는지 함께 확인할 수 있었다. 정부는 전 세계적으로 환경규제가 강화됨에 따라 탄소 배출을 저감하기 위해 ‘2050 탄소중립 추진전략’을 발표하면서 정책방향과 함께 제도적 기반을 강화해 나가고 있다. 이에 기업은 ESG 경영활동을 기업의 핵심가치로 삼고 새로운 이윤 창출과 경쟁력 우위를 선점하기 위해 친환경 경영과 함께 사회적 책임을 다 하고자 노력하고 있다. 그리고 소비자는 친환경 경영을 준수하지 않는 기업의 제품보다는 환경을 우선 시 하는 제품을 선호하는 경향을 보이면서 그린슈머가 점차 증가하는 추세이다. 친환경 공급망 구축이 꼭 필요한 이유이다.

현재 많은 기업들이 ESG 경영방침에 따라 재무적 가치뿐만 아니라 비재무적 가치를 매우 중요시하고 있다. 공급망을 통해 친환경 제품을 생산하여 소비자들에게 공급하고 있으며, 소비자들도 적극적으로 나서 리필 서비스 활용, 고체화 제품 구입, 재활용 가능 제품 구입으로 동참하고 있다. 하지만 친환경 공급망이 잘 구축 운영되기 위해서는 몇 가지 과제를 해결해야만 한다.

첫째로 최근 친환경 공급망에 대한 중요성이 높아지고 활동이 증가하고 있긴 하지만 시작 단계 수준에 머물러 있다. 실제 R&D연구를 통해 다양한 기술들이 개발되고 있지만 그것을 상용화하여 도입 활용하고자 하는 수요는 아직 부족한 것이 현실이다. 그 이유로 친환경 공급망 인프라 구축에는 초기 투자비용이 발생하고 투입 원료의 가격도 아직까지는 일반 제품에 비해 상대적으로 비싸기 때문이다. 다음 표를 통해 근거를 확인할 수 있다. 1,500㎖ 용기 기준으로 일반과 친환경 부자재 단가 비교 시 PCR 함량에 따라 각각 28%, 38% 더 비싼 것을 확인할 수 있다.

〈표 2〉 일반 용기 VS PCR 용기 비교

구분	일반		친환경		증감	
	재질	단가(원)	재질	단가(원)	증감액	%
1,500㎖ 용기	LDPE	540	PCR 50%	746	206	38
		540	PCR 30%	693	153	28

MOQ 10,000개 기준, 공급 파트너사에 따라 가격은 다를 수 있음

아무리 좋은 아이디어와 기술이라고 할지라도 경쟁력 있는 단가 제공이 가능해야 상용화할 수가 있다. 이 부분을 해결하기 위해서는 초기 투자 자본에 대한 정부 지원과 함께 수요 증가를 통한 대량 생산이 뒷받침되어야만 생산 단가를 낮출 수 있다. 또는 총비용(Total Cost)관점에서 폐기비용이 줄어들기 때문에 이 절감 비용을 생산단가에 환원시켜 단가를 낮추는 방안도 고려해 볼 수 있다.

둘째로 공급망은 다수의 구성원들이 이해관계로 사슬처럼 엮여 있기 때문에 공급망 전체 프로세스가 공동의 목표를 가지고 일련의 과정이 유기적으로 움직여야 목표 달성이 가능하다. 즉, 각 단계별 이해관계자들이 친환경에 대한 필요성과 운영방안에 대해 상호 공유하고 인식을 같이 할 때 성과를 기대할 수 있다. 하지만 공급망 단계에 있는 구성원들과 소통을 하면 아직까지 비재무적 가치보다 이윤창출과 같은 재무적 가치를 더욱 중요시하는 경우가 많다.

기업은 소비자의 친환경 제품에 대한 요구가 점차 커지고 있는 상황을 최대한 활용할 필요가 있다. 소비자 요구를 충족시키기 위해 경쟁력 있는 친환경 제품 개발, 홍보, 공급을 통한 이윤창출이 함께 이루어질 수 있도록 하는 것이다. 내연기관 자동차 구입이 감소하고, 하이브리드 또는 전기 자동차 구입이 증가하는 것이 그 대표적인 사례라고 할 수 있다. 그리고 친환경 품질 기준 및 인증 제도를 마련하여 기준에 부합하는 공급파트너사에게 우선 협상권을 주고 협력하는 토대를 마련하는 것도 중요하다.

셋째로 우리는 친환경 공급망에 국한하여 탄소중립을 위한 활동을 이야기하였지만 전 세계적으로 다양한 분야에서 여러 방식으로 탄소배출 저감 활동이 전개되고 있다. 아직 그 성과는 미흡한 상황이다. 이와 관련하여 그린피스 인터내셔널의 전무 이사 제니퍼 모건은 다음과 같이 말하고 있다. "2050년 넷제로 목표는 매우 그럴듯하게 보이지만, 30년 후의 일입니다. 그리고 목표달성을 위한 벤치마크나 법적으로 구속력이 없는 사실을 숨기는 경우도 많습니다. 너무 자주 파괴적인 관행을 계속하는 것은 핑계에 가깝습니다." 즉, 장기적인 목표를 위한 단계적 세분화 계획과 구체적이고 실효성 있는 대안이 필요함을 의미한다.

위의 과제 이외에 해결해야 할 것이 많이 있지만 지금은 순차적으로 가능한 것부터 하나씩 해 나가는 것이 매우 중요하다. 스웨덴의 환경운동가 그레타 툰베리(Greta Thunberg)의 연설의 한 대목을 인용하여 친환경을 위한 실천의 중요성을 강조하면서 마무리하고자 한다.

만약 여러분이 정말로 지금 상황을 이해하는데 행동하고 있지 않는 거라면, 여러분은 악마일 것입니다. 어떻게 여러분은 지금까지 살아온 방식을 바꾸지 않고 몇몇 기술적 대책만으로 이 문제를 해결하는 척 합니까?(Because if you really understood the situation and still kept on failing to act, then you would be evil. How dare you pretend that this can be solved with just 'business as usual' and some technical solutions?)

기후변화와 지속 가능 물류의 미래

물류 혁신의 핵심 트리거 '탄소 감축'과 '순환 경제'

이용대

㈜대동 경영혁신본부 본부장(상무)

고려대학교 산업공학과에서 최적화 분야로 박사학위를 받았다. 현대모비스에서 글로벌 거점전략 수립, 유통망 혁신, SCM 운영 최적화, 생산계획 최적화, 전사 클라우드 시스템 구축 등 경영혁신 업무와 서비스부품 사업 전략 및 기획/관리 업무를 수행하였고, EV배터리 신사업을 런칭하였다. 현재는 ㈜대동의 경영혁신본부 본부장으로 재직중이다.

1장. 기후 변화와 물류산업 혁신

물류 산업은 다양한 시대적 환경 변화에 맞춰 혁신해 왔다. 1950년대에는 미국 사업가 맬컴 맥레인이 최초로 표준화된 컨테이너를 도입하면서 화물 운송의 효율성을 크게 향상시켰다. 1960년대에는 국제표준화기구(ISO)가 컨테이너의 크기와 설계를 표준화하여 전 세계적으로 통일된 규격을 만들었다. 이로 인해 컨테이너는 다양한 운송 수단 간의 호환성을 확보하게 되어 글로벌 채택이 가능했다.

1970년대에는 전자 데이터 교환(EDI) 시스템이 도입되어 문서 처리 속도와 정확성이 향상되었고, 세계 무역의 증가로 글로벌 공급망 관리의 중요성이 부각되었다. 냉전시대의 종식과 함께 1990년대에는 세계화가 본격화되었다. 인터넷의 보급과 전자상거래의 확산으로 온라인 주문이 급증하며 물류 혁신이 가속화되었다. RFID 기술이 도입되어 제품의 실시간 추적을 할 수 있게 되었으며, 이는 공급망 관리의 효율성을 높였다.

2000년대에는 제3자 물류(3PL)와 공급망 관리(SCM) 시스템이 도입되어 물류 서비스를 통합해 관리할 수 있게 되었다. 2010년대에는 인공지능(AI), 사물인터넷(IoT), 드론 및 자율주행 차량 등 첨단 기술이 물류 산업에 도입되어 더욱 스마트한 물류 관리가 가능해졌다.

이러한 기술들은 물류 프로세스의 자동화와 최적화를 촉진하여 효율성을 극대화했다. 2020년대에는 디지털 전환과 지속 가능성이 물류 산업의 주요 트렌드로 자리잡았다. 기업들은 블록체인 기술을 활용하여 공급망의 투명성과 보안을 강화하고 있다. 디지털 트윈 기술을 통해 물류 프로세스의 시뮬레이션과 최적화가 가능해졌다. 또한 기후변화 위기 속에서 친환경 물류 솔루션과 탄소 배출 감소가 물류산업 혁신의 새롭고 중요한 과제로 부각되었다.

기후 변화 시대에 대응하기 위한 주요 전략 중 하나는 탄소 배출 감소를 위한 규제와 인센티브의 도입이다. 많은 국가들이 법적 규제를 통해 탄소 배출을 억제하고 있으며, 기업들은 친환경 기술을 도입하고 있다. 예를 들어, 유럽연합의 탄소 배출 거래제는 기업들이 탄소 배출을 줄이도록 유도하며, 전기차와 같은 친환경 운송 수단에 대한 세금 감면과 보조금도 제공되고 있다. 이러한 규제와 인센티브는 물류 산업에서도 중요한 역할을 하며, 기업들은 전기 트럭과 에너지 효율 개선 기술을 도입해 탄소 배출을 줄이고 있다. 또한, 탄소 발자국 개념이 물류 산업의 지속가능성 평가에서 중요한 지표로 사용되며, 기업들은 운송 경로 최적화와 연료 효율성을 높이기 위해 다양한 전략을 도입하고 있다.

소비자들의 환경 의식 증대도 물류 산업의 변화에 큰 영향을 미치고 있다. 많은 소비자들이 자신이 구매하는 제품이 환경에 미치는 영향을 고려하며, 이는 기업들로 하여금 친환경적인 제품과 서비스를 제공하도록 압박한다. 물류 산업에서도 친환경 포장재 사용, 탄소 상쇄 프로그램 운영 등 다양한 전략이 도입되고 있다. 특히 RE100 캠페인은 기업들이 100% 재생 가능한 에너지를 사용하도록 촉구하며, 재생 에너지 사용 확대와 친환경 운송 수단 도입을 추진하고 있다.

그러나 기후 변화, 탈세계화, 국제 분쟁의 증대는 물류 산업의 지속가능성에 새로운 도전 과제를 제기하고 있다. 많은 국가들이 자국의 이익을 우선시하면서 자원 무기화와 같은 문제가 발생하고 있다. 특히 글로벌 공급망의 복잡성과 상호 의존성은 이러한 변화 속에서 큰 타격을 받을 수 있다. 이러한 상황에서 순환경제와 도심 물류 개념이 강조되고 있다.

순환경제는 자원 사용을 최소화하고 재사용을 극대화하여 폐기물을 줄이는 경제 시스템으로, 물류 산업에서도 이를 도입해 자원 효율성을 높이고자 노력하고 있다. 도심 물류는 제품이나 서비스의 생산과 소비가 가까운 지역 내에서 이루어지도록 하여, 글로벌 공급망에 의존하기보다 지역 기반의 경제를 강화하는 접근이다. 물류 기업들은 순환경제와 도심물류를 확대해 포장재나 물류 용기를 재사용하거나, 불필요한 운송 과정을 줄여 탄소 배출을 최소화하고 있다.

2장. 탄소 발자국

탄소 발자국은 개인, 조직, 제품, 서비스 또는 활동이 직간접적으로 배출하는 온실가스의 총량을 의미하며, 주로 이산화탄소(CO_2)로 측정된다. 이는 에너지 사용, 운송, 생산 과정 등 다양한 활동에서 발생하며, 기후 변화와 밀접한 연관이 있다.

기후 변화 대응을 위한 탄소 발자국 관련 규제는 전 세계적으로 강화되고 있으며, 특히 유럽연합(EU)이 이를 선도하고 있다. EU는 〈표 1〉과 같이 탄소중립산업법과 탄소 국경 조정 제도(CBAM: Carbon Border Adjustment Mechanism) 등 다양한 법적 장치를 통해 기후 중립을 목표로 설정하고, 2050년까지 이를 달성하기 위한 구체적인 계획을 수립했다. 특히 2030년까지 온실가스 배출량을 1990년 대비 최소 55% 감축하겠다는 목표는 법적 구속력을 가지며, 이를 달성하기 위해 다양한 정책 수단이 도입되고 있다. (Deloitte, 2024)

탄소 국경 조정 제도(CBAM)는 EU가 도입한 핵심적인 정책 중 하나로, 탄소 배출이 많은 수입품에 대해 탄소세를 부과하여 글로벌 무역 시스템에서 탄소 배출량이 적은 제품을 우대하는 시장 환경을 조성한다. 이는 EU뿐만 아니라 전 세계 공급망의 탄소 배출 감소를 촉진하는 강력한 압박으로 작용할 수 있다. CBAM의 도입은 제조업을 비롯한 다양한 산업에 영향을 미치며, 특히 탄소 집약적 산업에서 유럽으로 수출하는 국가들은 이에 대응하는 전략 마련이 필수적이다.

또한, EU는 기업의 ESG(환경, 사회, 지배구조) 정보 공시를 강화하고 있다. 2025년부터 종업원 250명 이상 또는 연 매출 4,000만 유로(약 580억 원)를 초과하는 기업들은 유럽지속가능성공시기준(ESRS: European Sustainability Reporting Standards)에 따라 ESG 공시가 의무화된다. 이 기준은 상장 기업뿐만 아니라 비상장 기업에도 적용되며, 유럽 내외의 다국적 기업들도 규제 대상에 포함된다. 연 매출 1억 5,000만 유로(약 2,175억 원)를 초과하는 외국 기업도 이 규제를 준수해야 하므로, 유럽에 진출한 한국 기업들도 예외가 아니다. 이러한 공시 의무는 단순한 정보 제공을 넘어, 공시된 정보가 독립적인 외부 기관의 감사와 인증을 통해 신뢰성을 확보하도록 요구하고 있다. 중소기업의 경우, 상장 기업에 한해 대기업 기준보다 완화된 공시 기준이 적용되며, 2028년부터는 이들도 지속 가능성공시가 의무화된다.

종합적으로, EU의 이러한 규제는 전 세계 기업들에게 강력한 메시지를 전달하며, 기후 변화 대응 및 ESG 공시 강화는 이제 선택이 아닌 필수 요건으로 자리잡고 있다. 기업들은 단기적인 비용 증가와 규제 준수 부담을 넘어, 장기적으로 지속 가능한 경영 전략을 구축하는 것이 중요해지고 있다. 특히 유럽 시장을 겨냥하는 글로벌 기업들은 이에 발맞춰 자사의 공급망 관리와 ESG 전략을 전면 재정비해야 할 필요가 있다.

〈표 1〉 EU 탈탄소화 규제 주요 이니셔티브

규제	제안	입법동향	발표	발효	시점
탄소국경조정제도 (Carbon Border Adjustment Mechanism)	2021년 3분기	전환기 시작	2023년 3분기	2023년 3분기	2023년 4분기
대체연료인프라규정 (Alternative Fuels Infrastructure Regulation)	2021년 3분기	발효	2023년 3분기	2023년 4분기	2024년 2분기
탄소중립산업법 (Net-Zero Industry Act)	2023년 1분기	2024년 4월 25일 유럽의회 최종 승인, 이사회 최종 채택 예정	2024년 예정	2024년 예정	2026년 예정
리퓨얼EU항공규정 (Refuel EU Aviation)	2021년 3분기	발효	2023년 4분기	2023년 4분기	2024년 1분기
해운연료규정 이니셔티브 (Fuel EU Maritime Initiative)	2021년 3분기	발효	2023년 3분기	2023년 4분기	2025년 1분기
건물에너지성능 지침 (Energy Performance of Building Directive)	2021년 4분기	2024년 4월 12일 이사회 최종 승인	2024년 예정	2024년 예정	2025년 예정

규제	제안	입법동향	발표	발효	시점
탄소제거인증규정 (EU Carbon Removal Certification Regulation)	2022년 4분기	진행중	2024년 예정	2024년 예정	2024년 예정
EU전력시장개혁 (EU Electricity Market Reform)	2023년 1분기	2024년 3월 18일 이사회 최종 승인	2024년 예정	2024년 예정	2024년 예정
제3차재생에너지지침 (Renewable Energy Directive III)	2021년 1분기	발효	2023년 4분기	2023년 4분기	2025년 1분기
EU배출권거래제개정 (Revisions to the EU Emissions Trading System)	2021년 1분기	발효	2023년 3분기	2023년 3분기	2024년 1분기
기업 지속가능성 공시지침 (CSRD)	2021년 2분기	발효	2022년 2분기	2023년 1월 5일	2025년 1분기

출처: Deloitte (2024). "Sustainability Regulation Outlook 2024."

한편, 미국 환경보호청(EPA)의 온실가스 보고 프로그램(GHGRP)은 주요 배출원으로부터의 온실가스 배출을 모니터링하고 보고하는 시스템으로, 국가 차원의 배출 감축 목표를 지원한다. GHGRP는 연간 25,000톤 이상의 이산화탄소를 배출하는 시설을 대상으로 하며, 8,000개 이상의 시설과 연료 및 산업가스 공급자가 데이터를 보고한다. 이를 통해 미국 전체 온실가스 배출의 약 85~90%를 포괄하며, 보고된 데이터는 공개되어 정책 수립 및 배출 관리에 활용된다. 이 프로그램은 정확한 데이터 수집을 위해 다단계 검증 과정을 거쳐, 국가 및 지역별 기후 정책 수립을 지원한다.

또한, 미국의 재생 가능 에너지 표준(RFS)은 재생 가능 연료의 사용을 촉진하기 위한 연방 정책으로, 석유 제품에 재생 가능 연료를 혼합하는 비율을 설정해 바이오 연료 등 대체 에너지 사용을 확대하고 있다. 이는 미국의 에너지 독립성을 강화함과 동시에 온실가스 배출 감축에도 기여하고 있다.

중국은 세계 최대의 탄소 배출국으로서, 국가 탄소 배출권 거래제(ETS)를 통해 배출량을 통제하고 있다. 이 제도는 2021년에 전국적으로 도입되어, 초기에는 발전 부문을 중심으로 운영되고 있다. 중국은 또한 5개년 계획을 통해 지속 가능한 발전 목표를 설정하고, 이를 달성하기 위해 다양한 환경 규제를 강화하고 있다.

2015년 파리협정은 국제적인 기후 변화 대응의 핵심 협약으로, 전 세계 196개국이 참여하고 있다. 각국은 자발적으로 온실가스 배출 감축 목표를 설정하고 이를 이행하기 위해 노력하고 있다. 과학 기반 목표 이니셔티브(SBTi)는 기업들이 과학적 근거를 바탕으로 탄소 감축 목표를 설정하도록 지원하며, 파리 협정 목표 달성을 위한 가이드라인을 제공하고 있다. 이러한 규제와 프로그램들은 국가 및 국제 차원에서 탄소 배출을 줄이고 지속 가능한 발전을 촉진하는 데 중요한 역할을 하며, 앞으로도 그 중요성은 더욱 커질 것으로 예상된다.

탄소 발자국을 효율적으로 관리하기 위한 디지털 탄소 여권(Digital Product Passport, DPP) 개념도 도입되고 있다. DPP는 제품의 전체 수명 주기에 걸쳐 발생하는 탄소 배출과 환경 영향을 기록하고 추적하는 디지털 문서로, 생산부터 폐기까지의 탄소 발자국을 체계적으로 관리하는 데 중요한 역할을 한다. 이 여권을 통해 제품이 생산, 유통, 사용, 폐기되는 모든 과정에서 발생하는 탄소 배출량이 투명하게 공개되어, 소비자와 기업이 더 지속 가능한 선택을 할 수 있도록 돕는다. DPP에는 제품의 기술적 성능, 사용된 재료의 출처, 수리 가능성, 재활용 가능성, 그리고 전체 생애 주기 동안의 환경 영향 등이 포함된다. 이러한 정보는 전자적으로 접근 가능하며, 소비자뿐만 아니라 제조업체와 규제 당국이 지속 가능성 관련 결정을 내리는 데 유용하게 활용될 수 있다.

탄소 발자국 관리는 기업의 온실가스 배출을 Scope 1, 2, 3으로 구분해 이루어진다. Scope 1 배출은 기업이 직접 소유하거나 통제하는 자산에서 발생하는 배출로 연료 연소, 공정 배출, 회사 차량 운행 등이 포함된다. Scope 2 배출은 외부에서 구매한 에너지 사용으로 인해 발생하는 간접 배출을 의미하며, 전기, 열, 냉방 등의 소비가 여기에 해당된다. 재생 가능 에너지로의 전환을 통해 Scope 2 배출을 줄일 수 있다. Scope 3 배출은 기업의 가치사슬 전반에서 발생하는 기타 간접 배출로, 구매한 원자재와 서비스, 물류, 비즈니스 출장, 제품 사용 및 폐기 과정에서 발생한다. Scope 3는 대부분의 기업에서 가장 큰 배출 비중을 차지하며, 공급망 관리나 물류 최적화 등을 통해 관리할 수 있다. 최근에는 Scope 1, 2 배출뿐만 아니라 Scope 3 배출까지 공개 의무화가 확대되면서, 제조 기업 및 서비스 기업과 협업하고 있는 물류 기업의 탄소 발자국 관리의 중요성이 커지고 있다.

3장. 탄소 발자국 감축을 위한 물류 기업의 혁신

물류 산업에서 탄소 발자국을 줄이기 위한 혁신은 이제 선택이 아닌 필수적인 과제가 되었다. 이러한 전략에는 친환경 연료 도입, 전기자동차를 활용한 배송, 탄소 중립 창고의 건립 및 운영, 그리고 친환경 포장재 사용 등 물류 전반에 걸친 혁신이 포함된다.

첫째, 친환경 연료의 도입은 항공 및 해상 물류의 탄소 배출을 줄이는 핵심 방안이다. 기존 항공유를 지속 가능한 항공 연료(SAF)로 대체하거나, 기존 선박 연료를 메탄올이나 LNG와 같은 친환경 연료로 전환함으로써 탄소 배출을 크게 감소시킬 수 있다.

둘째, 전기자동차와 같은 무공해 차량을 활용한 도심 물류는 점차 확대되고 있으며, 이는 탄소 배출을 줄이는 동시에 운영 비용 절감의 이점도 제공한다. 전기차는 특히 짧은 거리의 배송에 적합하며, 배출가스를 없애는 데 효과적이다.

셋째, 탄소 중립 창고의 구축과 운영은 물류 시설에서 발생하는 에너지 소비와 탄소 배출을 효과적으로 관리하는 방법이다. 태양광 패널 설치, 에너지 효율적인 조명과 난방 시스템 도입, 재활용 가능한 건축 자재 사용 등을 통해 친환경 창고를 운영하면, 물류 과정의 탄소 배출을 줄임과 동시에 기업의 환경적 이미지를 강화할 수 있다.

넷째, 친환경 포장재의 사용도 중요한 부분이다. 재활용 가능한 소재, 생분해성 포장재, 포장 최소화 등의 방법을 통해 폐기물과 탄소 배출을 줄이고, 이는 소비자들의 환경 의식을 충족시켜 브랜드 충성도를 높이는 데 기여할 수 있다.

이러한 친환경 혁신은 단순히 환경 규제에 대응하는 것을 넘어, 기업의 경쟁력을 강화하는 핵심 요소로 자리 잡고 있다. 글로벌 대기업들이 높은 수준의 ESG 기준을 요구하면서, 협력업체인 물류 기업들은 이러한 기준을 충족하지 못할 경우 사업 기회를 잃을 수 있다. 또한, 소비자들의 친환경 요구가 증가하면서 지속 가능한 물류 서비스를 제공하지 못하는 기업은 시장에서 도태될 위험이 크다.

결론적으로, 물류 산업에서 탄소 발자국을 줄이기 위한 노력은 기업의 생존과 직결되며, 장기적으로 비용 절감, 브랜드 가치 제고, 그리고 규제 대응력을 확보하는 데 중요한 전략적 접근이 요구된다.

DHL의 GoGreen Plus 프로젝트

글로벌 물류 및 특송 전문회사인 DHL은 GoGreen Plus 프로그램을 통해 탄소배출을 최소화하고 있다. DHL의 GoGreen Plus 프로그램은 탄소 발자국 감축을 목표로 한 구체적인 계획과 실적을 바탕으로 운영되고 있다. DHL 그룹은 2050년까지 탄소 배출을 "넷제로(Net Zero)" 수준으로 줄이기 위해 'Mission 2050'을 선언했으며, 2030년까지 달성해야 할 중간 목표를 설정했다. 이 목표는 DHL의 자체 배출(Scope 1 & 2)과 협력업체를 통한 운송에서 발생하는 배출(Scope 3)을 모두 포함한다. (DHL, 2023)

특히, DHL은 2030년까지 그룹 전체의 Scope 1, 2, 그리고 운송 관련 Scope 3 온실가스 배출량을 2,900만 톤 CO2e(이산화탄소 환산량) 이하로 줄이는 것을 목표로 하고 있다. 이를 달성하기 위해 DHL은 최대 70억 유로를 추가로 투자하여 지속 가능한 기술과 연료를 도입할 계획이다. 이 투자는 지속 가능한 항공 연료(SAF), 전기 및 수소 기반 운송, 그리고 탄소 중립 건물 운영 등 다양한 영역에 걸쳐 진행된다.

DHL의 구체적인 2030년 목표는 다음과 같다:

① **Scope 1 & 2 배출 감축 목표**: 2021년 대비 2030년까지 42% 감축. 이 목표는 지구 온난화를 1.5도 이하로 제한하기 위한 과학 기반 목표(SBTi) 요구사항을 반영한 것이다.

② **Scope 3 배출 감축 목표**: 연료 및 에너지 관련 활동, 상류 운송 및 배급, 출장 등에서 발생하는 배출량을 2021년 대비 25% 감축.
이 목표는 지구 온난화를 2도 이하로 제한하기 위한 기준을 따른다.

DHL의 탄소 배출 저감 전략은 다양한 분야에 걸쳐 구체적으로 실행되고 있다:

① **항공 부문**: DHL은 2030년까지 항공 운송의 30% 이상을 SAF로 대

체하기 위해 투자하고 있으며, 최신 연료 효율 기술과 대체 연료 솔루션을 채택한 항공기 재배치에 집중하고 있다. 또한, 전기 항공기 개발과 Power-to-Liquid SAF 플랜트 기술 개발에도 적극적으로 투자하고 있다.

② **해상 운송**: 해상 물류에서는 지속 가능한 해양 연료(SMF) 사용을 30% 이상으로 늘리고, 네트워크 최적화와 전략적 파트너십을 통해 탈탄소화를 추진한다.

③ **육상 물류**: 2030년까지 라스트 마일 배송 차량의 60%를 전기차로 전환하며, 도로 운송에서 지속 가능한 연료의 사용 비율을 30% 이상으로 높일 계획이다.

④ **탄소 중립 건물**: 2021년부터 모든 신축 건물에 탄소 중립 설계를 적용하고 있으며, 2030년까지 전력의 90% 이상을 재생 가능 에너지로 충당할 계획이다.

이 외에도 DHL은 재활용 가능한 포장재와 디지털 관리 시스템을 통해 물류 프로세스 전반에서 탄소 배출을 줄이고 있다. 이러한 접근은 DHL의 지속 가능성 전략의 핵심이며, 글로벌 물류 업계에서 ESG 선도 기업으로 자리매김하는 데 기여하고 있다. 또한 DHL은 지속 가능한 포장 솔루션을 통해 물류 운영에서 환경 영향을 최소화하기 위한 전략적 지침으로 'Green Packaging Principles'을 제정하고, 자원 효율을 극대화하고, 친환경 소재를 사용하며, 폐기물을 줄이는 데 중점을 두고 있다. 먼저, 포장 재료 사용 최소화를 통해 과도한 자원 낭비를 방지하고, 물류 효율성을 높이고 있다.

DHL은 제품 보호와 물류 비용을 고려한 최적의 포장 솔루션을 설계해 불필요한 자재 사용을 줄이고 있다. 재사용 가능한 포장 솔루션 확대는 일회용 포장 대신 여러 번 사용할 수 있는 포장을 도입해 자원 낭비를 줄이고, 지속 가능한 순환 경제를 구축하는 데 기여하고 있다.

재활용 가능하고 지속 가능한 소재 사용은 DHL의 중요한 원칙 중 하나로, FSC(Forest Stewardship Council, 국제삼림관리협의회) 인증 종이 사용과 같이 바이오 기반 또는 재활용 플라스틱을 사용해 환경에 미치는 영향을 줄이고 있다. 친환경 인증 기준 준수를 통해 DHL은 국제적으로 인정된 환경 인증을 받은 포장재를 사용함으로써 신뢰성과 투명성을 높이고, 친환경 비즈니스 관행을 강화하고 있다. 또한, 효율적인 디자인 최적화를 통해 물류 과정에서 발생하는 탄소 배출을 줄이고 있다.

DHL은 포장의 크기, 형태, 무게를 최적화해 공간 활용도를 높이고, 물류 비용 절감과 환경 보호를 동시에 달성하고 있다. 고객과의 협력을 통해 DHL은 고객의 요구를 반영한 친환경 포장 솔루션을 개발하고, 이를 통해 고객이 지속 가능한 선택을 할 수 있도록 지원하고 있다. 마지막으로, 포장 표준화를 통해 DHL은 전 세계적으로 일관된 품질과 지속 가능성을 유지하며, 이를 통해 공급망의 투명성을 높이고 있다. 이 표준화는 DHL의 글로벌 네트워크 전반에서 동일한 친환경 원칙이 적용되도록 하여 환경에 미치는 영향을 최소화하고 있다.

Amazon과 "기후서약(The Climate Pledge)"

글로벌 이커머스 및 물류 전문 기업 아마존(Amazon)은 2040년까지 탄소 배출을 "넷제로(Net Zero)"로 만들겠다는 목표를 설정했다. 이를 위해 2019년에는 "The Climate Pledge"를 공동 설립하였으며, 현재까지 500개 이상의 글로벌 기업들이 이 서약에 동참하고 있다. "The Climate Pledge"는 정기적인 탄소 배출 보고, 탈탄소화 전략 실행, 신뢰할 수 있는 탄소 상쇄를 통한 완전한 탄소 중립 달성을 목표로 하고 있다.

아마존은 2030년까지 모든 운영 시설에서 재생 가능 에너지를 100% 사용하겠다고 세운 목표를 2023년에 이미 달성했다. 현재 아마존은 전 세계적으로 127개의 대규모 태양광 및 풍력 발전 프로젝트를 운영하고 있으며, 이를 통해 자사의 데이터 센터, 물류 센터, 오피스 등을 완전한 재생 가능 에너지로 운영하고 있다. 이 프로젝트들은 미국, 유럽, 호주 등 다양한 지역에서 진행되고 있으며, 이러한 노력을 통해 아마존은 세계 최대의 재생 가능 에너지 구매자가 되었다.

아마존은 2040년까지 탄소 배출을 "넷제로(Net Zero)"로 만들겠다는 목표를 달성하기 위해 물류측면에서 퍼스트 마일(First Mile), 미들 마일(Middle Mile), 라스트 마일(Last Mile) 각 단계별로 친환경 연료 사용 및 운송 수단 최적화를 통해 친환경 혁신을 추진하고 있다.(Amazon, 2023)

퍼스트 마일(First Mile)은 제품이 제조업체에서 아마존의 물류 시설로 이동하는 과정으로, 아마존은 항공운송에 비해 탄소배출이 적은 해상 및 철도 운송을 우선적으로 활용하여 탄소 배출을 줄이고 있다.

2023년에는 전체 해상 수입의 90%를 해상으로 처리했고, 저탄소 해양 바이오 연료를 통해 해상 운송의 10%를 수행했다. 2030년까지 국제 해상 화물의 10%를 친환경 연료로 운송하는 목표로 해양 바이오 연료와 무탄소 연료 사용을 점진적으로 확대하며, 대규모 해상 운송 시스템을 지속적으로 개선할 계획이다. (Amazon, 2023)

미들 마일(Middle Mile) 단계는 제품이 아마존의 여러 물류 센터 간 이동하는 과정으로, 아마존은 전기차 및 저탄소 연료 사용을 확대하고 있다. 유럽에서는 철도와 해상 운송의 비중을 크게 늘려 2023년에는 해당 부문의 운송량이 50% 이상 증가했으며, 이를 통해 도로 운송보다 약 50% 낮은 탄소 배출을 달성했다. 중형 전기차와 재생 가능 연료를 적극 도입하여 탄소 배출을 줄이고 있으며, 중장기적으로 이러한 저탄소 차

량의 비중을 지속적으로 높여갈 계획이다. (Amazon, 2023)

2023년에는 전 세계적으로 245대의 전기 중형 트럭을 도입했다. 북미 지역에서는 플러그 파워(Plug Power)라는 수소 연료전지 기술 전문 기업과 협업하여 18,000대 이상의 수소 연료 지게차 도입 운영 중이며, 110대의 전기 야드 호스트러(트럭 트레일러 이동 차량)를 운영 중이다.

또한, 아마존은 저탄소 건축 자재와 에너지 효율성을 높이기 위한 기술을 적극 도입하고 있다. 2030년까지 물류 시설의 전반적인 에너지 소비를 최소화하는 동시에, 물류 센터에서 재생 가능 에너지를 사용하는 비율을 높여갈 예정이다.

라스트 마일(Last Mile) 단계는 고객에게 제품이 최종적으로 전달되는 과정으로, 아마존의 지속 가능성 전략에서 가장 핵심적인 부분이다. 2030년까지 10만대의 전기 배송 차량을 도입하는 것을 목표로 전기차 제조사인 리비안(Rivian)에 7억 달러 이상을 투자하고, 10만 대를 주문했다. 리비안 외에도 유럽과 아시아에서 다양한 전기차 제조사들과 협력하여 전기 밴 및 트럭을 도입하고 있다. (Amazon, 2023)

아마존은 유럽에서 메르세데스-벤츠와 협력하여 전기 배송 밴을 운영하고 있다. 2023년에는 전 세계적으로 24,000대 이상의 전기차를 통해 6억 8천만 개의 패키지를 배달했다. 특히, 아마존은 도심 내 탄소 배출을 줄이기 위해 마이크로모빌리티 허브를 적극적으로 활용하고 있다. 이러한 허브는 e-카고 자전거와 도보 배달을 사용해 2023년에는 1억 2천 5백만 개 이상의 패키지를 배달했다. 뉴욕 맨해튼에서는 하루 222,000개의 패키지를 도보로 배달해 수백 대의 차량 사용을 대체했다. (Amazon, 2023)

아마존은 물류 네트워크의 탄소 배출을 줄이기 위해 전기차 도입을 지속적으로 확대하고 있으며, 이와 함께 대규모 충전 인프라를 구축하는 데도 투자하고 있다. 미국과 유럽 등 여러 지역에서 2024년까지 전기차 충전소를 확대 구축할 계획이다. 이러한 중장기적인 투자와 전략을 통해 아마존은 항공 및 도로 운송의 비중을 줄이고, 철도와 해상 운송의 비중을 늘리면서 탄소 배출 감소 목표를 달성하려고 한다.

아마존의 지속 가능성 전략은 데이터 기반의 접근을 통해 물류 전 과정에서의 효율성을 극대화하고 있다. 예를 들어, 인공지능(AI)을 활용해 포장 효율성을 개선하고 최적화된 배송 경로를 설정하여 탄소 배출을 줄이고 있다. 또한, 아마존은 물류 네트워크 내 모든 단계에서 혁신을 추구하며, 이를 통해 지속 가능성을 강화하고 탄소 배출을 줄이려는 목표를 가지고 있다.

한편 아마존은 포장재의 효율성을 높이고 불필요한 자원 낭비를 줄이기 위해 혁신적인 포장 솔루션을 지속적으로 도입하고 있다. 2015년 이후, 미국, 캐나다, 유럽에서 평균 포장 무게를 43% 줄였으며, 이로 인해 3백만 톤 이상의 포장재 사용을 절감했다. 또한, 유럽과 인도에서는 100% 가정에서 재활용 가능한 포장재를 사용하여 환경 보호에 기여하고 있다. (https://sustainability.aboutamazon.com/waste)

아마존은 또한 간단하게 재활용할 수 있는 포장재를 제공하는 "Frustration-Free Packaging(FFP)" 프로그램을 운영하고 있다. 불필요한 포장을 줄이고, 고객들에게 더 친환경적이고 효율적인 포장 옵션을 제공하고 있다. 이 프로그램은 환경적 지속 가능성뿐만 아니라 고객의 사용 편의성을 고려한 설계로, 아마존의 전 세계적 물류 네트워크에서 성공적으로 적용되고 있다

아마존은 The Climate Pledge Fund를 통해 20억 달러를 투자하여 지속 가능한 기술 개발을 지원하고 있다. 이 기금은 기후 기술 혁신가들을 지원하며, 농업, 물류, 에너지 등 다양한 분야에서 탄소 배출을 줄이는

데 기여하고 있다. 히포 하베스트(Hippo Harvest)[1)]라는 회사는 기후 기술 펀드의 지원을 받아 로봇 및 기계 학습 기술을 통해 물과 비료 사용을 획기적으로 줄인 친환경 농업을 개발했다. 이러한 기술은 아마존의 공급망에 적용되었으며, 더 나아가 제품 포장에도 100% 재활용 소재를 사용하여 순환 경제를 촉진하고 있다.

아마존은 제품 수명 주기 내에서 자원 효율성을 극대화하기 위해 다양한 프로그램을 운영하고 있다. "Amazon Second Chance" 프로그램은 고객이 사용한 제품을 재활용, 수리, 재판매할 수 있도록 지원하며, 이러한 노력을 통해 자원 순환과 지속 가능성을 높이고 있다. 또한, 아마존의 공급망 전반에서 효율적인 자원 사용을 촉진하기 위해 지속 가능한 소싱 기준을 엄격하게 적용하고 있으며, 이를 통해 환경에 미치는 영향을 최소화하고 있다.

친환경 해상 연료 선두주자 머스크(Maersk)

해운업계의 세계적 리더로 자리잡은 머스크(Maersk)는 최근 몇 년간 지속 가능성을 강화하기 위해 광범위한 친환경 정책을 추진하고 있다. 머스크의 친환경 전략은 해양 물류에서 발생하는 탄소 배출을 획기적으로 줄이는 것을 목표로 하며, 2040년까지 완전한 "넷제로(Net Zero)"를 달성하겠다는 야심 찬 목표를 설정하고 기술개발과 투자를 지속하고 있다. 그 중간 단계로 2030년까지 탄소 배출량을 2020년 대비 50% 감축하는 것을 목표로 친환경 연료 도입, 선박 및 운영 효율성 개선, 화주 대상 탄소 중립 서비스 제공, 탄소 중립 물류센터 구축, 친환경 포장 솔루션

1) https://www.hippoharvest.com/

개발, 연구개발 및 투자확대를 추진하고 있다. (Maersk, 2023)

IMO(International Maritime Organization, 국제해사기구)는 해운업계의 환경 문제를 해결하기 위해 다양한 규제를 제정하고 있으며, 특히 온실가스 배출 감축에 초점을 맞추고 있다. 2020년 1월부터 시행된 IMO 2020 규제는 선박 연료유의 황 함유량을 기존 3.5%에서 0.5%로 대폭 낮추었다. 이 규제는 대기 오염을 줄이고, 해양 생태계를 보호하기 위한 목적으로 도입되었다. 해운사들은 저황유를 사용하거나, 스크러버(배출가스 정화장치)를 설치하여 이 규제를 준수해야 한다. 이로 인해 해운사들의 연료 비용이 상승하고, 스크러버 설치로 인한 추가 비용 부담이 생겼다.

IMO는 2050년까지 국제 해운 산업의 온실가스 배출 넷제로(Net Zero) 달성을 위한 포괄적인 전략을 채택했다. 2023년 IMO 온실가스 감축 전략에 따르면, 2008년 대비 2030년까지 온실가스 배출을 최소 20-30% 감축하고, 2040년까지는 70-80% 감축하는 것이 목표다. 이 목표를 달성하기 위해 IMO는 2030년까지 그린 수소, 암모니아 등과 같은 대체 연료의 채택을 강조하고 있다. 또한, 연료 표준을 규제하는 기술적 조치와 탄소 가격 책정을 포함하는 경제적 조치를 통해 청정 연료 사용을 촉진할 예정이다. 이러한 조치는 2025년까지 최종 확정되고, 2027년부터 시행될 계획이다.

2023년부터 적용된 EEXI(Energy Efficiency Existing Ship Index)와 CII(Carbon Intensity Indicator) 규제는 기존 선박의 에너지 효율성과 탄소 배출 강도를 평가한다. EEXI는 선박의 설계와 운영 효율성을 기준으로 평가하며, CII는 실제 운항 시 발생하는 탄소 배출량을 기준으로 한다. 이 규제들은 선박을 더욱 친환경적으로 운영하기 위한 기술적 및 운영적 개선을 요구한다. 평가 등급이 낮은 선박은 운항에 제한을 받거나 추가적인 개선 작업이 필요하다.

IMO 2020 등과 같은 규제는 해운사들에게 연료 비용을 크게 증가시키고 있다. 저황유의 가격이 기존 연료보다 높아, 운영 비용이 상승하고 있으며, 스크러버 설치와 같은 기술적 대안도 상당한 초기 투자가 필요하다. 이는 해운사의 이익률에 영향을 미칠 뿐만 아니라, 고객에게 전가될 수 있는 비용 상승을 유발할 수 있다. 그리고 IMO 규제는 해운사 간 경쟁력을 재편하는 요소로 작용하고 있다.

머스크와 같은 대형 해운사는 친환경 연료 도입과 기술 혁신을 통해 규제에 효과적으로 대응할 수 있는 자원과 역량을 보유하고 있지만, 중소 해운사들은 초기 투자와 기술 도입에 어려움을 겪을 수 있다. 이는 해운업계에서 대형 해운사의 시장 지배력을 강화하는 요인이 될 수 있다.

머스크는 IMO의 온실가스 배출 감축 목표에 발맞추어 친환경 연료 도입을 가속화하고 있다. 특히 주목할 부분은 메탄올을 연료로 사용하는 선박의 도입이다. 이는 기존 선박보다 탄소 배출을 약 20%에서 30%까지 줄일 수 있다. 2024년부터 2월 첫 취항을 시작으로 대형 컨테이너선을 도입할 계획이며, 2030년까지 전체 해상 물류의 25%를 친환경 연료로 운항하는 것을 목표로 하고 있으며, 지속 가능한 메탄올, 바이오 연료, 암모니아 등을 대체 연료로 사용하기 위한 노력을 기울이고 있다. 이러한 연료 전환은 탄소 배출을 획기적으로 줄이고, 장기적인 규제 대응과 환경적 지속 가능성을 확보하는 데 중요한 역할을 한다. (Maersk, 2024-1), (Maersk, 2024-2)

머스크는 친환경 연료 공급망을 구축하기 위해 글로벌 파트너들과 협력하고 있다. 2030년까지 메탄올 생산 설비를 확충하고, 전 세계 주요 항구에 친환경 연료 공급 인프라를 구축할 계획이다. 이를 통해 머스크는 탄소 배출을 줄이는 동시에 안정적인 연료 공급을 보장하고자 한다.

EEXI와 CII 규제를 준수하기 위해 머스크는 선박 효율성을 개선하기 위해 첨단 기술을 도입하고 있다. 최신 항해 최적화 소프트웨어를 활용하여 최적의 항로를 설정하고, 선박의 속도 조절을 통해 연료 소비를 최소화하고자 한다. 또한, 선박의 저항을 줄이는 디자인과 연료 효율성이 높은 엔진을 도입하여 전체적으로 20% 이상의 연료 효율성을 달성하고 있다. 이를 통해 2030년까지 전체 선단 중 50%를 친환경 선박으로 교체할 계획이다. 이는 연간 약 150만 톤의 이산화탄소(CO2) 배출을 줄일 수 있을 것으로 기대된다. (Maersk, 2023)

또한 머스크는 고객(화주)들에게 Scope 3 탄소 배출을 줄일 수 있는 다양한 옵션을 제공하고 있다. 2025년까지 모든 고객은 탄소 중립 운송 옵션을 선택할 수 있으며, 이는 머스크의 친환경 연료 사용과 탄소 상쇄 프로그램을 통해 이루어진다. 탄소 상쇄 프로그램은 숲을 다시 구성하는 재조림(再造林) 프로젝트, 재생 에너지 발전소 등 탄소를 흡수하거나 줄이는 활동에 투자하여 탄소 배출을 상쇄하는 방식이다.

또한, 고객들에게 친환경 물류 서비스를 제공하면서 비용 효율적인 솔루션도 함께 제시하고 있다. 이를 통해 기업들은 ESG 목표를 달성하고, 지속 가능성을 높이며, 고객들에게 더 나은 환경적 이미지를 제공할 수 있다.

머스크는 물류 전반에서 발생하는 탄소 배출을 줄이기 위해 공급망 전반에 걸쳐 다양한 전략을 도입하고 있다. 2030년까지 머스크의 모든 물류 창고와 물류 센터는 탄소 중립 설계를 기반으로 운영될 예정이다. 이를 위해 태양광 패널 설치, 에너지 효율적인 조명 및 냉난방 시스템 도입 등이 계획되어 있다. 이와 함께 2025년까지 전체 운영에서 사용하는 전력의 100%를 재생 가능 에너지로 전환할 계획이다. 이를 통해 물류 센터와 운영 시설에서 발생하는 탄소 배출을 최소화하고, 재생 가능 에너지 사용을 극대화할 것이다.

머스크는 지속 가능한 해양 연료 개발, 전기 선박 및 인프라 구축 등에 적극적으로 투자하고 있다. 2030년까지 50억 달러를 투자해 메탄올 생산 설비, 친환경 연료 공급망, 선박 기술 혁신을 추진할 계획이다. (Maersk, 2023)

IMO 규제는 해운업계의 구조를 변화시키고 있으며, 머스크는 이에 맞춰 다양한 친환경 전략을 추진하고 있다. 이러한 변화는 해운사들에게 비용과 기술적 도전 과제를 제시하는 동시에, 탈탄소화와 지속 가능한 성장을 위한 기회를 제공하고 있다. 머스크는 과감한 투자와 기술 혁신을 통해 해운업계 변화를 선도하고 있으며, 주도권을 확대하고 있다.

4장. RE100 (Renewable Electricity 100%)

RE100은 "Renewable Electricity 100%"의 약자로, 기업이 사용하는 전력을 100% 재생 가능 에너지로 전환하겠다는 목표를 의미한다. 이 캠페인은 2014년 영국의 비영리 기구인 '더 클라이밋 그룹(The Climate Group)'이 주도하여 시작되었으며, 전 세계의 다양한 기업들이 참여하고 있다.

참여하는 기업들은 단순히 이윤 추구를 넘어 사회적 책임(CSR, Corporate Social Responsibility)을 중시하고 있다. RE100은 기업이 환경에 대한 책임을 다하는 하나의 상징적인 이니셔티브로, 참여 기업들은 지속 가능성을 실천하는 모습을 대외적으로 어필할 수 있다. 이는 고객, 투자자, 그리고 사회 전반의 신뢰를 얻는 데 중요한 요소이다.

또한, 지속 가능 경영을 통해 장기적으로 안정적인 에너지원 확보와 비용 절감 효과를 기대할 수 있다. 특히, 재생 가능 에너지 기술의 발전과 더불어 관련 비용이 감소하면서, RE100 참여 기업들은 에너지 비용 절감과 함께 시장에서의 경쟁 우위를 점할 수 있다. 각국 정부는 점차 기후 변화에 대응하기 위한 규제와 정책을 강화하고 있다. 탄소 배출권 거래제, 탄소세 도입 등 다양한 규제가 확산됨에 따라, 기업들은 이러한 변화에 대비할 필요가 있다.

RE100을 통해 재생 가능 에너지 사용 비중을 높이는 것은 이러한 규제에 선제적으로 대응하는 전략적 선택이다. 이는 미래의 불확실한 규제 환경에서 리스크를 줄이고, 지속 가능한 성장을 도모할 수 있는 기회를 제공한다. RE100은 재생 가능 에너지 기술 개발을 촉진하는 역할도 하고 있다. 기업들이 대규모로 재생 가능 에너지를 도입함으로써 관련 산업의 성장이 가속화되고, 기술 개발에 대한 투자와 연구가 활발해진다. 이는 궁극적으로 전 세계적으로 재생 가능 에너지의 보급을 확대하고, 더 나은 기술 솔루션을 통해 에너지 전환을 가속화하는 데 기여할 수 있다.

RE100은 단순한 기업 캠페인을 넘어 기후 변화 대응, 기업의 지속 가능성, 정책 변화 대응, 그리고 기술 혁신을 이끄는 중요한 이니셔티브로 자리잡고 있다. 기업들이 RE100을 통해 재생 가능 에너지 전환을 실천함으로써, 지속 가능한 미래를 구축하고 기후위기 극복에 기여할 수 있다. RE100의 확산은 전 세계적인 에너지 전환을 촉진하고, 보다 나은 환경과 경제적 미래를 향한 필수적인 움직임으로 평가받고 있다.

RE100 참여 기업 현황

2014년 시작된 RE100 캠페인은 초창기에는 미국과 영국을 중심으로 확산되었다. 초기에는 대형 다국적 기업들이 주도했으나, 최근에는 아시아 기업들의 참여가 눈에 띄게 증가하고 있다. 2024년 8월말 기준으로, RE100에 참여한 기업 수는 총 432개 사로, 이 중 미국이 23.1%로 가장 큰 비중을 차지하고 있으며, 일본(20.2%)과 영국(11.1%)이 뒤를 잇고 있다. 한국은 8.3%로 네 번째로 많은 비중을 차지하고 있다. 그 뒤는 대만(7.5%)과 독일(4.2%)이 따르고 있다. (장현숙, 2024)

지역별로는 북미는 RE100 캠페인에서 가장 중요한 지역으로, 미국과 캐나다의 많은 대기업들이 참여하고 있다. 이 지역의 회원사들은 전체 전력 소비의 66%를 재생에너지로 충당하고 있다. 주요 회원사로는 Walmart, Apple, Google 등이 있다. 미국의 인플레이션 감축법(IRA)과 같은 정책적 지원 덕분에 재생에너지 조달이 활발히 이루어지고 있다.

유럽은 RE100의 두 번째로 큰 시장이다. 회원사들은 전체 전력의 84%를 재생에너지로 사용하고 있다. 유럽연합(EU)의 "Fit for 55" 정책과 재생에너지 목표가 이 지역의 기업들이 재생에너지 사용을 확대하는 데 중요한 역할을 하고 있다. 주요 회원사로는 이케아(IKEA), 네슬레(Nestlé), 유니레버(Unilever) 등이 있다.

아시아 태평양 지역에서는 한국과 일본, 중국이 주요 중심지로 부상하고 있다. 한국의 대기업들이 특히 적극적으로 참여하고 있으며, 이 지역의 RE100 회원사들은 재생에너지 사용 비율을 지속적으로 늘리고 있다. 그러나 여전히 재생에너지 접근성과 비용 문제로 인해 전환율은 낮은 편이다(2023년 기준 23%). 주요 회원사로는 삼성전자, 현대자동차, 현대모비스, LG전자, SK하이닉스 등이 있다. 한국의 RE100 참여는 2020년에 처음 6개 기업으로 시작하여, 현재 36개 기업으로 증가했다. 36개 참여기업은 〈표 2〉와 같다.

그러나 한국 기업들의 재생에너지 이용 비율은 주요국에 비해 여전히 낮다. RE100에 참여하는 한국 기업들의 재생에너지 이용 비율은 9%로, 전 세계 평균 50%에 크게 못 미친다. 이는 한국의 산업 구조상 제조업 비중이 높고, 재생에너지 발전 비용이 상대적으로 비싸기 때문이다. 예를 들어, 한국의 태양광 발전 단가는 미국과 유럽보다 1.5배에서 3배 더 높아, 글로벌 시장에서 가격 경쟁력이 떨어진다.

〈표 2〉 RE100 가입 국내기업 현황

가입 년도 / 적용 년도	2020년	2021년	2022년	2023년	계
2025년		미래에셋증권			1개
2030년		LG 에너지솔루션 SK 아이테크놀로지 아모레퍼시픽	LG이노텍		4개
2040년	㈜SK	KB금융그룹 롯데칠성음료	기아 네이버 인천 국제공항공사 현대모비스	롯데웰푸드 삼성생명 삼성화재 신한금융그룹 카카오 LG 일렉트로닉스 롯데케미컬 LS일렉트릭 HD현대사이트 솔루션	16개
2045년			현대자동차		1개
2050년	SKC SK머트리얼즈 SK실트론 SK텔레콤 SK하이닉스	고려아연 한국수자원공사	KT 삼성SDI 삼성디스플레이 삼성 바이오로직스 삼성전기 삼성전자 현대위아		14개
계	6개	8개	13개	9개	36개

출처: The Climate Group (2024). "RE100 Members." https://www.there100.org/re100-members., 2024년 8월 26일 기준

산업별 RE100 참여기업을 살펴보면 제조업은 RE100 회원사들 중 가장 큰 비중을 차지하며, 전체 전력 소비의 38%를 차지하고 있다. 제조업체들은 주로 PPA(Power Purchase Agreement, 전력구매계약)를 통해 재생에너지를 조달하고 있다. 제조업 부문에서는 일본과 한국의 대기업들이 주도적으로 참여하고 있다.

서비스업은 RE100에서 두 번째로 큰 비중을 차지하며, 전체 전력 소비의 26%를 차지하고 있다. 이 부문은 대부분의 에너지를 데이터 센터와 오피스 운영을 위해 사용하며, 구글(Google), 마이크로소프트(Microsoft), 아마존(Amazon)과 같은 대기업들이 주도하고 있다. 소매업 부문에서는 이케아(IKEA), H&M, 월마트(Walmart) 등 글로벌 소매 체인들이 주요 회원사로 참여하고 있으며, 이들 기업들은 주로 자가발전 또는 지역별 전력구매계약을 통해 재생에너지를 조달하고 있다.

RE100 가입 및 추진 애로사항

한국 무역협회 조사결과 한국 기업들은 RE100에 대한 인식이 비교적 낮았다. 전체 응답 기업의 45.2%만이 RE100에 대해 알고 있으며, 이들 중 대부분은 자사 지속 가능 경영을 위해 RE100에 관심을 두고 있다. 대기업(62.5%)과 중견기업(49.6%)의 인지도는 높은 편이나, 중소기업은 39.2%로 상대적으로 낮다. 업종별로는 전기전자, 석유화학, 자동차 부품 업종이 RE100에 대한 인식이 높았으며, 조선, 식음료, 화장품 업종은 인지도가 낮았다. (장현숙, 2024)

기업들이 RE100에 관심을 갖는 주요 이유는 '자사 지속 가능 경영'이 32.6%로 가장 많았고, 그 다음으로 '에너지 비용 절감'이 27.2%, '고객사 요구'가 19.2%로 뒤를 이었다. 특히 섬유 및 패션 업종의 경우, 고객사의 요구로 인해 RE100에 관심을 갖게 된 비율이 44%에 달했다. 반면, 수출 기업의 54.8%는 RE100에 대해 전혀 모른다고 응답해 인식 개선이 필요함을 보여준다. 수출 제조기업의 16.9%가 바이어나 공급망으로부터 재생에너지 사용을 요구받았으며, 이들 중 41.7%는 2024년이나 2025년부터 재생에너지를 사용해야 한다는 압박을 받고 있다. 그러나 실제로 RE100을 이행 중인 기업은 전체의 14.6%에 불과하며, 이들 중 대부분이 자가발전 방식을 선호하고 있다. 특히 중견기업들은 정부의 신재생에너지 보급 사업을 통해 공장이나 사무실에 태양광 설비를 설치한 경우가 많아 자가발전 비율이 높았다. (장현숙, 2024)

한편 글로벌 RE100 가입 회원사들은 적극적으로 RE100 목표 달성을 추진하고 있으나 〈표 3〉과 같은 장애 요인들이 추진에 어려움으로 나타나고 있다. (The Climate Group., 2024)

RE100 회원사들이 RE100 추진에 가장 큰 어려움으로 겪고 있는 것은 재생에너지의 높은 비용이다. 특히 한국, 일본, 중국과 같은 아시아 시장에서 재생에너지 비용이 상대적으로 높게 형성되어 있어 기업들이 부담을 느끼고 있다. 이로 인해 많은 기업들이 재생에너지 전환을 주저하고 있으며, 이는 전체적인 RE100 목표 달성에 장애가 되고 있다.

〈표 3〉 국가별 RE100 조달 애로

구분	한국	일본	싱가포르	대만	중국	인도	미국	러시아	사우디아라비아	베트남	합계
고비용/제한된 공급	27	24	31	37	4	5	5	6	5	2	127

구분	한국	일본	싱가포르	대만	중국	인도	미국	러시아	사우디아라비아	베트남	합계
조달옵션 부족	32	14	12	9	18	10	7	7	8	6	112
마찰 및 비효율	17	25	16	11	6	11	16	4	3	0	105
규제장벽	8	8	0	2	1	9	2	4	1	2	44
신뢰도 부족	4	1	0	0	4	3	2	1	1	1	16
내부이슈	0	1	2	1	0	1	2	0	0	0	12
정보부족	5	3	0	0	3	3	2	0	0	0	15
애로업체 비율	40%	24%	27%	33%	12%	13%	9%	21%	21%	9%	

출처: The Climate Group. (2024). "RE100 Annual disclosure Report. 2023"

RE100 회원사들은 재생에너지를 조달하는 데 있어 적합한 옵션이 제한적이라고 보고 있다. 특히 PPA(전력구매계약)와 같은 직접적인 조달 방식은 북미나 유럽에서는 접근성이 높은 반면, 아시아와 같은 시장에서는 여전히 접근이 어렵다. 이로 인해 기업들은 조달 옵션을 다양화하거나 다른 지역에서 재생에너지를 조달해야 하는 상황에 놓이게 된다.

규제 문제도 RE100 목표 달성에 큰 걸림돌로 작용하고 있다. 여러 국가에서 재생에너지 사용을 촉진하기 위한 법적·정책적 기반이 부족하거나, 복잡한 절차가 존재한다. 한국에서는 재생에너지 인증서(EACs)의 활용이 제한적이고, 중국에서는 정부의 정책 변경으로 인해 재생에너지 조달이 어려운 상황이 발생하기도 한다. 이러한 규제 장벽은 기업들이 재생에너지를 효율적으로 조달하는 데 걸림돌로 작용하고 있다.

또 다른 문제는 데이터 투명성의 부족이다. 일부 기업들은 재생에너지 사용 데이터를 공개하지 않거나, 불충분한 정보를 제공함으로써 신뢰할 수 있는 분석을 어렵게 하고 있다. 특히 국가별 전력 소비 데이터가 제공되지 않거나, 재생에너지 조달 과정에서의 상세한 정보가 누락되는 경우가 많다. 이는 RE100이 기업들의 재생에너지 사용 실적을 정확히 평가하는 데 한계를 초래하고 있다.

그 밖에도 소규모 기업의 경우 재생에너지 조달에 필요한 정보나 자원이 부족하여 대기업에 비해 상대적으로 더 큰 어려움을 겪고 있다. 기업이 직접 재생에너지를 생산하거나 조달하기 위해 필요한 인프라 설치가, 임차한 건물에서는 어려운 경우가 많다. 일부 기업들은 재생에너지 인증서(EACs)의 신뢰성에 의문을 제기하며, 실제 재생에너지 조달 여부에 대한 불확실성을 표명하고 있다.

글로벌 시장에서는 재생에너지 사용이 기업의 필수 조건으로 자리잡고 있다. 유럽과 북미의 다국적 기업들은 공급망 내 협력사들에게도 RE100을 요구하고 있으며, 이로 인해 한국 수출기업들도 재생에너지 전환을 피할 수 없는 과제로 인식하고 있다. 예를 들어, BMW와 볼보 같은 유럽의 완성차 제조업체들은 한국 부품 공급사 및 물류 전문기업에게 RE100 참여를 요구하며, 재생에너지 사용 여부가 계약 조건에 영향을 미치고 있다. 이러한 글로벌 추세는 향후 한국 기업들의 산업 경쟁력에 큰 영향을 미칠 것으로 예상된다.

5장. 순환 경제와 도심 물류 혁신

탄소 발자국 감축을 위한 핵심 과제로 순환 경제의 중요성이 더욱 강조되고 있다. 순환 경제는 자원 사용의 효율성을 높이고 폐기물을 최소화하여 지속 가능한 발전을 도모하는 개념이다. 2001년 미국에서 설립된 테라사이클(TerraCycle)[2]은 이러한 순환 경제를 실현하는 대표적인 글로벌 환경 기업으로, 전통적인 재활용 시스템으로는 처리하기 어려운 폐기물을 재활용하거나 업사이클링하는데 앞장서고 있다. 치약 튜브, 칫솔, 포장재, 플라스틱 포장지 등 일반적으로 재활용되지 않는 폐기물을 새로운 제품으로 재탄생시키고 있으며, 'Zero Waste Box' 프로그램을 통해 기업과 가정에서 발생하는 다양한 폐기물을 효과적으로 관리할 수 있도록 돕고 있다.

또한 테라사이클이 주도하는 순환 경제 플랫폼 루프(Loop)[3]는 일회용 포장재를 대체하기 위해 재사용 가능한 용기를 활용해 제품을 제공한다. 이 시스템은 소비자가 일회용 플라스틱을 사용하지 않고도 일상생활에서 필요한 제품을 편리하게 사용할 수 있도록 한다. 소비자가 루프 웹사이트나 파트너 소매점에서 제품을 주문하면, 재사용 가능한 유리병이나 스테인리스 스틸로 제작된 용기에 제품이 담겨 배송된다. 사용 후 빈 용기를 다시 루프에 반납하면, 철저한 세척 및 재충전 과정을 거쳐 다시 사용된다. 이러한 순환 시스템은 자원 낭비를 최소화하고 일회용 포장재 사용을 효과적으로 줄여준다.

루프는 P&G, 네슬레, 유니레버, 코카콜라 등의 글로벌 대기업들과 협력하여 다양한 제품을 재사용 가능한 용기로 제공하고 있다. 이러한 협력은 기업들이 환경 책임을 다하고 지속 가능한 비즈니스 모델을 채택하는 데 기여하고 있다. 루프의 혁신적인 시스템은 현재 미국, 프랑스, 영국, 일본 등 여러 나라에서 운영 중이며, 점차 더 많은 국가로 확장되

---

2) https://www.terracycle.com/
3) https://exploreloop.com/

고 있다.

한편, 전자상거래의 급격한 성장과 더불어 도심 내 물류 이동량이 크게 증가하면서 탄소 배출도 심각한 문제로 떠오르고 있다. 이에 따라 도심 물류 시스템의 혁신과 탄소 발자국 절감이 절실히 요구되고 있다. 특히 라스트 마일 배송은 도심 물류의 핵심 부분으로, 도로 혼잡, 비효율적인 운송 경로, 그리고 화석 연료를 사용하는 차량의 대규모 운행이 결합되어 탄소 배출이 급증하는 요인으로 작용하고 있다.

이를 해결하기 위해 자전거, 전기차, 드론 등 친환경 운송 수단의 도입이 중요하다. 전기차와 자전거는 이산화탄소 배출을 줄이는 데 큰 기여를 하며, 드론은 교통 체증을 피할 수 있는 대안으로 주목받고 있다. 또한, 도심 외곽에 물류 허브를 구축하고 스마트 물류 시스템을 통해 실시간으로 최적의 배송 경로를 파악해 물류 이동의 효율성을 극대화하는 것이 필요하다. 나아가, AI 기반의 수요 예측과 재고 관리 자동화를 통해 물류 과정의 최적화를 달성함으로써 불필요한 운송을 줄이고 지속 가능한 물류 생태계를 구축할 수 있다.

이와 함께, 도심 내 식량 공급 안정성과 자급자족 문제도 기후 변화 대응의 일환으로 중요한 주제가 되고 있다. 이에 따라 수직농장과 스마트팜이 도심 물류와 연계되어 발전하고 있다. 도심 내에서 에너지 효율적인 방식으로 농작물을 재배하는 수직농장은 물류 과정에서의 탄소 배출을 줄이며 도시 농업 모델을 확립하는 데 기여한다. 스마트팜 기술은 IoT와 AI를 활용해 자원 사용을 최적화하고 온실가스 배출을 최소화하며, 이러한 기술적 혁신은 도시 내 식량 공급을 좀더 지속 가능하게 한다.

브루클린 그레인지(Brooklyn Grange)[4]는 뉴욕시의 유휴 옥상 공간을

4) https://www.brooklyngrangefarm.com/

활용해 수직농장을 운영하며, 도심 내 신선한 농산물을 생산해 공급하고 있다. 이 회사는 도심 내 식량 생산을 통해 기후 변화에 대응하고 지역 내 지속 가능한 식량 공급망을 구축하고 있다. 독일의 스타트업 인팜(Infarm)[5]은 에너지 효율적인 스마트팜 시스템을 통해 도심 내 신선한 식량 공급을 실현하며 탄소 배출을 줄이고 지속 가능한 농업을 구현하고 있다.

한국에서는 전통 농기계 제조업에서 출발한 대동이 정밀농업과 스마트팜 분야로 사업을 확장해 미래 농업의 핵심 기술을 선도하고 있다. 대동의 정밀농업 솔루션은 IoT, 빅데이터, AI를 기반으로 농작물 생장 조건을 최적화하여 도심 내에서 안정적인 농산물 생산을 가능하게 하며, 물류 이동을 최소화함으로써 탄소 발자국을 실질적으로 감축한다. (대동, 2024)

순환 경제와 도심 물류 혁신은 단순한 효율성 향상에 그치지 않고 기후 변화 대응과 도시의 지속 가능성을 높이는 데 필수적인 역할을 한다. 다양한 기술과 접근법이 결합되어 지속적인 혁신을 이룰 때, 사회적 지속 가능성도 크게 향상될 것이다.

6장. 기후 변화와 지속가능물류, 물류 혁신의 핵심 트리거

앞서 살펴본 바와 같이 기후 변화와 지속 가능한 물류 혁신은 물류 산업의 미래를 좌우하는 핵심 요소이다. 과거의 물류 혁신은 효율성과 비용 절감에 초점을 맞췄지만, 2020년대 들어서는 기후 변화 대응과 ESG

---

5) https://www.infarm.com/

요구가 중요한 혁신 동인으로 부상했다. 탄소 발자국 감축을 위한 규제와 소비자들의 요구 증대는 물류 산업에서 친환경 연료 도입, 전기차 및 수소 기반 차량 활용, 운송 경로 최적화 등 다양한 전략을 촉진하고 있다. DHL과 아마존과 같은 글로벌 기업들은 탄소 배출을 줄이기 위한 구체적인 목표와 투자 계획을 통해 지속 가능한 물류 체계를 구축하고 있으며, 이는 경쟁력 강화와 장기적 생존에 필수적이다.

또한, RE100 캠페인과 같은 글로벌 이니셔티브는 재생 가능 에너지 전환을 촉진하며, 기업의 지속 가능성을 높이고 있다. 한국 기업들도 이에 참여하고 있지만, 재생에너지 사용 비율이 여전히 낮아 개선이 필요하다. 이와 함께 순환경제와 도심 물류 혁신도 중요해지고 있다. 자원 재활용과 친환경 물류 시스템을 통한 자원 순환은 지속 가능한 물류의 핵심 요소로 자리잡고 있다.

결론적으로, 물류 산업에서 탄소 발자국 감축과 지속 가능한 혁신은 단순한 규제 대응을 넘어서 기업의 장기적 생존과 성장에 필수적인 전략이다. 기술 혁신과 새로운 물류 모델 도입을 통해 기후 변화에 대응하면서도 경제적 경쟁력을 확보하는 것이 앞으로의 물류 산업에 있어 중요한 과제가 될 것이다.

참고문헌

대동 (2024). "2024 ESG Report."

장현숙 (2024). "제조 수출기업의 RE100 대응 실태와 과제." *한국무역협회*.

Amazon (2023). "2023 Amazon Sustainability Report."

Deloitte (2024). "Sustainability Regulation Outlook 2024."

DHL (2023). "Sustainability Report 2023: Towards Zero Emissions Logistics."

Maersk (2023). "Sustainability Report 2023: Accelerating the Transition to Net Zero Logistics."

The Climate Group. (2024). "RE100 Annual disclosure Report. 2023"

The Climate Group (2024). "RE100 Members." https://www.there100.org/re100-members.

Maersk (2024-1). "Maersk names first vessel of its large methanol-enabled fleet 'Ane Maersk'" https://www.maersk.com/news/articles/2024/01/26/maersk-names-first-vessel-of-its-large-methanol-enabled-fleet-ane-maersk

Maersk (2024-2). Ane Maersk, the world's first large green methanol-enabled vessel, makes her first call in Dubai at DP World, Jebel Ali" https://www.maersk.com/ko-kr/news/articles/2024/05/08/ane-maersk-makes-her-first-call-in-dubai-at-dp-world

R-
위기관리
RISK MANAGEMENT

안전한 배터리 운송을 위한 조건

리튬이온 배터리의 안전성에 대한 이해와 물류산업에 있어서의 도전과제

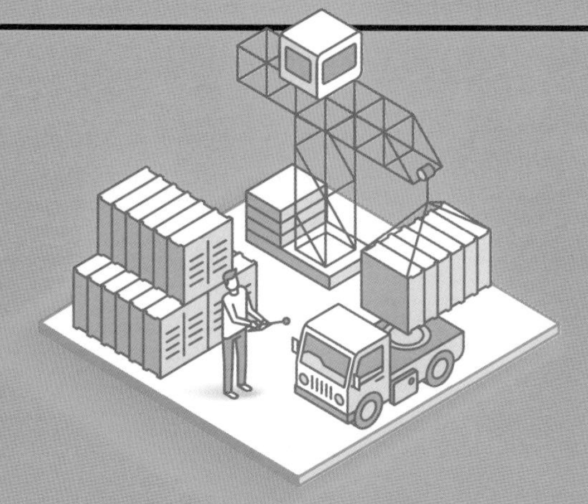

LG에너지솔루션 연구위원

최용석 연구위원은 2010년 LG화학 배터리연구소에서 배터리 팩의 열관리 시스템 설계, 평가, 및 시뮬레이션을 통해 냉각 성능을 예측하는 일을 시작하였고, 현재는 LG에너지솔루션 안전성해석팀 팀장(연구위원)으로 활동하고 있다. 주로 리튬이온 배터리의 안전성 현상과 관련된 시뮬레이션 수치모델 개발 업무를 하고 있다.

강달모

LG에너지솔루션 상무

강달모 상무는 2006년 LG화학 배터리연구소에서 자동차, ESS 등에 적용되는 배터리 팩 개발을 시작하여 현재 LG에너지솔루션에서 Pack선행개발 센터장(상무)으로 활동하고 있다. 폭스바겐, 현대자동차, 르노 등 다수의 글로벌 전기자동차에 적용된 배터리 팩 개발 프로젝트를 주도하였고, 현재는 배터리 팩의 선행 및 미래 기술 개발을 담당하고 있다.

서론

리튬이온 배터리는 디지털 휴대기기, IT장치, 전기 자동차, 에너지저장장치(Energy Storage System, ESS) 등에 적용되면서 현재 가장 널리 쓰이는 2차전지이다. 그 활용도가 넓어지고 산업적 중요도가 커지면서 배터리 전체 생애주기에 걸쳐 새로운 형태의 공급망 구축이 요구되고 있다.

대부분을 수입에 의존하고 있는 원재료에 대해 주요 자원 보유국과의 전략적 협력 관계를 구축하고, 시장의 가격 변동에 대응하기 위한 광물 직접 투자와 공급망 다변화 등이 필요하다. 전기차 시장의 성장과 더불어 폐배터리를 효율적으로 활용하기 위한 새로운 시장이 열리고 있다. 안전한 재사용을 위한 보관과 운송에 대한 관리 역량 개발, 배터리 제조사와 자동차 OEM 간의 자원 재활용을 위한 순환구조 구축 등이 물류업계에 새로운 기회로 활용될 수 있다.

다만 리튬이온 배터리는 글로벌 물류 시장에서 위험물로 지정된 화물이기에 안전에 대한 다양한 측면을 고려해야 한다. 과거 항공운송 시 리튬이온 배터리 화재로 인한 사고 사례가 다수 있었고 위험물 운송 규정을 적절히 수립하고 이행하는 것이 더욱 중요하게 되었다.

최근 개정된 UN 배터리 운송 국제 기준에 대해 상세하게 설명하고 안전성 시험의 종류 및 통과 기준 등에 대해서도 알아보도록 한다. 국제항공운송협회에서 발행한 리튬 배터리 운송 가이드를 통해 리튬 배터리의 용량, 무게 등 종류에 따른 분류 체계와 포장/운송 방법에 대해 설명하고, 실제 배터리 양산 제품의 취급, 보관, 운송에 대한 예시를 소개한다.

배터리의 화재 안전성 이슈가 왜 발생하는지 보다 명확히 이해하기 위해 리튬이온 배터리의 발화 위험 요인을 분석하고, 하나의 셀에서 끝나지 않고 여러 셀로 열이 전이되는 열전파 현상의 원인과 해결 방안에 대해서도 최근 검토되고 있는 기술 중심으로 소개한다.

마지막으로 국내외 주요 물류 업계에서 진행되는 배터리 운송에 대한 전문성을 확보하기 위한 노력과, 실질적으로 배터리 제조사, 물류 업계, 전기 자동차 제조사 등이 함께 해결해 가야 할 과제에 대해 설명한다.

1장. 리튬이온 배터리 생애주기에 걸쳐 요구되는 새로운 공급망

리튬이온 배터리의 공급망은 소재 원재료(광물), 배터리 구성 소재(양극재, 음극재, 분리막, 전해질), 배터리 제품(셀, 모듈, 팩 등 완성품), 최종사용자(자동차 제조사 등), 폐배터리의 재활용, 재사용으로 구성되어 있다.

원재료의 경우 상당부분 수입에 의존하고 있어 직접 조달 영역의 확대 및 새로운 소재에 대한 기술 개발로 주요 활용 소재의 전환, 공급망 직접 투자 등의 필요성이 제기된다. 예를 들어, 포스코는 2030년까지 연간 리튬 생산량을 42만 톤 이상으로 늘리기 위해 아르헨티나, 칠레 등 리튬 자원이 풍부한 나라들 과의 사업 경쟁력 강화 방안을 논의하고 있다.[1] 42만 톤은 전기자 1000만대 이상에 탑재할 수 있는 배터리 규모이다.

음극재 소재의 핵심 원재료인 흑연은 현재 90%를 중국 수입에 의존하고 있다.[2] 2020년대 초반까지 전기 자동차 시장의 급성장에 따라 흑연 수요가 증가하였으나, 최근 전기차 수요 둔화로 흑연을 포함한 주요 광물의 가격이 하락세에 있다. 향후 전기차 시장이 회복기에 접어들 경우, 단기간에 공급망 전환이 어려울 수 있어 아프리카, 북미지역 등으로 흑연 광물 공급국가의 다변화에 적극 나서야 할 것으로 보인다.

전기차의 성장과 더불어 수명을 다한 폐배터리의 발생량이 급격히 늘어나고 있다. 글로벌 시장조사기관 블룸버그 NEF(Bloomberg New Energy Finance)는 2032년 110GWh 이상의 폐배터리가 발생할 것으로 예측하고 있다. 그로 인해 폐배터리 재활용에 관한 글로벌 시장규모는 2030년 60조 원, 2040년 200조 원이 예상된다.[3]

폐배터리의 대표적인 활용은 재사용과 재활용이다. 재사용은 전기차에 사용한 후 수명이 남은 폐배터리를 모아 일련의 과정을 거쳐 다양한 용도로 다시 사용하는 것을 의미한다. 재활용은 수명이 다해 재사용이 어려운 폐배터리를 일련의 가공 과정을 거쳐 새로운 배터리에 필요한 원재료로 활용하는 것을 뜻한다.

폐배터리 재사용의 첫 번째 단계는 지역별 수거 체계를 통해 폐배터리를 수집하고 선별하는 것이다. 이후 배터리의 잔존수명과 충전상태를 기준으로 재사용에 적합한 배터리를 골라내는 작업이 끝나면 배터리 활용 목적에 따라 품질 수준 및 인증 규제를 충족하는 솔루션을 개발해 재

1) 파이낸셜 뉴스 (2024.06.18)
2) 파이낸셜 뉴스 (2024.06.12)
3) 물류신문 (2023.07.25)

사용 제품으로서의 경쟁력을 확보한다. 더불어 재사용 배터리를 판매한 이후에는 추후 재활용을 유도할 수 있는 회수 체계도 함께 설계한다.

한편 폐배터리의 재활용은 재사용이 불가능한 배터리를 분해하고 용해해 추출한 코발트, 니켈 등을 다시 양극재 생산 단계에 투입해 새로운 배터리를 만드는 데 활용한다. 이와 같은 절차는 원재료 생산부터 소비와 폐기에 이르기까지 가치사슬(value chain) 전반을 포괄하는 하나의 선순환 체계를 구축해야 한다.

실제 중국 배터리 제조사인 CATL은 2024년 10월 스웨덴 자동차 제조사 볼보와 폐배터리 재활용 파트너십을 맺었다.[4] CATL은 볼보 차량에 쓰이는 배터리 공급에 이어 재활용 분야까지 협력범위를 넓힌 것으로, 이번 파트너십을 통해 볼보 전기차에서 나온 폐배터리를 수거, 분해한 뒤 니켈과 코발트, 망간 등 원료를 추출 회수하는 사업을 추진할 예정이다. 추출된 원료로 만든 배터리는 다시 볼보의 전기차에 적용하는 순환구조를 만든다는 게 두 회사의 구상이다.

삼성SDI는 제품에 들어가는 재활용 광물 적용 비율을 매년 확대할 예정이다.[5] 2023년 코발트, 니켈, 리튬 등 재활용 원재료의 재사용률은 12%로 목표치를 달성했고, 올해 18%, 내년 21%의 목표를 설정했다. LG에너지솔루션은 유럽 현지에서 판매되는 배터리는 휴대용, 산업용, 전기차용 배터리 종류별로 제조 시점에서 사용되는 재활용 원료의 최소기준과 의무 수거 비율이 각각 다르기 때문에 최대한 많은 물량의 폐배터리를 확보한다는 생각으로 주요 거점별로 현지 업체를 통해 수거량을 극대화하고 있다. 전기차에서 수거된 폐배터리는 ESS(에너지저장장치) 등

4) 머니투데이 (2024.06.10)
5) 파이낸셜 뉴스 (2024.07.23)

다른 제품의 배터리로 재사용하려는 시도도 활발하다.

폐배터리의 보관과 운송은 초기 생산 완제품보다 더욱 엄격히 관리되어야 한다. 리튬이온 배터리는 특성 상 화재, 폭발의 가능성이 있고, 유기용매가 주로 쓰이는 전해질과 같은 유해한 물질을 함유하고 있어 주어진 수명을 다한 이후 장기간의 열화 과정을 거치면서 발화의 위험도가 증가한다. 이에 방폭이 가능한 케이스에 수납하고, 창고 등에 보관 시 다른 발화 위험성이 있는 물질과의 혼재된 상태를 피해야 한다. 운송 시에는 방폭이 가능한 팔레트에 포장이 되어야 한다.[6]

2장. 물류산업에 있어서의 배터리 운송의 특징

글로벌 물류업체인 DHL은 배터리 운송에 있어서 물류업계가 고려해야 할 사항들을 아래와 같이 설명하였다.

① 원재료 공급부터 수명이 다한 폐배터리의 수거에 이르기까지 전체론적인 접근 방식의 물류조직 정비 필요

전기 자동차 판매율의 성장 속도는 최근의 캐즘[7] 이슈에도 불구하고, 장기적으로는 크게 증가할 것으로 예상된다. 그로 인해 생산량의 요구 증가 추세는 긴밀한 물류공급 체계 구축을 필요하여, 다수의 배터리 생산 기지 건립이 계획되고 있고, 가치사슬에 있어 더 많

6) 물류신문 (2023.07.25)

7) 캐즘(Chasm) 첨단 기술 제품이 소수의 혁신적 성향의 소비자들이 지배하는 초기 시장에서 일반인들이 널리 사용하는 단계에 이르기 전 일시적으로 수요가 정체하거나 후퇴하는 현상. 원래 지리학적으로 지각변동에 의해서 생기는 균열로 인한 단절을 의미한다. 캐즘을 넘어서는 제품은 대중화되지만 그렇지 못한 제품은 일부 얼리어답터들의 전유물로 남게 된다. (시사경제용어사전, 기획재정부, 2024.09.23)

은 참여 업체들이 생겨나고 있다. 하나의 회사가 원재료에서 폐배터리까지 배송 서비스를 제공할 수 있는 것이 가장 이상적이지만 자동차 제조사 및 배터리 제조업체는 이 과정에서 서로 관련이 없는 여러 회사를 사용하기를 원할 수 있고, 이에 따라 잘 정립된 물류 조직이 구성되려면 다른 공급 네트워크와의 통합이 가능한 시스템 구축과 전체론적인 접근 방식을 통해 배송 및 수거 솔루션을 구현할 수 있는 계획을 수립해야 한다. 경우에 따라 기존 자동차 부품과 전기 자동차 배터리를 완전히 별도의 공급망이 되도록 할 수 있는데, 이는 대규모의 중앙 집중식 물류조직에서나 가능하다.

② 전기 자동차 배터리 안전에 대한 대중의 인식 제고와 안전한 운송을 위한 포장 및 보관 등의 전문성 확보가 필요

최근 전기 자동차 배터리 운송이 직면한 큰 과제 중 하나는 안전에 대한 인식이다. 전기 자동차 배터리가 매우 위험하다는 의견이 분명히 있지만 이는 사실이 아니다. 리튬이온 배터리가 위험한 것으로 분류되지만 물류 회사에서 운송하는 다른 많은 재료와 제품도 마찬가지이다. 이러한 우려는 2011년 쉐보레 볼트(Chevy Volt)의 충돌 테스트 이후 화재가 발생했을 때로 거슬러 올라간다. 2013년 말, 보잉 787 드림라이너 항공기는 배터리의 열폭주(TR, thermal runaway)로 인해 착륙했다. 물류 산업은 다소 별개의 두 가지 사항에 대한 안전문제를 해결하는 부분에도 도움이 되어야 한다.

첫째, 대중과 산업은 리튬 배터리 기술이 그들이 생각하는 것보다 더 안전하다는 확신이 필요하고, 둘째, 물류 산업은 이것이 유지되도록 고급 모니터링 기술로 보장해야 한다는 것이다.

2011년 이후 스마트 패키징, 극저온 밀폐 및 불연성 전해질을 포함한 배터리 안전 기술이 광범위하게 발전하고 있다. 예를 들어, 메르세데스-벤츠는 2020년 캐나다 전력회사인 하이드로-퀘벡(Hydro-Québec)과의 파트너십을 통해 불연성 고체 전해질을 사용하는 차세대 리튬 배터리를 개발할 수 있다고 발표했다.

그러나 전기 자동차 배터리가 운송에 위험하지 않은 것으로 분류되는 날까지 물류 산업이 직면한 과제는 배터리를 안전하게 배송하고 재활용하는 것이다. 이는 가까운 장래에 스마트 포장, 보관 및 운송 시간 최소화, 온도 제어, 컨테이너 내구 개선, 그리고 가장 중요한 것은 최신 기술 발전에 대한 최신 정보를 유지하는 데 중점을 두는 것이다.

미국 에너지부 과학기술정보국(Office of Scientific and Technical Information)은 아래 전기차 배터리와 관련된 세 가지 유형의 안전에 중점을 둔다.[8)]

〈표 1〉 전기차 배터리와 관련된 세가지 유형의 안전

A. 열적 안전	열 안정성, 외부 연료 화재, 고온 저장, 급속 충전/방전 및 열 충격 사이클 등
B. 전기적 안전	과충전/과전압, 단락, 과방전/전압 반전 및 부분 단락 등
C. 기계적 안전	압축, 낙하, 침수, 전복 시뮬레이션, 진동 및 기계적 충격 등

이러한 위험 요인을 완화하는 것은 배터리 제조사 및 운송에 관련된 모든 업계의 공동 책임이다. 배터리를 항공으로 운송하는 경우 상업용 항공기 또는 화물 전용 항공기에서 항공 화물의 운송 규정을 확인하고 공동으로 개선해야 할 책임이 있고, 장기적으로 전기 자동차 배터리는 더욱 안전해지고 가벼워질 것이므로 한 가지 조건에 대해 제정된 기존 규칙이 미래의 운송 기회를 불필요하게 제한하지 않도록 규정을 재검토

8) 아래 유형의 안전 거동에 대해서는 추가적으로 상세 설명 예정이다.

하는 것도 필수적이다.

3장. 리튬이온 배터리의 성능과 특성에 대한 이해

본격적으로 리튬 배터리의 안전성과 관련 운송규정에 대해 다루기에 앞서 일반적으로 알려진 리튬이온 배터리를 구성하는 원재료에 대한 정보 및 주요 성능 지표에 대해 설명한다.

리튬이온 배터리는 2차전지의 일종으로 납축전지, 니켈카드뮴배터리, 니켈수소배터리를 잇는 간헐적이고 반복적인 충전에도 성능의 감소 없이 오래 사용할 수 있는 대안으로 등장했다.

현재 노트북, 태블릿 PC, 디지털카메라, 로봇, 드론 등 각종 IT기기 및 전기차, ESS 등 다양한 분야에서 가장 광범위하게 활용되고 있다.

우선 배터리는 셀과 혼용되어 쓰이는 용어인데, 셀은 2개의 단자(1개의 양극과 1개의 음극)를 보유하여 전압차이를 외부에 공급하는 단일 전기화학적 장치의 최소 단위이다. 배터리는 2개 이상의 셀이 전기적으로 연결되어 있고, 사용 시 필요한 장치, 예를 들면 용기, 단자, 표시 및 보호장치가 장착된 것을 의미한다.

리튬이온 셀은 양극재, 음극재, 전해질, 분리막의 요소로 구성되어 양극재와 음극재 사이의 리튬이온 이동에 따른 화학적 반응에 따라 전기가 생성된다.

이 중 양극재는 셀의 성능 중 용량과 전압을 결정하는데, 보통 니켈과 더불어 코발트, 망간, 알루미늄 등이 결합된 형태로 구성된다. 특히 니켈은 셀의 에너지밀도(용량)를 높이는 역할을 하고, 코발트와 망간은 양극재의 안정성을 높이는 재료이다. 값비싼 코발트 대신 알루미늄을 적용하여 셀의 출력을 높일 수 있도록 구성하기도 한다.

최근에는 위 4개의 원소로 구성된 사원계 배터리인 NCMA 양극재가 활용되어 전기차의 주행거리, 출력성능 및 안정성의 개선까지 고려한 제품이 출시되고 있다. 양극재로 쓰이는 활물질은 이외에도 LCO(리튬코발트산화물), LMO(리튬망간산화물), NCA(니켈·코발트·알루미늄), LFP(리튬인산철) 등 각 특성을 지닌 물질이 조합되어 사용된다.

음극재는 셀의 수명과 충전 속도를 좌우한다. 충전 과정 중에 리튬이온이 음극재 내부에 삽입되고, 충전속도가 빠를 수록 리튬이온의 이동속도가 빨라진다. 현재는 음극재 소재로 천연흑연이 주로 사용되고 있고, 얇은 판상형 형태가 규칙적으로 구성되어 있어 리튬이온이 사이사이에 안정적으로 삽입될 수 있다. 다만 리튬이온이 삽입될 때 흑연 입자의 부피가 자연스럽게 팽창하여 장기간 사용시 구조적인 불안정이 있을 수 있어 팽창이 적고 수명 성능이 우수한 인조흑연이 섞인 형태로 사용되기도 한다.

전해질은 전기를 만들기 위한 리튬이온의 원활한 이동 통로의 역할을 하는데, 전기화학적으로 높은 전압에서 안정적이어야 하고, 발화온도도 높아야 한다. 전해질은 리튬염, 유기용매, 첨가제의 조합으로 구성되는데, 다양한 작동 온도 범위와 충방전 과정에서 리튬이온의 이동이 원활히 될 수 있도록 하고 음극재 및 양극재의 부반응에 의한 수명 단축을 억제하는 역할을 한다.

최근에는 액체 전해질 대신 고체 및 젤 형태의 전해질을 통해 셀의 안전성과 성능을 높이려는 시도가 활발히 진행되고 있다. 고체 전해질은 온도 변화로 인한 부반응이나 외부충격 시 발생할 수 있는 전해질의 누액 현상이 없기 때문에 안전성이 우수하다는 장점이 있다.

분리막은 양극과 음극의 직접적인 접촉(단락)을 막아주고 대신 리튬이온

이 매우 작은 크기의 구멍을 통해 흘러 갈 수 있도록 만들어진다. 특히, 높은 열안정성과 전기적 절연성능, 외부 충격에도 손상이 없는 충분한 물리적 강도 등의 성능을 유지해야만 의도치 않은 안전사고를 막을 수 있다.

상기 서술된 배터리는 셀 단위로 납품하거나 전기차 모델에 맞게 모듈화하고, 필요 시 모듈화된 배터리는 팩 조립 공정을 거쳐 다양한 어플리케이션에 탑재된다.

모듈은 팩에 조립되기 전 셀 들 간의 전기적 연결구조 형성을 위한 버스바의 부착, 셀 들의 온도와 전압 신호를 읽고 측정하기 위한 전장부품의 연결, 마지막으로 다양한 충방전 및 외부 온도 환경 조건에서 셀 들의 온도를 유지하기 위한 냉각장치 및 구조적 강성을 유지해 주는 메탈 프레임 들이 제 기능을 할 수 있도록 설계 및 제작된다.

최근에는 새로운 공정기술인 셀투팩(Cell to Pack, CTP)이 적용된 배터리 팩을 통해 시스템의 에너지 밀도를 높이는 시도가 활발하다.[9] CTP는 셀에서 모듈, 그리고 팩으로 조립되는 단계 중 중간 단계인 모듈 구조를 생략하고 셀을 팩 내부에 직접 조립하는 구조로, 모듈 부품이 생략된 공간만큼 셀을 더 넣을 수 있어 배터리의 작동시간 즉, 주행거리가 늘어나는 효과가 생긴다. 모듈 공정이 생략되면 기존 공정보다 활용하는 부품 수가 적어지므로 팩 제조 시간의 감소 및 생산 비용 절감의 효과도 있다.

배터리의 성능을 표현하는 몇 가지 용어 들에 대해 설명하고자 한다.

SOC(State of Charge)는 배터리의 잔존용량을 나타낸 지표로 %로 표시하고, 현재 사용할 수 있는 배터리 용량을 전체 용량으로 나누어 백분율로 표시한 '충전 상태'를 의미한다. SOC는 통상 배터리의 전류를 측정한 후 시간에 따라 적분하여 계산하는데, 사용자는 배터리의 충전 및 종료

---

9) 한국경제 (2024.07.23)

시점을 판단하는데 활용할 수 있고 제조사는 SOC를 통해 배터리의 안정성을 강화할 수 있어 매우 중요하게 다뤄진다. 배터리의 최대 충전량을 SOC의 최고점보다 낮게 설정하고 최소 충전량을 SOC의 최저점보다 높게 설정하면 배터리의 과충전과 과방전에 의한 안전사고 등 문제를 미연에 방지할 수 있기 때문이다.

SOH(State of Health)는 배터리의 잔존 수명이자 현재 성능 상태를 알려주는 지표로, 최초 성능 대비 현재 가진 성능 수준을 보여준다. 배터리의 수명은 사용자의 이용 습관 또는 외부 환경에 영향을 많이 받기 때문에 동일한 기간을 사용했더라도 SOH는 달라질 수 있다. 특히, 전기차의 경우 배터리를 잘 관리하면 SOH의 감소없이 제조사 보증기간의 2배 이상 오래 운행하는 것도 가능하다.

리튬이온 배터리는 높은 에너지밀도, 효율 및 긴 수명 등의 장점을 가진 반면, 최근 전기차 화재 사례에서 보듯이 안전성이 담보되지 않은 경우, 상당한 피해로 연결될 수 있다. 특히, 항공운송과 같은 특수 상황에서의 배터리 화재로 인한 사고 사례를 통해 위험물운송 규정의 만족 필요성에 대해 알아본다.

4장. 리튬이온 배터리 안전성과 관련된 주요 항공안전 사고 사례

2010년 9월 UPS 항공 006편은 홍콩을 출발하여 독일로 향하던 중 신고되지 않은 리튬이온 배터리에 의한 화재가 화물칸에서 발생하였고, 두바이 공항 인근에서 추락해 승무원 전원이 사망하였다. 해당 사고기에 탑재된 8만 개 이상의 리튬이온 배터리와 추가의 가연성 물질이 담겨 있는 팔레트에서 발화가 시작된 것으로 추정되었다. 화물칸이 방화처리 되었으나 배터리의 화재를 버티지는 못한 것으로 보였다. 화재로 인해 주요 전선들이 불타버려 산소마스크, 랜딩기어, 객실감압장치 등도 작동하지 않은 것으로 밝혀졌다.[10)]

2011년 7월 인천국제공항을 출발해 상하이 푸둥국제공항으로 향하던 아시아나항공 991편 화물기도 기내에서 발생한 화재로 인해 공중 분해되어 제주도 인근에서 추락하였다. 항공철도사고조사위원회와 NTSB(미국 연방 교통안전위원회)의 조사에 따르면, 해당 항공편에는 UPS항공 006편과 비슷한 양의 리튬이온 배터리가 실린 것으로 추정됐다. 배터리의 폭발 시 발생하는 폭발압과 발생열이 기체를 공중분해하기에 충분하다고 결론지었다. 그로 인해 핵심적인 증거가 될 블랙박스가 모두 소실되었고, 이후 비행기록장치 들은 충분한 내열성을 유지하는 설계가 되도록 ICAO(국제 민간 항공 기구)에 권고되었다.

리튬 배터리와 같은 위험 화물을 운반할 시 화물에 특별한 방화작업을 하도록 하였고, 노트북과 같은 배터리가 탑재된 전자기기는 수하물로만 운항할 수 있도록 항공업계의 규정이 신설되었다. 또한 수하물로 운반할 수 있는 배터리 총량 제한과 보조배터리의 용량 제한에 대한 규정도 만들어졌다.[11)]

2013년 미국 보스턴 국제공항에서 대기하던 보잉 787기에 탑재된 리튬이온 배터리의 설계상 결함으로 인한 화재가 발생하였다. 이는 3개월간 항공기 운항 중단의 원인이 되었다. 보잉 787 드림라이너는 중요 시스템에 전력을 공급하기 위해 리튬이온 배터리에 크게 의존하는 최초의

10) 나무위키 (UPS 항공 006편 추락 사고)
11) 나무위키 (아시아나항공 991편 추락 사고)

상업용 제트기로, 그로 인해 무거운 유압 시스템을 가벼운 전자 장치와 모터로 대체하여 작동 하는 구조였다.

NTSB의 조사에 따르면 해당 항공기에 장착된 배터리에서 내부 단락(셀 내부에서 양극과 음극 간의 전기적 연결이 된 상태)이 있었고, 이로 인해 가연성 물질이 배터리 밖으로 분출되어 작은 화재가 발생하였다. 내부 단락이 발생할 수 있는 여러 가지 설계 및 제조 상의 문제가 조사 과정 중 발견되었고, 배터리의 안전성 평가에서 해당 잠재적 위험성을 확인할 수 있는 인증 과정이 없었음이 확인되었다.

이후 보잉은 배터리와 충전기를 재설계하고, 화재를 억제하면서 외부로의 뜨거운 가연성 가스를 배출할 수 있는 강철 소재로 만들어진 케이스 형태로 개선하였다. NTSB는 FAA(미국 연방항공국)가 새로운 기술과 관련된 안전성 평가에 대해 항공기 업계와 FAA 엔지니어에게 제공하는 지침을 개선하는 것을 권고했다.[12)]

리튬이온 배터리를 항공, 해상 또는 육로로 운송할 때 안전을 보장하기 위해 관련 국제 표준이 UN(United Nations)에 의해 규정되었다. 통상 UN38.3이라 불리는 이 문서에는 UN에서 발행한 위험물운송 관련 권고(Recommendations on the Transport of Dangerous Goods)에 따라 위험물의 분류 기준을 고려한 시험 및 기준에 대한 매뉴얼(Manual of Tests and Criteria (7th revised edition), 2019)이 기술되어 있다.

리튬이온 배터리가 속한 2차전지는 글로벌 시장에서 위험물로 분류되고, IMO(국제해사기구)에서 부여하는 IMDG(The International Maritime Dangerous Goods) 코드에 따르면 물질이 가지고 있는 위험성이나 그것의 가장 주된 위험선에 따른 등급(1~9 등급) 중 9등급에 속하는 위험물이다.

12) 로이터 (2014.12.02)

IATA(국제항공운송협회)는 모든 배터리는 UN38.3 시험을 통과한 증빙을 제출해야만 운송할 수 있도록 하고 있고, 글로벌 운송사들(DHL, UPS, Fedex, Forwarders 등)은 배터리 제품 선적 시 UN38.3 시험보고서 제출을 요구하고 있으며, 일부 운송사는 MSDS 자료(물질안전보건자료)도 요청한다(2003년 6월 이후에 제조된 셀/배터리 해당).

먼저 UN38.3에서 요구하는 리튬 배터리의 시험항목과 주요 기준에 대해 알아보고, IATA에서 규정하는 리튬금속 및 리튬이온 배터리의 운송 규정에 대해 설명한다.

5장. UN38.3 시험 및 기준 매뉴얼에 대한 이해

UN은 운송규정을 따라야 하는 위험물과 GHS(화학물질 분류표시 국제조화시스템, Globally Harmonized System of Classification and Labelling of Chemicals)를 따르는 유해물질 및 혼합물 등의 분류에 대해 방법을 제시하는 매뉴얼을 배포하고 있다.

이중 Section 38 은 9 등급 위험물의 분류 절차, 시험 방법 및 기준에 대한 것을 포함하고 있고, 38.3 항이 리튬금속 및 리튬이온 배터리에 대한 것이다. 여기서는 UN38.3항에 대한 상세한 내용을 다루고자 한다.

UN38.3은 리튬금속 및 리튬이온 셀/배터리의 분류에 따라 일반적인 시험 절차를 제공한다. 리튬 배터리는 셀 혹은 배터리만 포장되어 운송하고 그 대상이 리튬금속 배터리인 경우 UN3090이 붙고, 리튬이온 배터리인 경우 UN3480이 부여된다. 다만, 그 대상이 기기에 장착되어 있거나, 기기와 함께 별도로 포장되어 전원을 공급하는 역할을 하는 경우 리튬금속 배터리는 UN3091로 분류되고, 리튬이온 배터리는 UN3481로 분류된다. UN38.3은 상기 UN3090, 3091, 3480, 3481에 적용되는 시험 항목, 절차와 상세 판정 기준을 제공한다.

〈표 2〉 UN38.3 시험 및 기준 매뉴얼의 용어 및 정의

용어	정의
사이클 (cycle)	재충전이 가능한 셀/배터리에서 완전 충전과 완전 방전이 반복되는 하나의 순서
분해 (disassembly)	고체 상태의 부품 등이 튀어나와 셀/배터리 케이스가 파열된 상태
화재 (fire)	셀/배터리로부터 방사되는 불꽃들
누출 (leakage)	셀/배터리로부터 새어 나온 눈에 보이는 전해액 혹은 물질
파열 (rupture)	내부 혹은 외부적 요인에 의해 셀 혹은 배터리 케이스가 기계적인 파손에 이른 것
단락 (short circuit)	셀/배터리의 양극과 음극이 직접 연결되어 서로 간에 저항이 없어진 상태
벤팅(venting)	셀/배터리 내부에서 과도하게 들어찬 내압이 가스 배출을 통해 해소되는 과정
소형 셀	총질량이 500g이하인 셀
소형 배터리	총질량이 12kg 이하인 리튬금속/이온 배터리
대형 셀	총질량이 500g 초과하는 셀
대형 배터리	총질량이 12kg을 초과하는 리튬금속/이온 배터리
코인 셀 (버튼 셀)	전체 높이가 지름보다 작은 원형의 소형 셀
정격 와트-시 (Wh)	Wh = Volt x Ah (ampere hour)
개방회로 전압 (open circuit voltage)	외부 저항을 통한 전류 흐름이 없는 상태에서 양극과 음극 단자 간의 전압 차이

시험은 총 8개의 종류가 있고(T1~T8), T1에서 T5 까지는 동일한 셀/배터리 대상으로 연속적으로 시행된다. T6과 T8은 다른 시험을 거치지 않

은 새로운 셀/배터리를 사용하여 실시해야 한다. T7은 T1에서 T5까지 이전에 사용된 이력이 없고 손상이 없는 셀/배터리로 시행한다. 모든 충전 불가능 배터리는 T1~T5를 시행하고, 모든 충전 가능한 배터리는 T1~T5 및 T7을 시행한다. T8은 모든 셀 종류에 대해 시행한다. 1차 및 2차 셀/배터리 각 경우에 대해 T1~T8 각 시험 조건에 대해 평가에 필요로 하는 샘플의 개수는 평가 셀의 충전/방전 상태, 크기, 용량 등에 따라 다르게 설정된다.

① **T1** (altitude simulation)

시험 목적은 낮은 기압 조건에서의 항공 운송 조건을 모사하는 것이다. 절차는 셀/배터리를 11.6kPa 이하 상온 (20±5℃) 조건에서 최소 6시간 동안 보관한다. 요구조건은 누출, 벤팅, 분해, 파열, 화재 등이 없고, 개방회로 전압이 시험 전 값의 90% 이상이어야 한다.

② **T2** (thermal test)

시험 목적은 급격한 외부 온도 변화 동안 셀/배터리의 밀봉 상태의 무결성 및 내부의 전기적 연결구조 유지를 평가한다. 절차는 셀/배터리를 최소 6시간 동안 72±2℃ 온도에 보관하고 이후 최소 6시간 동안 -40±2℃에 보관한다. 이 때 각 온도 구간 동안 시간 간격은 30분 이내이고, 이 절차를 10번 반복 후, 상온에서 24시간 동안 셀/배터리를 보관한다. 대형 셀/배터리의 경우 각 극한 온도에 노출되는 시간이 최소 12시간 이상으로 한다. 요구조건은 누출, 벤팅, 분해, 파열, 화재 등이 없고, 개방회로 전압이 시험 전 값의 90% 이상이어야 한다.

③ **T3** (vibration)

시험 목적은 운송 과정 중의 진동 발생 상황을 모사하는 것이다. 시험 절차는 셀/배터리를 진동시험 장비에 장착하고, 7Hz에서 200Hz

사이의 사인파(sine wave)형태의 주파수를 갖는 진동을 15분간 인가한다. 이 때 셀/배터리가 장착된 축을 기준으로 세 개의 직교 축 방향으로 12번 사이클을 반복하고, 셀/배터리의 무게에 따라 진동의 최고 가속도 값이 다르게 설정된다. 참고로 외부요인에 의해 제품에 인가되는 진동은 소음과 유사하게 특정 주파수와 그 주파수에서의 힘(가속도)으로 정량화될 수 있다. 요구조건은 누출, 벤팅, 분해, 파열, 화재 등이 없고, 개방회로 전압이 시험 전 값의 90% 이상이어야 한다.

④ **T4** (shock)

시험 목적은 운송 과정 중에 지속적으로 인가되는 충격에 대한 강건성을 평가하는 것이다. 절차는 셀/배터리를 충격 장비에 장착하고, 이 때 장비와 접하는 면이 단단히 구속되도록 한다. 소형 셀/배터리는 반-사인(half-sine) 충격량이 인가되고 크기는 150g(g; 중력가속도) 이며 충격 유지시간은 6ms(millisecond)이다. 대형 셀/배터리는 50g, 11ms의 충격량이 인가된다. 충격은 제품의 각 축 방향(x, y, z) 별로 3회 반복되어, 총 6개의 축에 대해 18회의 충격이 가해진다. 요구조건은 누출, 벤팅, 분해, 파열, 화재 등이 없고, 개방회로 전압이 시험 전 값의 90% 이상이어야 한다.

⑤ **T5** (external short circuit)

시험 목적은 운송 과정 중 발생할 수 있는 셀/배터리의 양극/음극 단자 간의 단락 상황을 모사하는 것이다. 절차는 셀/배터리가 57±4℃의 균일한 온도가 되도록 온도를 올려 준 후, 총 외부 단락 저항이 0.1Ohm 이하가 되도록 단락을 일으키고 유지한다. 단락에 의해 외부 온도가 올라갈 것이므로 셀/배터리의 외부 온도가 57±4℃ 로 돌아온 이후 최소 1시간 동안 유지한다. 외부 단락과 그 이후 냉각 구간은 상온 조건에서 이루어지도록 한다. 요구조건은 셀/배터리의 외부 케이스 온도가 170℃를 넘지 않아야 하고, 시험 구간 및 그 이후 6시간 동안 분해, 파열, 화재 등이 없어야 한다.

⑥ **T6** (impact/crush)

시험 목적은 셀/배터리의 내부 단락(셀/배터리 내부에서의 양극과 음극의 접촉)을 발생시킬 수 있는 충돌/압착으로 인한 기계적 오용(abuse) 상황을 모사한다. 충돌은 직경 18㎜ 이상인 원통형 셀에 적용된다. 셀이 평판 위에 올려진 상태에서, 직경 15.8㎜±0.1㎜, 길이 6㎝의 Type316 스테인리스 스틸 바를 셀의 중앙에 포개어 얹힌다. 이후 9.1kg±0.1kg의 물체를 61±2.5㎝ 높이에서 포개어진 스틸 바와 셀의 교차점에 떨어뜨린다. 압축은 각형, 파우치, 코인 셀 및 직경이 18㎜ 보다 작은 원통형 셀에 적용된다. 셀을 두 개의 평판 사이에 놓은 뒤 압축된다. 최초 압축 속도는 1.5㎝/s 로 가해져 최초 접촉이 발생하는 시점까지 진행되고, 이후 지속된다. 압축은 가해진 하중이 13kN±0.78kN 이거나, 셀의 개방회로 전압이 최소 100mV로 떨어지거나, 셀의 변형이 초기 대비 50% 이상 된 경우 멈춘다. 시험 샘플은 6시간 동안 관찰한다. 요구조건은 셀/배터리의 외부 케이스 온도가 170℃를 넘지 않아야 하고, 시험 구간 및 그 이후 6시간 동안 분해, 파열, 화재 등이 없어야 한다.

⑦ **T7** (overcharge)

시험 목적은 재충전이 가능한 셀/배터리의 과충전 상황에서 견디는 능력을 평가하는 것이다. 시험 절차는 제조사에서 권장하는 연속 충전 전류의 2배로 충전을 진행한다. 제조사가 권장하는 충전 상한 전압이 18V 이하인 경우, 과충전의 최소 전압은 22V 혹은 제조사 권장 전압 2배 값 중 작은 값을 취한다. 제조사가 권장하는 충전

상한 전압이 18V 이상인 경우, 과충전의 최소 전압은 제조사 충전 최대 전압의 1.2배이다. 요구조건은 셀/배터리의 분해, 화재가 시험 동안 그리고 이후 7일 동안 없어야 한다.

⑧ **T8** (forced discharge)

시험 목적은 1차 혹은 2차 전지의 과방전 상황에서 견디는 능력을 평가하는 것이다. 절차는 셀을 12V 직류 전원 공급기에 연결하여 제조사가 지정한 최대 방전 전류를 초기값으로 하여 상온 상태에서 방전을 시작한다. 셀의 방전은 정격 용량(Ah)을 초기 방전 전류로 나눈 시간 동안 지속된다. 요구조건은 셀/배터리의 분해 및 화재가 시험 동안 그리고 이후 7일 동안 없어야 한다.

상기 서술된 시험 항목들에 대해 결과를 포함하여 시험 요약 보고서를 작성 후 증빙서류로 제출된다. 요약 자료에는 아래 항목이 기입된다.

A. 셀, 배터리, 제품 생산자 등의 이름

B. 셀, 배터리, 제품생산자에 대한 연락처 (주소, 전화번호, 이메일 주소, 웹사이트)

C. 시험소의 이름 (주소, 전화번호, 이메일 주소, 웹사이트 등의 정보 포함)

D. 시험 보고서 고유 식별 번호

E. 시험 보고서 날짜

F. 셀 혹은 배터리에 대한 기술정보: 리튬 금속/이온, 셀/배터리 구분, 무게, 정격 와트-시 또는 리튬량, 제품정보 등

G. 시험 항목 결과 (합/불)

H. 조립된 배터리 시험 요구 사항에 대한 참고자료

I. 평가에 활용된 시험 및 기준 매뉴얼에 대한 revision 정보

J. 시험 책임자의 사인과 이름, 직함

UN 배터리 운송 국제 기준은 현재 UN 38.3에 따라서 위에 서술된 일반 안전성 시험(T1~T8)만 요구하고 있으나 2017년 UN 회의에서 리튬 배터리 열전파(TP, thermal propagation) 시험 및 위험물 등급 분류 규제 도입이 결정되어 현재 상세 기준에 대한 제정 논의가 진행 중이다.[13)]

열전파 시험 결과 셀 간 열전이 속도, 화재 발생 여부, 최대온도, 발생 가스 부피 등의 결과에 따라 1부터 9까지 위험 등급이 분류되고, 하위 등급 배터리의 경우 운송 제한되거나 포장 기준이 강화(운임비 증가)될 수 있고, 상위 등급 배터리의 경우 완화된 포장 기준(1등급은 별도의 포장 요구 조건이 없음) 적용이 가능하다.

UN 열전파 시험은 UN 배터리 IWG(전문가 기술 그룹, informal working group)에서 시험 조건·절차에 대한 시험법 개발 논의가 시작되었고, 미국 및 유럽 기관들 주도로 가장 가혹한 조건(SOC 100%, 단열 밀폐구조 용기 등)을 적용하여 초안이 제정되었다. UN 위험물 운송 sub-committee 및 IWG 주관 하에 UN 배터리 운송 국제 기준으로 제정하여 향후 항공·해상·육상 운송 법규로서 적용 및 준수 요구 예정이다(2026년 이후 시행 예상). 주요 참여 기관으로는 ICAO, IATA, FAA, 유럽·미국·한국·중국·일본 등의 자동차 제조사, 배터리 제조업체, 항공사, 인증업체 등이 있다.

FAA는 2023년 UN IWG 열전파 시험 절차 개발에 참여 중으로 다양한 셀 조성에 대해 열전파 및 발생 가스 측정에 대한 결과를 발표하였다. 셀 단위 열폭주 시 압력 용기 내에서 발생하는 압력, 가스 체적, 가스 종류 등에 대해 측정하였고, LCO, NCM, LFP, LTO(리튬티타늄산화물) 등 조성의 원통형 셀에 대한 평가를 진행하였다. 셀 조성 별 Wh 당 발생 가스

13) 열전파는 하나의 셀에서 시작된 발열현상이 인접하는 셀로 전이되는 개념으로 상세하게 후술할 예정이다.

량은 0.2~0.7L/Wh 수준으로 확인되었다. 셀 간 열전파 시험은 6개의 원통형 셀을 단열이 유지된 박스에 일렬로 넣고, 첫번째 셀을 분당 20℃ 승온 속도로 가열하여 열폭주를 일으키고 박스의 윗면은 개방하여 가스가 배출되게 한다. LCO 셀은 AAA 사이즈를 제외하고 모두 열전파 되었고, LFP 셀은 완전한 열전파에 이르지 못하였다. 이 때 발생한 가스(보통 벤트 가스라고 함)는 모두 가연성 가스로 확인되었다.

6장. IATA 리튬 배터리 운송 가이드에 대한 이해

이제 ICAO 위험물 항공 안전 운송 기술 지침(2023-2024년)과 IATA위험물 규정(DGR)에 명시된 조항에 따라 작성된 IATA 리튬 배터리 운송 가이드에 대해 설명한다. 해당 가이드는 구체적으로 다음에 대한 정보를 제공한다. 각종 용어에 대한 정의, 2025년 1월 1일부터 적용되는 변경 사항에 대한 사전 정보, 리튬 배터리의 종류에 따른 포장/운송 방법에 대한 분류 흐름도, 금지 및 제한 사항, FAQ 등이다. 이중 주요 용어의 정의 및 UN번호를 부여하는 규정(DGR 3.9.2.6)은 상기 UN38.3 매뉴얼에서 설명하였다.

2025년 1월 1일부터 항공 수송을 위해 장비와 함께 포장된 리튬이온 배터리, 장비에 포함된 리튬이온 배터리, 배터리로 운전되는 차량의 경우 SOC 30%를 초과하지 않는 충전 상태여야 한다. 이러한 변경 사항은 항공으로 위험물을 안전하게 운송하기 위한 기술 지침에 의해 채택되었고, 항공 운송에서 리튬이온 배터리로 인한 잠재적 위험을 줄이고자 하는 목적이다. 이는 리튬이온 셀/배터리의 충전 상태를 줄이면 열폭주와 같은 잠재적 위험이 감소한다는 사실이 입증되었기 때문이다. 관련된 몇 가지 포장 지침은 아래와 같다.

① PI 966 (장비와 함께 포장된 리튬이온 배터리)

- Section I : 리튬이온 셀/배터리는 SOC 30% 를 초과하지 않는 충전 상태로 운송되어야 한다. 충전 상태가 SOC 30%를 초과하는 셀/배터리는 원산지 국가 및 운송 국가의 서면 조건에 따른 승인을 받은 경우에만 배송될 수 있다.
- Section II : 정격 와트-시가 2.7Wh를 초과하는 리튬이온 셀/배터리는 SOC 30%를 초과하지 않는 충전상태에서 운송되어야 한다. SOC 30%이상 충전 상태의 셀/배터리 운송을 위해서는 PI 966 Section I의 규정에 따라야 한다.

② PI 967 (장비에 포함된 리튬 이온 배터리)

- Section I & II : 리튬이온 셀과 배터리는 SOC 30%를 초과하지 않는 충전 상태 또는 표시된 배터리 용량이 25%를 초과하지 않은 상태로 운송되어야 한다.

③ PI 952 (리튬 이온 배터리로 구동되는 차량)

- 2025년 1월 1일부터 리튬이온 배터리로 구동되는 차량(UN 3556), 리튬금속 배터리로 구동되는 차량(UN 3557) 및 나트륨 이온 전지로 구동되는 차량(UN 3558) 등의 새로운 항목이 적용된다.
- 2026년 1월 1일부터 추가 변경 사항이 적용된다. 2025년 12월까지는 배터리의 충전 상태가 SOC 30%를 초과하지 않거나, 표시된 배터리 용량이 25%를 초과하지 않아야 한다. 2026년 1월부터 와트-시 정격 에너지가 100Wh를 초과하거나 초과하지 않는 배터리로 구동되는 차량 모두 충전 상태가 SOC 30%를 초과하지 않거나 표시된 배터리 용량이 25%를 초과하지 않아야 한다. 와트-시가 100Wh를 초과하고 충전 상태가 SOC 30%를 초과하는 배터리로 구동되는 차량

은 원산지 국가와 운영자 국가의 승인을 받은 경우에만 해당 당국에서 정한 서면 조건에 따라 선적될 수 있다.

리튬 배터리 종류에 따라 UN번호 및 포장 지침에 대한 분류 방법을 흐름도 형식으로 설명한다. 모든 셀/배터리는 UN38.3 시험 기준을 통과하였는지 확인한 뒤 분류를 시작한다. UN38.3 시험을 통과하지 못한 경우 제품 설계를 변경하여야 한다.

① 리튬이온 셀/배터리 자체로 운송하는 경우 최대 SOC는 30% 이하로 제한되고, 셀이 20Wh 이상이거나 배터리가 100Wh 이상인 경우 UN번호는 UN3480, 포장 지침은 PI965 Section IA를 따른다. 여객 수하물로는 금지하고, 화물기로는 패키지 당 35kg까지 가능하다. 셀이 20Wh 이하이거나 배터리가 100Wh 이하인 경우 UN3480, PI965 Section IB를 따르고 마찬가지로 여객 수하물은 금지, 화물기로는 10kg까지 가능하다.

② 리튬이온 셀/배터리가 기기에 장착되어 운송되는 경우, 셀이 20Wh 이상이거나 배터리가 100Wh 이상인 경우 UN번호는 UN3481, 포장 지침은 PI967 Section I를 따른다. 여객 수하물로는 패키지 당 5kg까지, 화물기로는 35kg까지 가능하다. 셀이 20Wh 이하이거나 배터리가 100Wh 이하인 경우 UN3481, PI967 Section II를 따르고 여객 수하물은 패키지 당 5kg, 화물기로는 5kg까지 가능하다.

③ 리튬이온 셀/배터리가 기기와 함께 별도로 포장되어 운송되는 경우, 셀이 20Wh 이상이거나 배터리가 100Wh 이상인 경우 UN번호는 UN3481, 포장 지침은 PI966 Section I를 따른다. 여객 수하물로는 패키지 당 5kg까지, 화물기로는 35kg까지 가능하다. 셀이 20Wh 이하이거나 배터리가 100Wh 이하인 경우 UN3481, PI966 Section II를 따

르고 여객 수하물은 패키지 당 5kg, 화물기로는 5kg까지 가능하다.

주요 금지사항으로는 단독으로 운송되는 모든 리튬이온 셀 및 배터리는 여객 화물로 운송이 금지된다. 모든 패키지는 포장 지침 965에 따라 준비되어야 하고, 섹션 IA 및 IB에는 기타 필수 표시 및 (또는) 화물 항공기 전용 라벨이 있어야 한다. 참고로 리튬 금속 배터리도 단독으로 운송되는 경우 여객 화물로 운송이 금지된다.

상기 설명한 UN 및 IATA 배터리 운송 가이드에 기초하여 배터리 제조사가 완성 제품을 OEM에 납품하는 경우 취급, 보관, 운송 등에 대한 규칙의 예시는 다음 표와 같다.

〈표 3〉 배터리 납품과 관련한 취급, 보관, 운송 등에 대한 규칙 예시

1. 준수해야 할 주요 국제 규정	
• IATA 위험물 규정 • PHMSA (미국 교통부 산하 파이프라인 및 위험 물질 안전 관리청) 규정 • IMDG (국제 해상 위험물) 규정 • ADR (위험물의 국제 도로 운송에 관한 유럽 협정) 규정	
2. 배터리의 보관	
• 새로운 제품	· 단자 전압을 측정하여 해당 값을 입력일과 함께 마스터 시트와 모듈 동반 문서에 입력할 것 · 해당되는 경우 항상 지정된 리프팅(lifting) 방법을 사용할 것 · 배터리를 수직으로 보관할 것 · 보관할 때는 항상 배터리 양극/음극 터미널 전극을 덮어 둘 것 · 배터리를 직사광선 아래에 보관하지 말 것 · 보호되고 깨끗하며 건조한 장소에 보관할 것 · 특별한 언급이 없는 한 보관 온도는 20~30°C로 유지하고, 상대 습도는 30~70%로 유지할 것 · 저장을 위한 권장 SOC는 30~50% · 항상 전기적으로 비전도성이 있는 재료 위에 보관할 것 · 최소 10㎝의 공간 간격을 두고 보관할 것

• 수명을 다한 제품	· 폐배터리는 항상 따로 보관하고 적절한 표시를 할 것 · 가능하다면 폐배터리는 보관하기 전에 항상 방전을 할 것 · 폐배터리에서 퓨즈를 제거할 것 · 폐배터리를 보관하기 전에 항상 양극/음극 단자를 덮어 둘 것
3. 배터리의 포장	
• 배터리 팩이 배송된 것과 동일한 포장을 사용하거나 프레임과 뚜껑이 있는 팔레트를 사용해야 한다. 운송 중 움직임을 방지하기 위해 배터리 팩을 제자리에 제대로 보관하는 것이 중요하다. 포장/팔레트에 다른 상품을 같이 포함하지 말고, 겉면에 UN 3480을 표시한다. 위험물 신고서를 발급받고, 운송 조직에 상품 및 위험 수준을 알린다. • 운송 중 온도는 20°C~35°C로 유지해야 한다. 선박으로 운송하는 경우 지정된 온도를 유지하기 위해 에어컨이 있는 컨테이너를 사용해야 한다. • 퓨즈와 같은 안전 장치는 운송 중에도 그대로 유지되어야 한다. 배터리 단자는 운송 및 포장 중에 항상 절연되어야 한다. • 배터리는 고정해야 하며, 운반 중 진동을 최소화하기 위해 댐핑재를 사용해야 한다.	

7장. 리튬이온 배터리의 발화 위험 요인 및 안전성에 대한 특성 (열폭주와 열전파)

앞서 설명한 운송 과정 중에 발생할 수 있는 안전성 모사 시험과 별개로 리튬이온 배터리는 실사용 동안에도 다양한 내·외부 스트레스 발생 요인과 제조 과정 중의 결함이 일정 시간을 두고 발현되는 원인 등으로 열폭주에 이를 가능성이 있다. 여기서는 리튬이온 배터리의 다양한 발화 요인, 열폭주에 이르는 과정 중의 셀 내부의 물리적 현상, 팩 내부 주변 셀로의 열전파 현상 등에 대해 기술하고, 최근 개발되고 있는 화재 확산 방지 방안에 대해서 설명한다.

리튬 금속은 상온 상태의 완전히 건조한 공기에서는 비교적 안정된 상태이지만, 분말 또는 입자 상태로 상온에 방치할 경우 자연 발화가 가능하며, 특히 물과 접촉하는 경우, 많은 열을 발산하고 수소를 발생시켜 급격히 산화된다. 발생된 수소는 고인화성을 가지므로 특히 위험하다. 리튬이온 배터리는 리튬전이금속산화물의 결정 구조 격자 내에 리튬 이온이 위치하여 충방전 과정 중 음극 흑연 층으로의 이동이 발생한다. 이때 배터리의 화재를 일으킬 수 있는 위험 요인은 크게 3가지가 있다.[14)]

① **열적 오용** (thermal abuse)

리튬이온 배터리는 20~30℃ 사이의 온도에서 최상의 성능을 발휘한다. 리튬이온 배터리가 장착된 전기 자동차가 전세계적으로 확대됨에 따라, 적절한 작동 온도를 유지하는 데 도움이 되는 시스템 없이는 이 온도 범위에서의 작동을 보장할 수 없다. 캘리포니아주나 애리조나주에서는 여름철에 기온이 40°C를 넘는 경우가 자주 발생하고, 노르웨이나 스웨덴 북부에서는 겨울철에 기온이 -10°C 이하로 떨어지는 경우가 많다. 지속적으로 높은 온도가 유지되면 배터리가 과열되면서 바람직하지 않은 화학 반응이 발생할 수 있다. 그러면 열이 적절히 발산되지 않아 제어되지 않는 온도 상승으로 인해 셀 발화가 발생하는 열폭주 현상에 이를 수 있다. 셀의 작동 온도가 너무 낮으면 내부 리튬이온의 흐름에 대한 저항이 상당히 증가하여 리튬 석출과 같은 화재 가능성을 높이는 부반응이 지속될 수 있다. 또한 인화성 액체인 유기용매를 전해액으로 사용하고 있어, 고온에 노출 시 발화하거나 폭발할 수 있다. 보통 쓰이는 유기용매의 인화온도는 18~143℃이고 자연발화 온도는 458~465℃ 정도이다.

② **전기적 오용** (electrical abuse)

리튬이온 배터리는 장착한 전기 자동차는 가능한 한 빨리 충전할

---

14) Energies 2022, 15, 11. https://doi.org/10.3390/en15010011

수 있어야 하며 높은 수준의 주행 성능을 가져야 한다. 이러한 요소는 오히려 차량의 안전한 작동에 부정적인 영향을 미치고 배터리를 너무 집중적으로 충전하거나 방전하여 발화의 위험성을 높일 수 있다. 즉, 추가적으로 과도하게 발생하는 열로 인해 내부 분리막이 수축되어 양극과 음극이 서로 접촉하는 내부 단락으로 이어질 수 있고 과도한 전류가 흐르면서 다량의 열이 추가적으로 발생되어 발화하거나 폭발하게 된다. 이론적으로는 3Ah 용량의 원통형 셀 3개가 단락될 경우, 순간적으로 600℃ 까지 승온될 수 있는 열이 발생한다. 내부 단락이 발생할 수 있는 요인은 과충전과 과방전 상황도 존재한다. 과충전은 배터리의 정상적인 작동전압(SOC 100%) 이상으로 충전되는 현상으로, 과충전 시 양극에서 리튬이온이 과도하게 빠져나와 배터리 내부 전해질의 리튬이온의 농도가 증가하고, 포화수준을 넘기게 되면 수지상의 석출물이 발생해 분리막을 찢어 단락이 발생한다. 과방전은 배터리의 방전 제한전압 이하까지 방전되는 현상으로, 음극 흑연 속에서 리튬이 모두 빠져나간 후에도 방전이 지속되면 음극 내부의 전자 이동 통로인 동박(copper foil)이 산화되어 구리이온이 전해액으로 빠져나오면서 분리막을 뚫고 단락이 발생한다.

③ **기계적 오용** (mechanical abuse)

리튬이온 셀 자체는 특별한 보호 없이는 기계적 손상을 받기 쉽기 때문에 배터리 모듈/팩의 조립 단계에서 외부 하중으로 인한 영향으로부터 셀을 보호하기 위해 특수하게 설계된 케이스를 사용한다. 대부분의 전기 자동차 충돌 상황에서 셀의 기계적 손상은 없다. 그러나 과속으로 인한 차량 사고의 경우 리튬이온 배터리 화재 위험이 상당히 증가하고 매우 빠른 속도로 사고가 발생하는 경우 화재 발생이 불가피한 상황도 있다. 이 때 개별 셀 들이 발화에 이르는 기작은 셀의 내외부 파손으로 인한 구조 변형으로 분리막의 보호기능 상실과 그로 인한 셀 내부 단락 발생이 주 요인이다.

상기에서 설명한 세가지 요인으로 인해 리튬이온 배터리는 화재 발생으로 이어지는 열폭주 상황에 이를 수 있고, 이는 아래 세 단계로 설명할 수 있다.

첫 번째는 리튬이온 배터리의 온도상승이다. 이는 앞서 설명한 과충전, 외부 단락, 내부 단락 등으로 인해 발생할 수 있고, 배터리의 정상 작동 온도 범위를 초과하는 구간까지 지속될 수 있다.

두 번째는 셀 내부 온도 증가가 가속화되고 배터리 내부에서 다음과 같은 발열 반응이 발생한다. 약 90℃ 전후의 온도에서 음극 전해질 보호층의 분해로 가연성 가스와 산소가 방출된다. 분해가 지속되면 음극에 삽입된 리튬 혹은 표면에 석출된 리튬과 전해질에 들어 있는 유기 용매 간의 반응이 발생하고 가연성 가스(수소, 메탄, 에틸렌을 포함한 기타 탄화수소)가 방출되면서 온도가 더욱 상승한다. 130~150℃에서는 분리막을 구성하는 성분이 녹아 양극과 음극 간에 단락이 발생한다. 이제 양극의 열분해가 시작되면서 산소가 방출되는데, 이로 인해 온도 상승은 가속화되고, 셀 내부에서 연소 반응이 일어날 만큼의 산소와 열이 쌓이게 된다.

마지막은 전해질의 연소 반응이 시작되는데, 일반적으로 사용되는 유기 용매 전해액이 매우 강한 열폭주 반응을 가속화 시키고, 화재로 이어진다. 열폭주 정도는 배터리의 충전 상태에 따라 달라지며, SOC가 높을수록 반응이 시작될 수 있는 온도는 더 낮아진다.

배터리 팩 내의 셀 중 하나에서 열폭주 현상이 발생하면 연쇄 반응을 멈추는 것이 어려워 인접하는 셀에서도 순차적인 열폭주 반응이 시작되는 경우가 많다. 특히 가연성 가스와 더불어 고온 입자상 물질의 배출이 동반되기 때문에 인접하는 셀의 발화를 유도하여 배터리 팩 내부 전체에 열전파를 일으킬 수 있다. 열전파로 인한 화재 발생을 억제해야 하는 이유는 화재 진압의 어려움을 고려하면 쉽게 이해된다. 전기 자동차 화재의 경우 차량과 배터리의 화재가 진화된 후 비교적 오랜 시간이 지난 후에도 다시 자연발화가 일어나는 것이 관찰되기도 하고, 최초 화재가 진압된 후 20시간 후에 재점화가 발생한 사례도 있다. 이는 셀이 팩 내부에서 밀집된 형태로 조립되어 있어 팩 내부 화재의 진압이 어려움을 의미한다. 이로 인해 전기 자동차 화재 시 약 10,000리터의 소화제(물)가 필요하고, 내연 기관 자동차의 약 1,000리터 대비 10배에 이른다. 소화에 필요한 시간도 전기 자동차가 10배 이상 소요된다.

최근 셀에서의 열폭주 및 배터리 팩 내부에서의 열전파 현상을 억제하기 위한 여러 가지 기술 들이 개발되고 있다. 셀 단위에서는 분리막의 손상을 막기 위해 기계적 강도가 큰 세라믹 입자를 코팅하여 고온에서 분리막의 수축 안정성을 높이는 방법, 전해질을 난연성·불연성 물질로 바꾸거나 폭발 위험이 거의 없는 고체 전해질을 사용하는 전고체 전지 연구도 진행되고 있다. 앞서 설명한 바와 같이 양극은 고온에 이르면 결정이 붕괴되면서 산소가 방출되는데, 양극 소재 자체적으로 산소의 탈리를 막거나 방출된 산소를 소모할 수 있는 첨가제 개발 연구도 진행 중이다.[15] 본질적으로는 셀이 근본적으로 안전하다면 열전파 현상의 완전한 억제, 즉 "No thermal propagation"이 가능하지만, 향후 몇 년 안에 요구될 열전파에 대한 엄격한 규제를 고려하고 지속 높아지는 에너지 밀도에 대한 수요의 만족을 위해 모듈 및 팩 수준에서 효과적인 조치가 필

15) 동아일보 (2024.07.05)

요한 상황이다.

모듈 및 팩 단위에서는 열전파를 방지하려면 충전/방전의 정상 작동 중 냉각 성능에 영향을 미치지 않으면서 가능한 셀들을 서로 열적으로 고립시키는 것이 우선이다. 즉 낮은 열전도도, 우수한 열 안정성 및 난연성을 갖춘 재료이면서 셀의 보증수명 동안 발생하는 두께 변화를 흡수할 수 있는 특성의 패드 소재가 요구된다. 실제 실험과 시뮬레이션을 통한 연구에 의하면 우수한 단열 성능을 갖춘 소재의 패드를 셀과 셀 사이에 삽입하는 경우, 열전파의 억제가 가능함을 보여준다.

또한 열폭주에 발생하는 가연성 가스를 효과적으로 배출하기 위해 팩 외부 표면에 벤팅이 가능한 밸브를 설치하여 가스의 흐름을 제어할 수 있다. 고온가스와 같이 배출되는 입자상 물질로 인해 팩 외부에서 발화되는 것을 방지하려면 필터를 사용하거나, 입자의 이동 경로를 길게 설계하여 입자를 팩 내부에 가두는 방법이 있다. 이 때 팩 내부 압력이 급격히 상승하는 것을 방지하고 팩 구조물의 기계적 변형/파손을 억제하려면 팩 내부 가스의 벤팅 경로가 충분히 넓어야 한다. 팩 내부의 고전압 연결부에서는 전기적 아킹(arcing) 현상으로 인해 모듈 간 외부 단락이 발생할 수 있어 적절한 절연/단열 유지가 가능한 커버의 부착도 필요하다.

시스템 단위에서는 BMS(배터리 관리 시스템)와 각종 센서류를 활용한 열폭주 방지 기술들이 적용되고 있다. BMS는 배터리의 운영, 관리, 제어 역할을 위한 소프트웨어를 탑재하여, 충전 중의 전압 강하, 셀 내부 전기적 연결부 불량, 미세 내부단락, 비정상 퇴화, 특정 셀의 용량편차, 리튬 석출 등의 다양한 불량 유형을 사전에 감지하고 분석하여 운전자에게 위험성 정보를 제공해 줄 수 있다.

LG에너지솔루션은 해당 안전진단 소프트웨어를 글로벌 전기차 10만대 이상에 적용했다고 발표하였다.[16] 배터리 팩 내부의 온도, 압력, 전압의 모니터링을 포함해, 수소, 이산화탄소 등의 가스 센서를 활용해 실시간으로 셀의 상태를 추적하고 문제 발생 시 BMS를 통해 탑승객에 경고 알람을 전달할 수 있다. 이후 시스템의 충전 전류를 차단하고, 냉각수를 강제 순환시켜 급속냉각을 진행하면 팩 내부의 모듈 간 열전파 억제가 가능하다.

8장. 국내외 물류 기업의 배터리 운송 역량 강화를 위한 노력

국내외 물류업계는 리튬이온 배터리 운송을 위한 자체적인 역량과 기술을 쌓고 있고 공식적인 인증 자격 취득을 통한 안전 운송에 대한 신뢰도를 높이고 있다.

대한항공에 따르면 2023년 아시아나항공, 제주항공, LX판토스, 현대글로비스 등과 함께 IATA 리튬 배터리 항공운송 인증(CEIV Lithium Batteries) 자격 취득을 취득하였다. IATA의 CEIV 리튬 배터리(Center of Excellence for Independent Validators Lithium Batteries) 인증은 리튬 배터리 항공 물류 체인에 속한 업체들을 대상으로 운송 전문성을 증명하는 국제표준 인증이다. 2021년 최초 도입되었으며 세계적인 위험물 운송 전문가들이 리튬 배터리 운송 절차와 시설, 장비, 규정 등 240여 개 항목을 면밀하게 평가해 인증서를 발급한다.

대한항공은 인증 취득을 위해 국내 항공화물 분야의 다양한 업체와 함께 커뮤니티를 구성해 참여했다. 지난 2022년 12월 인천국제공항공사

16) 중앙일보 (2024.08.22)

를 중심으로 대한항공을 포함한 주요 항공사, 포워더, 조업사 등 10여 개 업체가 공동 인증 커뮤니티를 구성하여 CEIV 리튬 배터리 인증 준비에 착수했고, 2023년 상반기, 커뮤니티 소속 각 업체는 업체별 정해진 일정에 따라 순차적으로 점검 및 평가를 받아 인증을 취득했다. 대한항공이 수송하는 항공화물의 10% 이상이 리튬 배터리를 포함한 화물이고 그 비중이 점점 확대되는 추세이다.[17]

CJ대한통운도 2024년 IATA의 리튬 배터리 항공운송 인증 자격을 취득했다. CJ대한통운은 리튬 배터리 운송 절차와 시설, 장비, 규정 등 전문성을 갖춰 관련 인증을 획득했다고 한다. 특히, IATA의 교육을 통해 리튬 배터리 운송을 위한 전문인력을 양성했으며, 별도 취급 절차와 기준을 마련해 물류 운영의 안전성을 높였다고 한다. 또한 완성품 및 부품에 대한 보관물류, 폐배터리 수거 및 재사용/재활용 순환, 배터리 제조공장 설비물류 등으로의 물류사업 범위를 확장해 나갈 예정이라고 한다.[18]

현대글로비스는 2023년부터 직접 소유한 자동차 운반선 32척 중 전기차 운송 비중이 높은 5척에 수억 원을 투입해 화재 관제 시스템을 설치했다. 이는 글로벌 해운업계 최초로 시범 운영을 거쳐 전체 선박으로 확대 검토할 계획이라고 한다. 자동차 운반선은 좁은 공간에 차를 범퍼가 맞닿는 수준으로 촘촘히 싣기 때문에 한 번 불이 나면 옮겨붙기 쉽다.

현대글로비스의 선라이즈호는 2014년 건조한 6만5000톤 급으로 길이가 200m, 폭 35m, 높이가 46m 로, 소형차 기준 최대 6700대 운송이 가능하다. 이 선박에는 화재 감지기와 경보기를 약 1000개를 갖추

17) 대한항공 보도자료 (2023.05.25)
18) 서울경제 (2024.03.13)

어 전체 선박에서 화재 위치를 확인 후 시각적으로 보여준다. 또한 해당 지점에서 발생한 불의 온도와 연기 농도 수치도 알려준다. 화재 발생 시 성인 키만 한 물 분무기를 1~2개 데크마다 설치해, 불이 난 전기차에 물을 쏘아 준다. 불이 난 차를 통째로 덮는 특수 소재 덮개도 10개 구비되어 있고, 아예 화물칸 2~4개 층을 전면 차단 후 이산화탄소를 쏟아 부어 불을 진압하는 시스템도 갖추었다. 이러한 전기자 화재 진압 시스템과 더불어, 전기차 충전량을 최소화하거나, 내연기관 차보다 간격을 더 두어 선적하는 방안을 시행하여 미국 자동차 제조사의 아시아 판매 물량 대부분을 운송하고 있다. 다른 자동차 운반선을 운영하는 물류사들도 현대글로비스와 유사한 방식을 따르고 있다. IMO는 2024년 말부터 전기차 운반용 선박의 국제 안전 기준을 어떻게 만들지 논의 예정이다.[19]

DHL은 자체적으로 전기 자동차 자산을 갖추고 운영하며 배터리 전체 공급망에 대한 설계, 관리, 운영, 최적화 등의 전문성을 갖추고 있다. 실제 FIA Formula E Championship의 공식 물류 파트너로 다수의 레이싱카와 배터리에 대한 해상운송 경험을 보유하고 있다. DHL은 배터리의 운송 과정 중 실시간 모니터링 기술의 중요성에 대해 설명한다. 사전 경고가 거의 또는 전혀 없이 발생하는 열폭주 상황을 방지하기 위해 광범위한 조기 경보 시스템을 통해 전기 자동차 배터리 상태를 지속적으로 개선하는 것으로, 운송 중인 모든 리튬이온 배터리에도 동일하게 적용된다. 전기 자동차 배터리는 온도 유지 특성과 충격 방지 기능을 갖춘 컨테이너 라이너에 적재하고 있고, GPS를 사용하여 배터리의 위치를 추적할 수 있다. 미래에는 중앙 제어실에서 운송 유닛에 경보를 보내고 필

19) 조선일보 (2024.07.17)

요한 경우 화재 진압 시스템을 활성화할 수도 있을 것으로 예상된다. 물류 회사는 항상 새로운 기술에 집중하고 모니터링 인프라를 지속적으로 조정하여 요구 사항을 예측해야 하는 것을 강조한다.

결론 : 안전한 배터리 운송을 위한 물류 산업의 과제

리튬이온 배터리의 등장은 물류업계에 안전한 운송 보장을 위한 새로운 과제를 던지고 있다. 리튬이온 배터리 물류의 증가는 기존 공급망을 활용하는 업계에 위협이 되는 것은 분명하고, 상당 시간에 걸쳐 배터리 물류 전반에 대한 시험, 평가, 고도화의 경험이 요구된다. 구체적으로 리튬이온 배터리 자체가 갖는 외부환경에 대한 높은 민감도(온습도, 충격, 진동), 내연기관과 동일한 주행거리를 확보하기 위해 매우 큰 중량의 배터리를 필요로 한다는 것, 수명기간 동안 전기화학적 상태가 지속 변화하고 배터리 내외부 요인에 의해 발화가 될 수도 있다는 점이 운송 조건에도 동일하게 고려되어야 한다. 원재료부터 폐배터리까지의 생애주기에 걸친 공급망 구축은 지정학적 변화를 고려하여 검토되어야 한다. 즉, 지역별 배터리 수요의 불균형, 글로벌 환경 및 제품제조 관점의 규제의 신설과 강화, 유한하고 편중된 광물 원재료 확보 경쟁 등은 물류의 복잡도를 가중시킨다.

이러한 문제 해결을 위해 물류 산업은 일상적이고 실용적인 부분에서부터 문제를 해결해 나가야 한다. 아래는 DHL이 제안하는 해결방안으로 본 글의 결론으로 대체하고자 한다.

• 배터리 운송에 있어서의 안전규정과 예방조치 준수에 대해 충분하고 필요한

정보 제공으로 고객 경험을 향상시킨다.

- 리튬이온 배터리의 안전 개선기술을 파악하고 대중에게 잘 전달하는 역할을 한다.
- 운송 비용 절감 방안을 도출한다.
- 원재료부터 폐배터리에 이르기까지 배터리 전체 공급망 중 가능한 부분을 통합한다.
- 향후 급증이 예상되는 배터리 수요에 대해 미리 준비한다.
- 4680배터리와 같은 새로운 형태, 전고체 전지와 같은 새로운 조성의 배터리 기술의 변화에 미리 대비한다.
- 지속 변화하는 규제와 제도에 대응하고, 급작스러운 수요를 충족하기 위해 확장 혹은 축소가 자유로운 모듈식 운송 시스템을 구축한다.
- 최신 AI 기술을 활용해 배터리 물류의 수요 예측 모델 및 알고리즘을 개발한다.
- 물류 산업은 글로벌 경제/안보 인프라의 가장 중요한 요소임을 스스로 인정한다.

상기와 더불어 물류 업계가 직면한 가장 중요한 과제는 접근 방식의 유연성을 인식하고 솔루션이 필요하기 전에 문제를 예측하는 것이다. 이러한 접근 방식은 물류 회사의 성공과 더불어 리튬이온 배터리의 활용이 증대되고 현대 사회에 필요한 모든 환경적 이점을 제공할 것이다.

강화되는 환경 규제에 대응하는 친환경 추진 연료 선박

미래 조선해운산업의 핵심 경쟁력

김세원

세종대학교 AI로봇학과 부교수

세종대학교 AI로봇학과 부교수로서, 자율운항선박의 운항 알고리즘과 스마트선박 저탄소 운항 솔루션, 그리고 선박-항만의 상호작용 모델을 디지털 트윈으로 구현하는 연구를 수행하고 있다. 서울대학교 조선해양공학과와 Texas A&M 대학교에서 공부했으며, 국내 대형 조선소에서 15년간 선박조종, 자동위치제어, 자율운항 솔루션 개발 전문가로 일했으며, 자율운항 선박의 도입이 해운 산업에 일으킬 변화에 관한 연구를 주로 수행하고 있다. 해양수산부 정책자문 위원회 위원이며, 영문조선학회 편집위원, 그리고 미래 물류 위원회 위원으로 활동하고 있다.

서론

해운 물류를 지배하고 있는 해운 선사들은 친환경 선박을 대량 발주하고 있습니다. 선박의 수명은 20년 정도로 생각하는데, 현재 발주되는 선박들은 그 교체 주기가 20년보다 짧은 선박이 많습니다. 노르웨이 선급의 자료에 따르면 친환경 연료 선박의 발주 비율은 23년 대비 24년에 13% 이상 증가한 것으로 집계되었습니다. 또한, 친환경 선박 가격은 매우 증가하고 있습니다. 이에 따라 조선시장의 호황이 다가오고 있습니다. 왜 이러한 현상이 발생하는 걸까요?

해운 산업은 바다를 통해 나르는 물류를 지배하고 있고 있습니다. 최근 해운 산업계의 가장 큰 화두는 어떻게 하면 탄소 배출을 적게 하면서 화물을 운반하는가 입니다. 이 챕터에서는 선박을 이용해서 바다로 물건을 나르는 해운 물류에서 현 시점 가장 중요한 이슈인 친환경 연료 추진 선박에 관해 다루고 친환경 선박이 2025년 강화되는 환경 규제와 어떤 연관이 있는지를 알아보고자 합니다.

독자들의 이해를 위해, 선박이 배출하는 탄소의 양을 산정하는 방식과 친환경 연료 채택의 동력이 되는 국가간 국제 항해에서 규제되는 탄소배출 저감 규제의 동향을 분석하고 친환경 연료 적용에 따른 선박 기술의 변화를 설명해보고자 합니다.

1장. 해운 산업이 배출하는 탄소

해운 산업은 연간 10억 톤의 이산화탄소를 배출합니다. 인류가 총 생산하는 탄소 배출량의 5% 정도이고 항공, 자동차등의 이동 수단의 총 배출량의 25%를 차지하고 있습니다. 이렇게 해운 산업의 탄소 배출량이 크다 보니, 탄소 배출 저감에 관해 어떤 산업계보다 관심이 많고, 줄이려는 노력들을 하고 있습니다.

선박은 대형 엔진을 사용하고 있으며, 엔진의 연소 과정 중에 이산화탄소가 발생합니다. 선박이 배출하는 이산화탄소는 운항중 소비되는 선박의 연료량에 비례하며, 연료 종류에 따라 그 배출량이 달라집니다.

선박의 이산화탄소 배출량은 연료 별로 다음 계수를 곱해서 계산할 수 있습니다.

〈표 1〉 선박 연료별 이산화탄소 배출량

연료 1톤당 이산화 배출량 (C_F)	Heavy Fuel oil	Marine Diesel Oil	LPG
CO_2 ton / Fuel ton	3.1	3.2	3.0

이산화탄소배출량 = 계수(CF) × 연료량

친환경 연료는 연소 과정에서 이산화탄소 화합물이 적게 배출되는 연료를 통칭합니다. 친환경 연료는 연료 안의 이산화탄소 함유량이 기존 Heavy Fuel Oil(중유), Marine Diesel Oil(선박디젤유)에 비해 적습니다.

〈표 2〉 선박 친환경 연료 연료별 이산화탄소 배출량

연료 1톤당 이산화 배출량 (C_F)	LNG	NH_3	LH_2
CO_2 ton / Fuel ton CO_2 ton / Fuel ton	2.7	0	0

선박의 연료 소모량은 화물을 싣고 운항하는 선박 자체의 저항과 선박 외부에서 작용하는 파도, 바람, 조류의 저항에 의해 발생합니다. 물론 선박의 추진 효율 등을 고려해야 하지만 단순화해보면 선박에 작용하는 저항과 속도에 비례하고 엔진이 해당하는 힘(파워)을 낼 때 발생하는 연료 효율을 곱한 형태로 계산할 수 있습니다. 식으로 표현하면 다음과 같습니다.

연료량 = 엔진 연료 효율 × (선박 저항 × 속도)

전기 추진 선박의 경우, 선박내에서는 연소 과정이 없으므로, 운항중에는 이산화탄소를 배출하지 않아 친환경 선박이라고 할 수 있습니다. 다만, 전기 배터리로 추진하는 경우 대양항해에 적합한 대용량 배터리가 개발되지 않아 대양항해 선박은 완벽한 전기 추진으로 구현하기는 아직 어렵습니다.

2장. 강화되는 탄소배출 규제

국제사회는 바다에서 발생하는 탄소 배출 규제를 결의했습니다. 규제에 관한 실행방안으로 강제로 선박의 운항을 제한하는 기준들을 제정하고 적용하고자 하고 있습니다. 이 규제가 중요한 이유는 그동안에는 권고 사항이었던 것이 의무화 되어 국제 항행을 위해서는 꼭 만족해야하는 조건이 된 것입니다. 따라서, 해운 선사는 벌금을 내거나 이 규제를 만족시키는 선박을 건조하거나, 운항 기법을 이용해서 연료를 줄이는 방식으로 탄소 배출 규제를 만족해야 합니다.

그럼 어떤 탄소 배출 규제가 존재하는지를 알아보는 것이 필요할 것 같습니다. 규제를 파악하는 것이 대응을 위한 첫걸음 이기 때문입니다. 해결방안을 알기위해서는 문제를 먼저 파악하는 것이 가장 첫 걸음인 것처럼 말입니다.

대양 항해에 적용되는 규칙들은 국제해사기구(IMO, International Maritime Organization)에서 제정합니다. 국제해사기구에서 제정하는 규칙들은 대양항해 선박이 그 기준을 만족하지 못하면 국제 항해 선박으로 등록할 수 없으므로 강제 규약이라고 볼 수 있습니다.

국제해사기구는 회원국들과 2050년까지 탄소 배출을 Zero(0)로 만드는 넷제로(Net Zero)를 실현하기로 합의했습니다. '넷제로'는 물류 체인 내에서 배출되는 탄소를 제로로 만드는 것을 의미합니다. 해운물류만을 놓고 생각해본다면 항해시의 탄소 배출을 아예 없애는 것을 실현하거나 항해 중에 일부 탄소 배출이 발생하더라도 이 양만큼을 해저에 묻거나, 탄소 배출권으로 사들여서 처리하면 전체 물류 체인 내에서는 총합이 0이 되어 넷제로가 실현됩니다.

국제해사기구에서는 다음 기준들을 제정하여, 탄소 배출을 규제하고 있습니다. 이 기준들은 해운 물류 주체들이 모두 만족시켜야 하는 기준입니다.

첫번째로 EEDI(Energy Efficiency Design Index)가 있습니다. 선박 에너지 효율 설계지수라고 부르는데 선박을 새로 만드는 경우 에너지 효율을 만족하는 선박을 만들어야 한다는 개념의 지수입니다. 설계 요소인 화물의 선복량과 설계 속도를 탄소 배출량과 연계하여 일정 수준 이상으로 유지하겠다는 기준입니다. 이 기준은 선박의 설계 시 선박의 탄소 배출량을 1차적으로 저감하는 설계를 규제하는 역할을 합니다. 간략하게 식을 표시해보면 다음 식과 같습니다.

$$\text{EEDI} = \frac{\text{탄소 배출량}}{\text{화물 운반량} \times \text{운항 속도}}$$

두번째로, 탄소집약도지수(CII, Carbon Intensity Indicator)가 있습니다. EEDI는 선박의 설계 단계에서 적용하는 규제라고 하면, 탄소집약도지수 규제는 실제 선박의 운항시 연료소모를 측정하고 연료 소모를 바탕으로 등급을 나누는 규제입니다. 국제해사기구에서는 국제 항해 선박의 연료 소모 데이터를 실측하는 DCS(Data Collection System)를 의무화하고 있는데, 이는 탄소 배출 규제를 위해 운항시의 정확한 연료 소모량을 측정하기 위함입니다. 탄소 배출지수는 DCS 시스템을 통해 선박이 1년동안 사용한 연료를 측정합니다. 사용한 연료에 연료종류별 탄소 배출 지수를 곱하면 CII 지수가 도출되는 방식입니다.

$$\text{CII} = \frac{\text{이산화탄소 배출량(연료 소모} \times \text{탄소배출계수)}}{\text{화물운반중량} \times \text{운항거리}}$$

선박이 1년 동안 운항한 연료 소모를 바탕으로 CII가 부여됩니다. 국제

해사기구는 선종별로 이산화탄소 배출량의 평균을 도출하여, 이 평균을 기준으로 선박의 운항 등급을 A, B, C, D, E로 평가합니다. 이때 평가에 사용되는 지수가 바로 이 CII입니다.

[그림 1]과 같이 A~E 다섯 등급으로 구분되는 CII는 parameter 'd1~d4'로 등급이 정해집니다. 이는 선종에 따른 통계분석을 통해 도출할 수 있습니다. 운항 등급 중에서 D, E 등급은 대양을 운항하는데 제약이 생깁니다. E등급 선박의 경우 운항 개선 계획을 제출해서 국제해사기구 승인을 받아야하고, 3년 이상 D 등급 선박이 되면 역시 운항 개선 계획이 받아들여지는 경우에만 운항을 재개할 수 있습니다. 해운 기업 입장에서는 운항 효율이 낮은 선박의 경우 운항이 금지 되어 화물을 수송할 수 없다는 위기감을 느낄 수 있습니다.

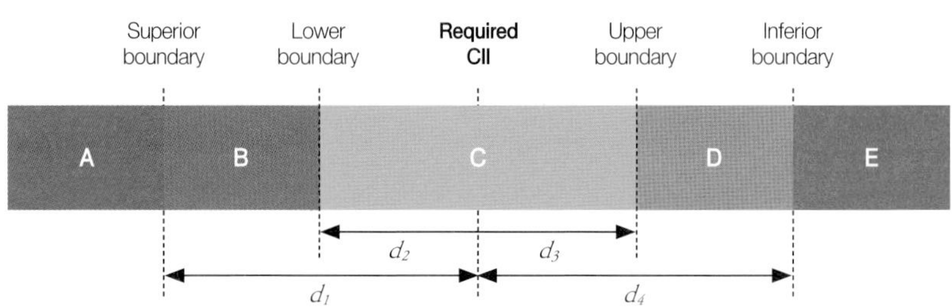

[그림 1] CII 등급

또한, 이 지수의 중위값(기준값)인 C등급은 선종별로 분류된 선박의 탄소 배출량의 평균값으로 설정되어 있습니다. 2050년에 넷제로를 만족하기 위해서는 계속 기준을 평균 이상으로 높여야 합니다. 다시 말해, 선박의 에너지 효율 즉 탄소 배출량이 평균치 아래인 선박의 경우에는 운항 계획을 재수립하거나, 선박의 추진 시스템 자체를 교체해야한다는 위기에 처할 수 있습니다. CII 기준은 현존 선박의 탄소 배출량을 통계처리하여, Parameter di 로 A~E 등급을 부여 받게 됩니다. 〈표 3〉과 같이 선종별 CII Parameter는 상이합니다.

〈표 3〉 선종별 CII Parameter di 기준

d_i(CII Parameter)	컨테이너선	LNG선
d_1	0.83	0.89
d_2	0.94	0.98
d_3	1.07	1.06
d_4	1.19	1.13

다음 그림은 컨테이너 선박의 CII 지수 변화를 도표로 나타낸 것입니다. 참조선(Reference Line)은 강화되는 탄소 배출 규제에 따른 CII 기준선의 변화를 나타낸 본 것입니다. CII 지수는 낮을수록 좋으므로 오렌지선보다 큰 값은 D, E 등급에 해당한다고 볼 수 있습니다. 규제가 강화됨에 따라 기준이 되는 선은 E 등급과의 큰 간극이 벌어지고 있다고 할 수 있습니다.

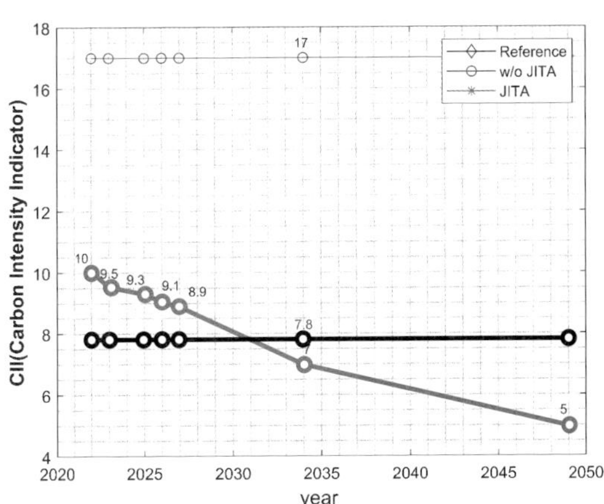

[그림 2] 연도별 CII 기준 강화

3장. 탄소 배출권 거래제

친환경 선박이 시장에서 주목받는 이유 중에 하나로 탄소 배출량을 돈으로 거래하는 탄소 배출권 거래제를 들 수 있습니다. 이 제도는 배출하는 탄소에 직접적으로 비용을 부담시키는 제도입니다. 따라서, 해운업계에는 탄소 배출이 직접적인 비용 요소로 작용하게 만드는 제도라고 볼 수 있습니다. 2023년 유럽 의회는 탄소 배출권을 거래하는 기후 변화 대책 규제안을 승인했습니다.

탄소 배출권 거래제도는 EU 항만에 기항하는 선박 중 총톤수 5000톤 이상인 대형 선박의 경우 온실 가스를 배출하는 양만큼의 배출권을 구매하는 것입니다. 영국 해운조사기관인 클락슨에 따르면 이 제도의 도입으로 해운업계에 발생하는 비용 부담은 배출권 가격을 이산화탄소(CO_2) 톤당 90달러로 가정했을 때, 규제가 정식 시행되는 2026년의 경우 약 82억 달러(한화 약 10조 원)의 비용을 유럽에 기항하는 해운 업계가 부담할 것으로 전망했습니다. 따라서, 특히 배를 직접 운용하는 용선주의 경우 선박이 배출하는 탄소를 즉각적으로 줄여야 배출권 구매 비용을 줄일 수 있는 상황이 되었습니다.

탄소 배출량 구매량을 산정하는 기준은 전년도 운항 시 발생한 탄소 발생량입니다. 2025년에는 2024년 배출량의 70%를 구매해야 하고, 2026년 이후에는 전년도 배출량의 100%를 구매해야 합니다. 따라서, 해운업계 입장에서는 탄소 배출을 저감할 수 있는 친환경 추진 시스템을 구비한 선박을 새롭게 준비함과 동시에 기존 선대의 운항 효율을 높여 탄소 배출을 저감하는 정책을 펴야 합니다.

지금까지 살펴본 사건들이 왜 조선해운업계에서 탄소 배출을 가장 시급하게 줄여야하는 지에 관한 의문에 답이 될 수 있을 것이라 생각합니다. 그렇다면 지금부터는 어떻게 하면 이렇게 중요한 탄소 저감을 실현하는 방법에 관해 알아보고 그에 따른 산업계의 변화에 관해 전망해보겠습니다.

4장. 조선산업의 경쟁력: 친환경 연료 추진 선박

국내 조선업계의 상승세가 두드러지는 요즘입니다. 2024년에는 탄소 배출 규제의 영향으로 그 어느때 친환경 선박의 발주량이 증가했으며, 친환경 컨테이너 선박의 경우 발주량이 2020년 대비 2배 증가했습니다. 이는 해운업계가 탄소 배출 규제에 대응하기 위해서 선대를 친환경 선박으로 교체하고 있기 때문이고, 그 교체가 빠르게 진행되고 있기 때문입니다.

그렇다면 친환경 선박은 어떤 선박일까요? 친환경 선박은 탄소 물질을 적게 배출하는 선박이라고 할 수 있습니다. 선박을 친환경적으로 만들 수 있는 방법은 크게 세가지가 있습니다. 첫 번째로 스크러버와 같이 선박의 탄소 배출은 그대로 두고, 배출된 물질을 정화하는 방법입니다. 두 번째는 스마트 선박과 최적운항 기술처럼 추진 연료는 기존의 중유(Heavy Fuel Oil)이나 선박디젤유(Marine Diesel Oil)을 그대로 사용하지만 운항 기법을 최적화하여 탄소배출을 줄이는 방식입니다. 마지막으로 보다 근본적으로 연료 배출 물질을 줄이는 방법으로 선박의 추진 연료를 탄소를 적게 함유한 연료를 사용하는 추진 시스템을 가진 친환경 선박으로 교체하는 방법입니다.

연료 특성을 보면 친환경이라고 볼 수 있는 LNG의 경우에도 탄소 포함량이 기존 중유에 비해서 30% 정도만 감소함을 알 수 있습니다. 암모니아나 액화수소의 경우에는 탄소 배출이 없지만, 암모니아는 높은 위험성 때문에 안전에 관한 이슈가 있으며 에너지 밀도가 낮다는 단점이 있습니다. 액화수소는 아직 화물창 기술이 완벽하게 구현되지 못했습니다. 따라서 단기적으로는 LNG 추진 선박이 건조된 후에 중장기적으로 암모니아 및 액화 수소 선박이 건조될 것이라는 것을 전망해볼 수 있습니다.

그렇다면 이제 친환경 연료를 사용하는 선박을 건조하기 위해서는 어떤 기술이 필요할까요? 친환경 연료 추진 선박의 경우 세가지 기술 요소를 구현하는 것이 필요합니다.

첫번째로 연료 공급 시스템(Fuel Gas Supply System) 입니다. 이는 친환경 연료를 사용할 수 있는 엔진과 연료 공급 시스템을 의미합니다. 즉 LNG, 암모니아, 액화 수소를 연료로 사용할 수 있는 엔진 개발이 선행되어야 합니다. 현재 LNG, 암모니아, 액화수소 엔진 모두 사용화가 되었으며, 암모니아 액화 수소 엔진의 경우 크기를 대형화하는 작업이 필요합니다.

[그림 3] 선박 연료 추진 시스템 (출처 : 동화엔텍 홈페이지[1])

1) https://www.dh.co.kr/business/shipbuilding_business/view.php?search_category=1&num=54

[그림 4] LNG Cargo Containment System2)

두번째는 친환경 연료의 보관 화물창(Cargo Containment System)입니다. 친환경 연료를 선박안에 보관하고 필요 시에 연료로 공급할 수 있는 선박 내 용기와 같은 구조를 의미합니다. 화물창은 친환경 연료를 운반하는데 쓰이는 그릇이라고 보면 됩니다. LNG 및 액화 수소와 같이 초저온(-165℃ 미만)의 친환경 연료를 운반하는 경우에 초저온을 견디는 고도의 기술이 필요합니다. 일반 철골 화물창 구조로는 초저온 상태에서 발생하는 경도 증가에 따른 깨짐을 피할 수 없기 때문입니다. 이런 초저온 연료를 담을 수 있는 화물창에서는 외부 온도와 내부 온도의 차이 때문에 기화 현상이 발생하며 이때 가스가 생기는데, 이를 BOG(Boil Off Gas)라고 합니다. BOG는 연료 가스 공급 시스템(Fuel Gas Supply System)과 화물 운용 시스템(Cargo Handling System)을 이용해서 연료로 재사용할 수 있습니다.

BOG가 화물창 내부에 계속 쌓이면 내부 압력이 높아져 선박 운항 시 화물창의 깨짐, 폭발 현상 등을 유발할 수 있습니다. 연료로 사용하지 않아도 따로 처리해주는 작업이 필요한 이유입니다. 이를 연료로 사용하게 되면 처리하는 비용이 들지 않을 뿐 아니라 연료로 재사용되는 만큼의 탄소 배출을 줄일 수 있어 탄소 저감 측면에서 효과적입니다.

2) 출처: http://www.liquefiedgascarrier.com/cargo-containment-systems.html

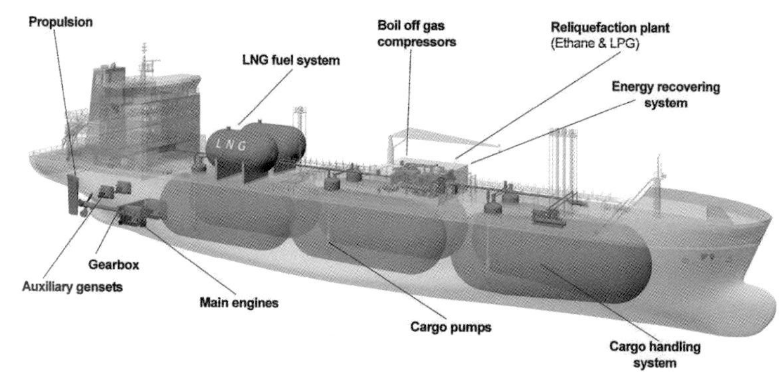

[그림 5] Cargo Handling System 예시(Warstila)[3]

마지막으로는 화물창에 들어 있는 친환경 연료를 운용하는 화물 운용 시스템 기술은 친환경 연료 운영 실현에 필요합니다. 화물 운용 시스템은 [그림 5]와 같이 Fuel Gas Supply System 외에도 재액화를 하거나 BOG를 압축하거나 Cargo를 화물창안에 주입하거나 빼내는 펌프(Pump) 등을 포함합니다.

지금까지 친환경 연료를 사용하는 선박이 보유하고 있는 선박의 장비 구성 요소 개념을 살펴보았습니다. 지금부터는 LNG, 암모니아, 액화 수소 추진 선박의 특징을 살펴보고 친환경 연료 도입을 통해 변화하는 기술 트렌드에 관해서 조망해보고자 합니다.

3) 출처: https://cdn.wartsila.com/docs/default-source/product-files/ogi/gas-cargo/cargo-handling-systems-brochure.pdf

〈표 4〉는 친환경 연료를 사용해서 운용되고 있는 선박들의 숫자를 조사한 것입니다. 데이터에 따르면 친환경 연료 선박의 운용은 증가하고 있으며 LNG 선박은 약 13%, 수소선박은 44%, 그리고 암모니아 추진선의 경우 420% 가 증가했습니다.

〈표 4〉 추진 연료 별 운용 선박 24년 증가율[4)]

추진 연료 별 운항중인 선박 수	LNG	암모니아	수소
2023년	937	5	27
2024년	1,058	26	39
23년 대비 24년 증가율 (%)	12.9	420.0	44.4

LNG 추진선은 2023년 937척이 운항 중이었으나 2024년 1,058척으로 약 13% 증가 했습니다.[5)] LNG 추진선은 LNG 운반선의 경우 운항중 발생하는 BOG를 활용할 수 있는 장점이 있어 운반선에 적용되면 시너지가 있습니다. LNG 연료로 추진할 수 있는 엔진은 MAN B&W와 WIN G&D 사에서 만들었으며 ME-GI, X-DF 등의 타입의 엔진이 LNG 연료를 사용할 수 있는 엔진입니다.

[그림 6]은 원유 운반선에 LNG 연료 추진 시스템을 설치한 선박입니다. LNG 연료 추진 선박의 경우 연료 공급 시스템(Fuel Gas Supply System), 화물창 기술(Cargo Containment System), 화물 운용 시스템(Cargo Handling System)을

4) 한국 LNG 벙커링 산업협회 (https://www.energy-news.co.kr/news/articleView.html?idxno=204052)

5) 한국 LNG 벙커링 산업 협회

[그림 6] 삼성중공업 건조 LNG 추진 원유 운반선

갖춰야 하며 특히 -162.5℃에서 운용되는 LNG의 온도를 견딜 수 있는 구조로 설계되어야 한다는 점이 특징입니다.

암모니아 추진선의 경우 2023년 대비 2024년에 가장 큰 폭으로 증가한 친환경 연료 선박입니다. 2023년 5척에서 2024년 26척으로 친환경 연료 추진 선박 종류 중 가장 증가폭이 컸으며, 추후에도 그럴 것이라 판단됩니다. 암모니아 추진선의 구조는 건조 경험이 많은 LPG 선박의 구조와 동일하여, 구조를 구현하는데 어려움이 없기 때문입니다. 대신에 암모니아는 독성이 높고 운항시의 압력 등에 의해 상태가 불안정해질 수 있습니다. 안정적으로 운반하고 누출 등에 대비하는 위기 관리 솔루션이 필요한 추진 방식입니다. 그래서 일체형 암모니아 스크러버(Scrubber)는 배출되는 암모니아를 두 차례에 걸쳐 흡수, 배출량을 제로 수준으로 낮출 수 있는 기술을 적용하거나, 인공지능을 활용한 예지보

[그림 7] 삼성중공업 암모니아 연료 전지 추진선[6)]

전, 누출감시 시스템을 적용하는 것이 일반적입니다.

마지막으로 수소 추진선은 2023년 27척이 운항 중이었으나 2024년 39척으로 증가했습니다.[7)] 액화 수소 추진선은 탄소 배출이 제로라는 점에서 궁극적인 친환경 연료 선박으로 여겨지고 있습니다. 다만, -252℃ 초저온에서 운용이 가능한 엔진 및 화물창을 개발하는 것이 가장 큰 기술적 장애물이라고 할 수 있습니다. 일본 가와사키 중공업에서는 [그림 8]과 같이 8,000톤급 실증선을 개발한 경험이 있으나, 아직 상용으로 운용하기에는 아직 작은 규모라고 할 수 있습니다. 현재 국내 대형 조선소에서 선급 형식승인을 준비하고 실증 프로젝트를 준비하고 있습니다. 실증 시 화물창 기술이 집중적으로 검토되어야 할 것으로 생각됩니다.

6) 출처: https://m.ceoscoredaily.com/page/view/2024061415475425943
7) 한국 LNG 벙커링 산업 협회

[그림 8] 가와사키 중공업 Suiso Frontier[8)]

결론

해운 물류의 핵심 주체인 해운사의 2025년 가장 중요한 경쟁력을 꼽자면 친환경 선대 운용 능력을 들고 싶습니다. 지금까지 살펴본 것과 같이 탄소 배출 문제는 국제사회에서 심각한 사안으로 다뤄져 규제 방안들이 강제되고 강화되는 계획을 가지고 있기 때문입니다.

해운사는 탄소 배출이 직접적인 비용으로 작용하여, 친환경 연료 추진 선박들을 대거 발주할 수 밖에 없는 상황이고, 발주가 어려운 해운선사들은 선대의 저속 운항 기법 등을 이용하여 탄소 배출 저감을 줄이려는 노력을 할 것으로 예상됩니다.

8) https://www.sisajournal-e.com/news/articleView.html?idxno=300328

조선사는 해운사의 탄소 배출 저감 요구를 실현하기 위해 친환경 연료 추진 선박들의 기술 개발에 힘쓸것으로 예상되며, 친환경 연료 추진 선박의 경우 핵심 기술이 친환경 연료 공급 시스템, 친환경 연료 화물창, 친환경 연료 운용 시스템이 개발되어야 도입이 가능하다고 판단됩니다.

단기적으로는 LNG 추진선의 발주가 증가하여 친환경 연료 선박 중 가장 큰 비중을 차지하고 있으며 궁극적으로는 탄소 배출이 없는 암모니아 추진 선박과 액화 수소 추진 선박과 관련된 기술들이 개발될 것으로 예상됩니다. 암모니아 추진 선박은 기술이 모두 개발된 LPG 선과 유사한 점이 많아 적용에 용이함이 예상되나 위험성이 있어, 운용 시 상태 모니터링 시스템의 중요성이 부각될것으로 예상됩니다. 액화 수소 추진선의 경우 화물창 기술이 작은 용량(8,000톤)급에서만 검증되어 보다 큰 크기의 사용 사이즈에서 화물창 기술을 실증하고 안정적으로 운반할 수 있는 기술이 필요할 것으로 예상됩니다.

친환경 연료 추진 선박은 해운 업계의 탄소 배출을 '넷제로'로 만드는 시점까지 계속 연구되고 각광받을 것입니다.

북극 기후 변화와 에너지 공급망 관리

물류 산업 프레임워크 변화를 위한 구조조정 전략

매즈 크비스트 프레데릭센(Mads Qvist Frederiksen)

북극경제이사회 사무국장 | mads@arcticeconomiccouncil.com

저자는 덴마크 출신으로, 하버드 경영대학원에서 경영학 석사(Executive MBA), 남덴마크 대학교에서 중동학 석사(MA), 시티 대학교 및 QMUL에서 언론학 및 현대사 학사(BA)를 취득했다. 현재 노르웨이 트롬쇠에 위치한 북극경제이사회(AEC)의 사무국장으로 활동하고 있다. AEC 입사 전에는 덴마크 산업 연합(Global Trade and Investment Unit)에서 북극 비즈니스 개발 및 정책을 담당했다.

김엄지

한국해양수산개발원 북방극지전략연구실장 | umjikim@kmi.re.kr

현 한국해양수산개발원 북방극지전략연구실장으로, 북방지역(러, 북)과 북극지역의 해양 및 수산 분야를 연구하고 있다. '러시아 내륙 수운을 연계한 복합물류체계 구축 기반 실태조사', 'ASTD 기반 북극항로 이용 선박과 친환경 선박 개발 동향 조사' 등의 연구를 수행했으며, '점-선-면 전략 기반 러시아 북극개발전략 분석 및 한러협력 방향', '광역두만지역 내 새로운 복합물류체계 개발 및 기대효과' 등 논문을 발표했다.

서론

지난 10년 간 북극 공급망에 관한 학술 연구가 현저히 증가했다. 그러나 주로 운송, 해운, 물류, 역물류와 같은 주제에 초점을 맞추어져 있으며, 어업, 에너지, 광업과 같은 원자재 분야는 상대적으로 덜 다루어지고 있다.
본 장에서는 원자재 수출 지역으로서 북극의 역할과 에너지 생산, 사용 및 운송의 변화 트렌드를 살펴본다. 먼저, 북극 지역의 정치·경제적 배경을 소개한다. 다음으로, 북극에서 사용 가능한 다양한 에너지원을 검토하며, 에너지원 사용 현황과 향후 개발 가능성을 조명한다. 세 번째 섹션에서는 북극해를 통과하는 해운에 초점을 맞추어, 북극해의 중요성과 운영상의 어려움을 살펴본다. 마지막으로, 이 지역이 당면한 기회를 다루며, 장애물과 잠재적 이점에 대한 인사이트를 제공한다.

1장. 북극 지역 소개

북극은 환경·사회·경제적으로 가장 중요한 요소인 기후변화로 큰 변화를 겪고 있다. 노르웨이 최북단의 스발바르(Svalbard)와 같은 지역은 기온 상승률이 지구 평균의 7배에 달하며, 이는 영구 동토층의 해빙을 유발하고 산사태 및 산불의 악화를 초래하여 다양한 환경·사회·경제적인 영향을 끼치고 있다.

북극이사회 8개 회원국 중 7개 국이 북대서양조약기구(NATO) 회원국이 되면서 안보 분야의 지형도 바뀌고 있다. 또한, 점차 더 많은 비(非)북극권 국가들이 자국의 북극 전략을 수립하고 북극 대사를 임명하고 있는데, 이는 북극의 중요성이 커지고 있음을 반영한다.

이에 발맞추어 북극 경제도 진화하고 있다. 북극지역에서 수산물은 대표적인 수출상품이지만, 기후변화로 인해 어획 가능한 어족 자원이 변화하면서 수산업이 영향을 받고 있다. 또한, 전세계적인 주요 원자재의 공급망 변화는 광산업에 변동을 가져올 수 있다. 북극 지역은 화석연료에서 재생 에너지로의 전환도 경험하고 있다.

이민, 저출산, 도시화와 같은 인구통계학적 문제는 이 지역의 사회적 네트워크, 문화 역사, 인프라를 재편할 가능성이 높다. 한편, 경제적 기회가 증가함에 따라 더 많은 인구가 북쪽으로 이동해야 할 필요성도 커지고 있다.

북극 지역은 과거부터 에너지 공급과 물류 인프라에 이상적인 곳이었으며, 앞으로도 이 지위를 유지할 것이다. 글로벌 리더들의 정책은 북극의 전략적 중요성이 점차 증가하고 있음을 명확히 보여준다. 이는 단지 지구 온난화로 인해 새로운 광물 자원에 대한 접근이 가능해지고 새로운 항로가 개척된다는 진부한 이유 때문이기보다는 세계가 더욱 상호 연결되며 새로운 기술이 이전에 접근할 수 없었던 지역과 온·오프라인으로 연결될 수 있게 해주고 있기 때문이다.

북극의 전체 면적은 아프리카 대륙과 비슷하지만, 거주 인구는 단 4백만 명에 불과하다. 그러나 이 지역은 국경을 초월하는 다양한 문제에 대한 해결책을 제공한다. 북극에서 생산되는 수산 제품은 증가하고 있는 전세계 인구의 식량 문제 해결에 도움을 주고, 북극의 에너지는 신흥 산업을 위한 전력을 제공하며, 북극의 광물자원은 녹색 전환에 필수적인 재료가 되고 있다. 또한 북극은 기후변화를 관측하기에 완벽한 장소이며, 추운 기후는 데이터 센터의 운영 비용을 절감하고, 원격지에서 새로운 기술 솔루션을 시험할 수 있는 기회를 제공한다.

현재 북극의 극한지는 필요한 에너지의 80%를 디젤에 의존하고 있다. 이는 탄소 배출을 크게 증가시킬 뿐만 아니라 에너지 안보에도 위협을 가한다. 극한지로 연료를 운송할 수 있는 기간은 제한적이며, 기상 조건이 악화될 경우, 운송 가능 기간은 더욱 단축될 수 있다. 이로 인해 물류는 주요 과제로 남아 있다. 또한 추운 기후에서는 연료 가격의 변동이 큰 영향을 미칠 수 있다. 하지만 재생 에너지의 발전으로 전통적 연료에 대한 의존도가 줄어들고 있고, 정책 입안자들은 이제 북극에서 다양한 에너지를 활용함에 있어 장벽을 낮출 수 있는 기회를 갖게 되었다.

앞으로 북극 커뮤니티(원주민, 지역공동체, 도시 등)의 회복탄력성과 지속가능성을 위해서는 에너지 공급망 관리를 변화하는 북극 환경에 맞추는 것이 필요하다.

몇 개의 다른 북극

북극을 바라보는 관점은 다양하다. 기후 및 환경의 관점에서 북극은 산림 지역부터 광활한 겨울 툰드라까지 여러 지역과 소지역으로 구성되어 있다. 경제적 관점에서는 북유럽 복지 국가들, 광대한 러시아 북극, 그리고 북미 북극 지역을 각각 다른 그룹으로 볼 수 있다. 해당 지역은 플라이인-플라이아웃 커뮤니티가 형성되어 있으며, 원자재 수출에 의존하고 있다.

에너지 공급 측면에서는 두 가지 주요 차이점이 있다. 첫 번째 그룹은 핀란드, 노르웨이, 스웨덴, 아이슬란드에서 볼 수 있는 '그리드 연결' 시스템이고, 두 번째 그룹은 알래스카, 캐나다, 러시아, 그린란드에서 흔히 볼 수 있는 원격 마이크로그리드이다. 에너지를 수출하는 곳도 있고, 그린란드처럼 수입에 의존하는 국가도 있다. 그린란드와 같이 인구 밀도가 낮은 극지방은 난방과 전력 생산을 디젤 발전기에 의존하고 있다.

전 세계적인 관심의 중심

북극 지역은 육지와 바다 모두에서 풍부한 천연 자원을 보유하고 있으며, 이들 중 일부는 상대적으로 접근성이 좋은 위치에 있다. 또한 북극은 자원을 생산하고 저장하기에 적합하다. 북극해를 통해 천연 자원을 운송하는 것은 기존 경로에 비해 주요 시장까지 거리가 짧고, 해적 및 폭력 분쟁의 위험이 적으며 운송량이 많아 대기 시간이 단축되는 등 다양한 장점을 가지고 있다.

하지만 북극 지역은 극한의 기상 조건, 계절에 따라 변화하는 자연환경 등과 같은 중대한 도전에 직면해 있다. 이러한 요인으로 인해 일부 항로의 접근성이 제한되어 시간에 민감한 활동을 더욱 어렵게 만든다. 또한, 항만, 공항, 도로와 같은 인프라 및 숙련된 인력이 부족하여 산업이 어려움을 겪고 있다. 심지어 일부 지역에 한해서는 위성이나 최신 해빙 자료를 구하기 어렵고, 수색 및 구조(SAR) 서비스도 제한적이어서 일반적인 상황보다 더 높은 보험 비용을 초래한다. 물류 관점에서는 부패하기 쉬운 상품의 재고 관리가 어려우며, 북극 외부에서 자재를 조달할 경우 제조 비용이 상승한다. 이는 소매 서비스 비용의 증가로 이어지며, 산업 부문의 낙후로 인해 공급망에서 역물류가 활성화되지 않는 경우가 많다.

그러나, 북극 지역은 점차 전 세계의 주목을 받고 있다. 북극지역은 생산 방식의 혁신, 관광 산업에 대한 투자 증가, 인프라의 발전으로 인해 변화하고 있다. 많은 기업이 북극의 추운 기후를 활용하여 테스트 시설이나 데이터 센터와 같은 시설을 설립하고 있다. 대규모 노동력보다는 넓은 공간과 원자재를 필요로 하는 기업들도 북쪽으로 눈을 돌리고 있다. 최근 몇 년간 북극권 국가들은 신흥 분야에서 새로운 일자리를 창출하거나 인프라를 확충하여 지역 사회를 발전시키려는 노력을 하고 있다. 또한 폐기물에서 에너지를 생산하는 것과 같은 역물류 기회에 대한 관심도 높아지고 있다.

그럼에도 불구하고, 이러한 기회에 대한 큰 위협이 존재한다. 바로 기후변화와 자연 생태계의 변화이다. 이는 이 지역의 인구 구조에도 영향을 미쳐, 비즈니스 기회가 매력적으로 느껴지지 않게 만든다. 또한 에너지와 광산 개발을 둘러싼 정치적 갈등이 해결되지 않을 경우, 일부 투자자들은 불안감을 가질 수 있다. 마지막으로 북극 지역은 8개국에 걸쳐 있어 각 운송 경로마다 규제 요건과 비즈니스 관행이 달라 다양한 문제가 발생할 수 있다.

4배 더 빨라진 기후 변화

지구의 지축은 태양을 기준으로 기울어져 있어, 극지방에 도달하는 태양 에너지가 적다. 이 지역은 또한 일 년 중 대부분이 눈과 얼음으로 덮여 있어 반사율이 높아 북극의 온도가 낮게 유지될 수 있게 해 준다.

북극의 기후는 놀라운 속도로 변화하고 있다. 올해 북극에서 1000㎞ 남짓 떨어진 북위 78°에 위치한 스발바르에서는 섭씨 20도 이상의 기온이 기록되었다. 일별 기온은 기후(climate)가 아닌 날씨(weather)이지만, 이는 북극의 기후 변화가 진행 중임을 나타내는 증거라 할 수 있다. 북극의 눈과 얼음이 녹는 속도가 빨라지면서 눈과 얼음에 덮여 있던 진한 색의 지표면이 드러나 태양 에너지를 더 많이 흡수하게 한다. 이는 또다시 온난화 과정을 더욱 가속화하게 된다.

기후 변화는 종종 더 극단적인 기상 패턴을 초래한다. 예를 들어, 그린란드 해의 해빙(海氷) 감소로 인해 강우량과 산사태가 증가하고, 영구 동토층의 해빙(解氷)과 해안 침식이 주택과 기반 시설에 직접적인 영향을 미치고 있다. 1950년대 이후 북극의 강수량은 전 세계 평균보다 약 5% 더 높았으며, 강의 유량도 증가하고 있다. 기후 모델들은 2100년까지 북극의 강수량이 전 세계 평균보다 훨씬 빠른 속도로 계속 증가할 것이라고 일관되게 예측하고 있다.

북극해는 겨울철 대부분 해빙으로 덮여 있으며, 일부 지역은 일 년 내

내 얼음으로 덮여 있다. 그러나 여름에는 해빙의 가장자리가 녹아 부빙이 부서져 해류를 따라 떠내려간다. 지난 30년 동안 해빙의 면적은 급격히 줄어들었으며, 이는 기후 모델이 예측했던 것보다 더 빠르게 진행되고 있다. 얼음의 두께도 감소하였고, 일부 지역에서는 얼음이 없는 계절이 최대 두 달까지 길어졌다.

북극 대륙과 해저 아래에 걸쳐 있는 영구적으로 얼어붙은 땅인 영구동토층은 현재 심각한 변화를 겪고 있다. 일부 지역에서는 지온이 20년 전보다 최대 섭씨 2도 상승했다. 금세기 말까지 북반구 지표의 영구 동토층 면적이 최대 80%까지 감소할 것으로 예상된다. 영구 동토층이 녹으면 메탄과 같은 온실가스가 방출될 뿐만 아니라 지반이 불안정해져 에너지 인프라에 심각한 위험을 초래할 수 있다.

북극은 지구 기후 조절에 중요한 역할을 한다. 기후 과학자들은 종종 북극을 "탄광 속 카나리아"라고 부른다. 북극에서 일어나는 변화는 전 세계에 더 광범위한 영향을 미치기 전에 과학자들과 정책 입안자들에게 경고 신호를 보낸다. 따라서 북극은 조기 경보 시스템의 역할을 한다. 북극의 빙하와 해빙이 녹는 것은 지리적뿐만 아니라 경제적으로도 큰 영향을 미치며, 인간의 비즈니스 방식과 무역 방식에 영향을 미칠 것이다.

에너지 공급망 관리의 핵심 요소

에너지 공급망 관리의 핵심 요소는 크게 계약 협상과 투자를 통한 자원 조달로 정의할 수 있다. 생산 단계에서는 원자재가 에너지로 전환된다. 그 다음은 운송과 물류 단계로, 에너지는 파이프라인, 전력선, 운송 경로 또는 기타 수단을 통해 생산지에서 유통 센터와 소비자에게 전달된다. 또한 석유 비축, 천연가스 시설, 전기 배터리 저장 부문 확대 등을 포함한 저장 단계도 매우 중요하다. 효과적인 저장 관리로 수요와 공급의 균형을 유지하고, 소비자에게 적정 가격을 보장할 수 있다. 마지막으로 에너지는 최종 사용자, 즉 가정이나 기업으로 전달된다. 에너지 부문에서의 효과적인 공급망 관리는 신뢰성, 비용 효율성, 지속 가능성, 그리고 회복탄력성을 보장한다.

에너지 공급망 관리

에너지 공급망 관리는 특히 북극과 같이 취약하고 역동적인 지역의 물류 산업 형성에 매우 중요하다. 기후 변화로 북극의 얼음이 녹는 속도가 빨라지면서 북극의 에너지 생산과 운송에 새로운 기회와 도전이 생겨나고 있다.

변화하고 있는 북극 지역은 이제 글로벌 에너지 공급망의 최전선에 있다. 또한, 탄소 포집 및 저장, 수소 생산, 주요 원자재 생산 등의 분야에서 새로운 기회와 접근성을 제공한다. 그러나 혹독하고 예측하기 어려운 환경에 '지속가능한 발전'을 위한 요구사항이 더해져 물류 전략을 혁신적으로 재구성할 필요가 있다. 북극의 에너지 공급망이 탄력성과 환경적 책임을 모두 갖추려면 적응력 있고 미래지향적인 접근 방식이 필수적이다.

전 세계적으로 에너지 공급망은 경제에서 중요한 역할을 하며 북극의 극지방까지 확장되고 있다. 현재 북극지역에서는 탄화수소와 재생 에너지원을 모두 아우르는 에너지 자원의 추출, 가공, 유통이 활발히 이루어지고 있으며 그 범위가 확장되고 있다.

육상 및 해상에서 에너지 자원을 추출하는 과정은 기후 변화의 영향을 크게 받는다. 접근하기 쉬워진 자원이 있는 반면, 오히려 더 어려워진 자원도 있다. 기후 변화는 지정학적·인구학적 역학 관계의 변화로 인해 자원의 처리 과정에도 영향을 미치기 때문이다. 또한, 기후 변화로 인해 영구 동토층이 해빙되면서 파이프라인이 불안정해지는 것부터 새로운 운송 경로가 열리는 것까지, 북극의 에너지 분배에도 중대한 영향을 미칠 것이다.

앞으로 몇 년 간 물류 분야는 도전 과제와 재구조화의 기회가 모두 있을 것이다. 따라서 변화하는 북극에 맞춘 에너지 공급망 관리의 적응이 필요하다. 이는 글로벌 에너지 공급망 관점뿐 아니라, 북극 지역 사회의 지속적 번영을 위해서도 필요하다.

북극 원주민의 관점에서 본 에너지 개발

북극 원주민은 북극에 거주하는 인구의 10%를 차지하며 40여 개의 민족으로 이루어져 있다. 사미 족은 노르웨이, 스웨덴, 핀란드, 러시아 등 4개국에 거주하고 있으며 이누이트와 알류트 족은 러시아와 미국, 캐나다에 거주하고 있고, 아타바스칸 족과 그위친 족은 북미에 살고 있다. 북극 국가들은 사회경제적 조건, 지리, 인프라 접근성, 인구통계 등 여러 측면에서 크게 다르다. 마찬가지로 북극의 원주민 공동체들도 문화적, 역사적, 경제적 배경에서 다양한 모습을 보인다.

이처럼 원주민은 민족이 다양하게 구성되어 있지만, 공통적으로 원주민들은 에너지 산업에서 토지 소유자, 광산 프로젝트 투자자, 석유 및 가스 산업 종사자, 주요 구매자 등 다양한 역할로 깊이 관여하고 있다.

특히, 토지 권리 문제는 에너지 프로젝트를 추진함에 있어서 다양한 법적 소송 및 갈등을 초래했으며, 이를 통해 에너지 프로젝트를 추진하는 일반적인 방법은 북극지역에 적절하지 않다는 교훈을 얻었다. 즉, 북극 지역에서는 에너지 프로젝트를 추진할 경우, 정부나 에너지 기업이 사회적 인가를 우선적으로 확보하고, 또 의사결정 과정에 지역 사회를 참여시켜야 한다. 북극의 일부 지역에서는 풍력 터빈 프로젝트를 둘러싼 논쟁이 자주 발생하며, 원주민 단체는 이러한 개발이 전통적인 생활 방식을 방해한다고 주장한다. 반면 다른 지역에서는 원주민 단체들이 새로운 석유 및 가스 개발을 미래 세대를 위한 경제적 기반을 강화할 기회로 보고 지지를 표명하기도 한다.

북극 커뮤니티를 위한 공정한 전환

미래 세대에게 건강한 지구를 물려주기 위해서는 현재의 방식을 그대로 답습해서는 안 된다는 데 전 세계가 공감하고 있다. 문제는 결정 내리기가 어렵다는 데 있다. 북극 지역은 산업 개발이 제한적이고 인구가 적어 기후 변화의 주요 원인은 아니지만, 북극 커뮤니티는 기후 변화의 영향을 가장 크게 받고 있다고 느끼고 있다.

상징적 이유로 북극의 경제 개발을 금지하는 것과 같은 미봉책은 근시안적이며, 미래를 위한 바람직한 결과를 가져오지 못한다. 대신 친환경적이고 지속 가능한 미래로 나아가는 과정에서 그 누구도 소외되지 않도록 하는 공정한 전환이 필요하다. 특히, 탄화수소가 일자리 창출과 세수의 큰 부분을 차지하는 지역에서는, 새로운 일자리와 수입원을 제공하는 확실한 대안 없이는 핵심 산업의 점진적 축소가 매우 어려운 과제가 될 것이다.

고래 기름에서 산업 혁명까지

북극에서 가장 먼저 수출된 에너지원 중 하나는 가정용 램프와 가로등에 사용된 고래 기름이었다. 영국의 방직 공장에서 고래 기름을 사용함으로써 노동자들이 더 오랜 시간 일할 수 있었고, 이로 인해 산업 혁명이 가능해졌다. 에너지 공급망 덕분에 영국의 고래잡이 항구였던 헐(Hull)에서는 1713년에 이미 가로등이 설치된 바 있다.

미국 독립혁명 전까지 18세기 매사추세츠주에서 세 번째로 큰 도시였던 낸터킷(Nantucket) 또한 125척 이상의 포경선이 정박하던 주요 항만이었다. 그러나 1812년 미영전쟁 이후 낸터킷의 상업 활동은 쇠퇴했고, 다른 항만들에 의해 대체되면서 초기 해양 도시의 명성을 되찾지 못했다. 이는 부분적으로 에너지 공급망의 변화에 기인한 것이었다.

석탄 생산의 유산

석탄은 역사적으로 북극 에너지 개발에서 중요한 역할을 해왔다. 100년이 넘는 기간 동안, 그리고 최근까지도 석탄 생산은 스발바르의 주요 산업이었으며, 오늘날까지 이어지고 있다. 대규모 석탄 생산은 제1차 세계대전 발발로 새로운 에너지 공급이 시급해지면서 본격적으로 시작되었다. 석탄은 오랫동안 스발바르 지역사회의 주요 에너지원이었으나, 2023년에 석탄에서 디젤로 전환하여 이산화탄소 배출량을 절반으로 줄였다.

알래스카와 러시아 북극에서는 여전히 대규모 탄광이 운영되고 있다.

이곳에서 생산된 석탄은 국내 시장뿐만 아니라 칠레, 일본, 한국 등 해외로도 공급된다. 그린란드에서는 1924년 덴마크 정부가 그린란드 서부 지역에 탄광을 개발하면서 완전히 새로운 도시가 형성되었다. 이 탄광은 1972년까지 운영되었으나, 경제적 비효율성과 에너지 수요 변화로 인해 마을과 함께 폐쇄되었다. 이러한 변화는 에너지 생산뿐 아니라 관련 공급망과 물류에도 큰 영향을 미쳤다.

LNG 생산을 위한 국제 파트너십

알버트 아인슈타인의 서재에는 아이작 뉴턴, 제임스 클러크 맥스웰, 그리고 마이클 패러데이 등 세 명의 저명한 과학자의 도서가 눈에 띄게 전시되어 있다. 영국의 화학자이자 독학으로 과학을 익힌 패러데이는 전자기학에 획기적인 공헌을 했으며, 초기 형태의 가열용 실험기구 중 하나인 분젠 버너(Bunsen Burner)를 발명했다. 하지만 다양한 가스를 액화시키는 데 성공한 그의 업적은 그 당시에는 상상조차 할 수 없었던 방식으로 북극에 지대한 영향을 미쳤다. 한 세기가 지난 후, 그의 연구는 최초의 실험용 LNG 플랜트 개발에 토대를 마련했다. 1960년대와 1970년대에 접어들면서 LNG 산업은 전 세계적으로 확장되었고, 2000년대 초반부터는 기하급수적으로 성장하여 주요 에너지원으로 자리 잡았다. 오늘날 LNG의 최대 수입국은 중국, 일본, 한국이며, 인도는 향후 몇 년 동안 수입량을 증가시킬 것으로 예상된다.

러시아의 북극 지역은 러시아 LNG의 에너지 공급망에서 핵심적인 역할을 한다. 초기에는 주로 유럽 시장에 공급되었으나, 최근에는 아시아 시장으로의 집중도가 점차 높아지고 있다. 1960년대와 1970년대에 걸쳐 대규모 탐사가 이루어지면서 광대한 탄화수소 매장지가 다수 발견되었다. 일부 지역은 LNG 수출에 특히 적합한 것으로 평가되었다. 예를 들어, 야말(Yamal) 반도는 안정적인 북극 대륙성 기후, 연중 지속되는 낮은 기온, 뇌우 발생 빈도가 적은 대체로 평평한 지형 및 오브강 하구라는 독특한 수계가 특징이다.

2000년대 초 북극과 자원 개발에 대한 관심이 높아지면서 러시아 정부는 북극의 잠재력을 최대한 활용하기 위해 일련의 탐험대를 조직했다. 서방의 투자와 기술로 결국 '북극 LNG 2 프로젝트'가 탄생했다. 시베리아 북서부 사베타(Sabetta) 항만의 '야말 LNG 플랜트 프로젝트'와 함께, 이 두 프로젝트는 러시아 북극에서 가장 주목받는 에너지 생산지 중 하나로 자리 잡았다. 2017년 12월 사베타 항만과 LNG 트렌은 상업적으로 운영을 시작했다. 그리고 2019년, 야말로네네츠 자치 오크루그(Yamalo-Nenets Autonomous Okrug)의 천연가스 매장량은 러시아 천연가스의 80%, 전 세계 천연가스 공급량의 15%를 차지할 것으로 추산되었다.

해당 LNG 플랜트 프로젝트는 진정한 의미에서 다국적 기업 및 기관이 참여했다. 러시아, 프랑스, 중국이 투자했으며, 핀란드는 쇄빙LNG운반선을 설계하여 한국 조선소가 건조했다. 또한 해당 운반선을 운영하는 것은 일본과 캐나다가 담당했다. 가장 중요한 물리적 인프라 중 일부는 유럽이나 북미의 파트너들로부터 제공되었다.

그러나 우크라이나 침공에 따른 제재로 인해 최근 몇 년 간 에너지 부문의 물류 관리가 변화했다. 유럽은 여전히 러시아로부터 기록적인 양의 LNG를 수입하고 있지만, 대부분의 분석가들은 새로운 인프라(파이프라인)가 건설됨에 따라 러시아가 파이프라인을 통해 중국으로 수출하는 가스량도 증가할 것으로 예상하고 있다. 그럼에도 불구하고 업계는 선박 조달 문제와 현재의 시장 상황으로 인해 상당한 지연을 여전히 겪고 있다.

여전히 에너지 시장을 주도하는 석유

2008년, 미국 지질조사국(USGS)은 북극 지역의 석유 및 가스 자원에 대한 최초의 종합적인 평가를 발표했다. 이 조사에 따르면 북극에는 약 900억 배럴의 석유, 1,670조 입방피트의 천연가스, 440억 배럴의 액체 천연가스가 매장되어 있는 것으로 추정되었다. 또한, 북극은 전 세계 미발견 석유 매장량의 13%, 미발견 천연가스 매장량의 30%를 보유하고 있으며, 이 중 러시아가 전체 북극 자원의 절반 이상을 차지하고 있는 것으로 나타났다.

이듬 해, 격년으로 열리는 북극이사회 회의가 노르웨이 트롬쇠(Tromsø)에서 개최되었고 에너지가 주요 주제로 떠올랐다. 여기서 채택된 트롬쇠 선언은 한 섹션 전체를 에너지에 할애하며, 북극 국가들에게 "친환경적인 석유 및 가스 활동이 북극 지역의 지속 가능한 발전에 기여할 수 있음을 인식할 것"을 촉구했다.

1962년 러시아는 시베리아 서부에서 최초의 주요 석유 발견지인 타조프스코예 유전(Tazovskoye Field)을 발견했다. 얼마 지나지 않아, 미국은 1968년 알래스카 북쪽 경사면의 프루드호만(Prudhoe Bay)에서 석유와 가스를 발견했다. 1970년대부터 1990년대까지 캐나다도 보퍼트해(Beaufort Sea)에서 석유 및 가스 탐사를 시작했으나, 경제적 여건으로 인해 결국 중단되었다. 그린란드는 2010년 영국의 한 독립 기업이 탄화수소를 발견하면서 그린란드 정부가 최초의 해양 에너지 개발 면허를 발급하여 석유 탐사를 잠시 진행했으나, 약 10년 후 정부는 그린란드 내 모든 석유 개발을 중단했다. 1980년대 노르웨이는 바렌츠해를 에너지 탐사에 개방했고, 국영 석유 회사가 스노비트(Snøhvit) 가스전을 발견하면서 북극권 한계선에서 추가 탐사를 활발히 진행하였다.

오늘날 알래스카와 노르웨이 북부의 유전은 여전히 세계 에너지 시장에서 중요한 역할을 하고 있다. 40년 이상 생산된 알래스카의 프루드호만 유전은 북미 최대의 유전 중 하나로 자리 잡고 있다. 알래스카 북부, 북극해 연안의 영구 동토층과 다공성 암석 지대에 위치해 있는 이 유전은 약 1,000개의 유정에서 석유를 추출한 후, 송유관을 통해 펌핑 스테이션으로 이송하고, 이후 현지 처리 시설로 운반된다. 1970년대에 설계된 알래스카 횡단 송유관 시스템은 세계 최대의 송유관 네트워크 중 하나로, 알래스카 북부의 프루드호만에서 남중부 프린스 윌리엄 사운드(Prince William Sound) 해안의 발데즈(Valdez)까지 이어진다. 이 송유관은 하루 최대 200만 배럴의 석유를 수송할 수 있는 용량을 갖추고 있지만, 현재는 그 중 일부만 사용하고 있다. 만약 유류 흐름이 멈추거나 처리량이 너무 적으면 송유관이 동결될 위험도 있다.

1984년에 발견된 스노비트(Snøhvit) 가스전은 바렌츠해에서 최초로 개발된 가스전으로 2007년 여름 생산을 시작했다. 해상에서 추출된 가스는 143㎞ 길이의 파이프라인을 통해 멜코야(Melkøya) 섬에 위치한 해머페스트(Hammerfest) LNG 육상 플랜트로 운송된다. 플랜트에서는 가스에서 이산화탄소(CO_2)를 분리한 후, 파이프라인을 통해 다시 가스전으로 되돌려 대수층에 주입하는 탄소 포집 및 저장(CCS) 공정을 수행한다. 남은 액화천연가스(LNG), 액화석유가스(LPG), 응축액은 시장으로 운송된다.

해머페스트 LNG 플랜트는 유럽 최초의 LNG 수출 시설로, 최근 몇 년 동안 유럽의 에너지 안보에서 역할이 점차 중요해지고 있다. 또한, 이 플랜트는 경제적 기회 부족으로 인해 인구 감소를 겪고 있던 해당 지역에서 수백 개의 일자리를 창출했다. 인근에 위치한 골리앗(Goliat) 해상 유전은 2016년에 생산을 시작했으며, 세계에서 최북단에 위치한 해상 석유 플랫폼이다.

재생 에너지 개발의 역사와 새로운 트렌드

북극의 많은 지역에서 수요의 부족 또는 잉여 에너지 수출에 필요한 수송 용량의 한계로 재생 에너지가 충분히 활용되지 못하고 있다. 그러나 북극에서 새롭게 발전하는 산업과 함께 수소 생산 기술의 진전은 이 지역의 재생 에너지 공급망을 변화시킬 것으로 보인다.

① 수력 발전: 북극의 2대 전력원

세계 초창기 수력 발전소 중 일부는 노르웨이 북극 지역에 세워졌다. 1882년, 노르웨이 북부의 센야(Senja) 섬에 수력 발전소가 가동을 시작해 지역 니켈 생산에 필요한 에너지를 공급했다. 1891년에는 북위 70도에 위치한 해머페스트가 노르웨이 최초로 수력 발전을 통해 전기로 불을 밝히는 도시가 되었으며, 이는 석탄 발전으로 전기 가로등을 도입한 오슬로보다 1년 앞선 것이다. 오늘날 노르웨이의 에너지 생산 중 수력과 풍력의 비중은 98%에 이르며, 노르웨이는 유럽에서 가장 광범위한 풍력 및 수력 발전을 보유한 국가로, 전 세계적으로도 상위 10위 안에 든다.

수력 발전은 현재 북극에서 디젤에 이어 두 번째로 많이 사용되는 전력 생산 방식으로, 이 지역 전력 생산의 절반 가까이 차지한다. 수력 발전소는 투자 비용이 높아 주로 대규모 커뮤니티에 전력을 공급하며, 설비의 규모가 클수록 비용 효율적이다. 수력 발전소는 긴 수명과 낮은 운영 비용이라는 장점을 가지고 있어, 장기적으로 지속 가능한 에너지 생산을 가능하게 한다.

② 아이슬란드의 지열 에너지 혁신

아이슬란드는 지열 에너지의 공간 난방 사용이 매우 발달된 나라이다. 아이슬란드의 독특한 지질학적 특징과 혁신적인 에너지 생산 접근 방식이 결합되어 지열 에너지와 수력 발전이 널리 사용되게 되었다.

다른 북극 국가들도 지열 에너지를 활용하고 있지만, 아이슬란드만큼 광범위하게 보급되지는 않았다. 그럼에도 불구하고 북극에서 지열 에너지가 주는 이점은 매우 많다. 지열 에너지는 현장에서 사용할 수 있는 에너지원으로, 운송이 필요 없어 공급망 차질의 위험을 줄일 수 있다. 그러나 지열 에너지 시스템에도 도전 과제가 있는데, 예를 들면 최근 몇 년간 아이슬란드에서 발생한 것처럼 화산 활동이 파이프라인에 영향을 미칠 수 있다. 이러한 어려움에도 불구하고 지열 에너지는 높은 용량 계수를 자랑하며, 화석 연료만큼 안정적이고 신뢰할 수 있는 에너지원으로 평가받고 있다. 또한 지열 에너지는 긴 운영 수명, 낮은 유지 비용, 수요 변동에 따른 부하 조절 가능성이라는 세 가지 큰 장점이 있다.

[그림 1] 베를레보그(Berlevåg) **해상풍력**(출처: Varanger Kraft)

③ 풍력 에너지의 새로운 트렌드

북극은 특히 해안 지역에 풍력 자원이 풍부하지만 풍력 터빈은 북극에서는 아직 비교적 생소한 분야이다. 과거에는 풍력 장비가 북극의 혹독한 날씨를 견딜 수 있을 지에 대한 우려가 있었지만 오늘날에는 지역사회에 친환경 에너지를 공급하기 위한 다양한 풍력 발전소가 북극 전역에 계획되고 있다. 또한 추운 기후가 오히려 최대 전력 생산량을 크게 증가시킨다는 사실도 밝혀졌다.

오늘날 캐나다 북극의 오지에서는 디젤 발전기를 보완하기 위해 단일 풍력 터빈을 도입하는 실험이 진행되고 있다. 반면, 북유럽 국가들은 더 남쪽에 위치한 도시에 전력을 공급하기 위해 대규모 풍력 발전 단지를 건설하는 경우가 많다. 또한 LNG 발전소, 배터리 공장, 광산과 같은 산업 현장에 전력을 공급하기 위해 풍력 터빈을 설치하는 추세도 증가하고 있다.

④오프그리드 커뮤니티를 위한 태양광 에너지 솔루션

태양광 발전 시스템으로도 알려진 태양 전지판은 북극 전역에서 주로 소규모 주거용 또는 상업용으로 설치되고 있다. 겨울철에는 햇빛이 제한적이기 때문에 태양광 발전은 계절에 따라 달라진다. 그러나 봄철에는 눈에서 반사되는 태양 복사가 태양 전지의 전기 출력을 향상시킬 수 있으며, 추운 기온이 효율을 높인다는 사실도 입증되고 있다.

태양 전지판이 소규모 커뮤니티를 어떻게 변화시켰는지를 보여주는 대표적인 사례로 캐나다 유콘 준주의 올드 크로(Old Crow)를 들 수 있다. 약 250명의 인구가 거주하는 이 작은 마을은 도로 또는 전력망 연결이 없었기 때문에 예전부터 항공으로 연료를 공급받아 왔다. 그러나 2021년, 올드 크로는 태양광 발전소를 가동하여 현재 이 지역 전력 수요의 25%를 친환경 에너지로 충당하고 있다. 이 프로젝트는 재생 가능 에너지 도입에 열정적인 지역 리더의 주도로 추진되었다. 독립적인 전력 생산자로서, 이 커뮤니티는 태양광으로 생산된 전력을 소유하고 있으며, 발전소의 설계, 건설, 자금 조달을 모두 직접 담당했다. ATCO라는 엔지니어링 회사가 재생 에너지를 기존 전력 시스템에 통합하는 데 기술적 리더로서 기여했다. 이러한 접근 덕분에 주민들은 전력의 신뢰성이나 전기 요금에 아무런 영향을 받지 않았다.

환경적 측면에서 이 모델은 올드 크로에서 사용하는 19만 리터의 디젤을 절감할 뿐 아니라 연료 연소로 인한 온실가스 배출도 감소시킨다. 또한, 항공으로만 접근 가능한 북극 오지에 대량의 디젤을 공급하는 것과 관련된 공급망과 물류를 고려할 때 연료 유출과 관련한 위험도 경감시켜준다.

⑤ 노르딕의 수소 르네상스

북극은 풍부한 수자원, 재생 가능 에너지, 발달된 인프라 등 수소 생산에 필요한 모든 것을 이미 갖추고 있다. 수소 기술은 수십 년 간 존재했지만 이제야 수소 연료를 다양한 비즈니스 모델에 접목시키는 대규모 프로젝트이 급증하고 있다. 예를 들어, 세계 최대 철광석 생산업체인 스웨덴의 LKAB는 철강 생산에 수소를 활용하는 실험을 진행 중이다. 또한, 노르웨이 북부의 최대 수출 지자체인 모이라나(Mo i Rana)에서도 철강 생산량 증대를 위해 수소 공장을 건설하고 있다.

일부 기업은 생산 공정의 친환경화에 수소의 가능성을 탐색하고 있고 또 다른 기업들은 대체 친환경 연료에 집중하고 있다. 핀란드의 도시 오울루(Oulu)는 해상 운송뿐만 아니라 육상 차량과 항공기의 화석 연료를 대체하기 위해 100메가와트 규모의 수소 생산 공장을 건설 중이다. 동시에 오울루항은 노르딕 수소 루트라고 불리는 국경 간 수소 파이프라인 인프라를 개발하고 있다. 이 프로젝트는 핀란드와 스웨덴의 산업 지역을 연결하는 스웨덴-핀란드 협력 프로젝트이다. 보트니아(Bothnia) 만 주변의 이 새로운 인프라는 육상 및 해상 풍력 발전으로 생산된 수소를 공급하게 될 것이다.

전 세계적으로 수소 개발이 탄력을 받으면서, 수소는 북극 에너지 생산에서 중요한 역할을 하며 미래의 물류 및 에너지 공급에 영향을 미칠 것으로 예상된다.

⑥ 새로운 북극 전력 솔루션, 원자력 에너지

원자력도 북극에서 다양한 역할을 하고 있다. 러시아에서는 핵추진 쇄빙선이 북극을 변화시키고 있다. 이 쇄빙선들은 얼음으로 덮인 바다를 통과해 LNG를 국제 시장으로 운송할 수 있도록 해준다. 러시아는 북극에 두 개의 육상 원자력 발전소를 보유하고 있으며, 동부 오지의 북극 항구에서는 부유식 원자력 발전소도 운영하고 있다.

한편, 일부 연구자와 스타트업들은 북극에 소형 모듈 원자로(SMR)를 도입할 가능성을 모색하고 있다. 이러한 원자로는 사실상 무탄소 에너지 솔루션을 제공하며, 높은 비용, 복잡한 공급망, 에너지 과잉 생산 등 다양한 문제를 해결할 수 있다. 인구 밀도가 낮고 극한의 기온을 가진 접근이 어려운 지역에서는 현재 고오염 디젤 발전기가 유일한 대안인데, SMR이 이러한 곳에서 특히 효과적일 수 있다. 또한, 노르웨이의 조선소들은 배터리 구동 크루즈선을 충전할 수 있는 이동식 발전소로 활용 가능한 선박용 용융염 원자로를 실험하고 있다.

3장. 3개의 새로운 운송 항로

북극에서 생산된 에너지는 현지에서 사용되거나 파이프라인과 송전선을 통해, 또는 해상을 통해 운송된다. 후자의 경우, 지구 온난화로 인해 해빙이 더 많이 녹을 것이며, 기후 변화의 영향으로 새로운 항로가 열리게 될 것이다.

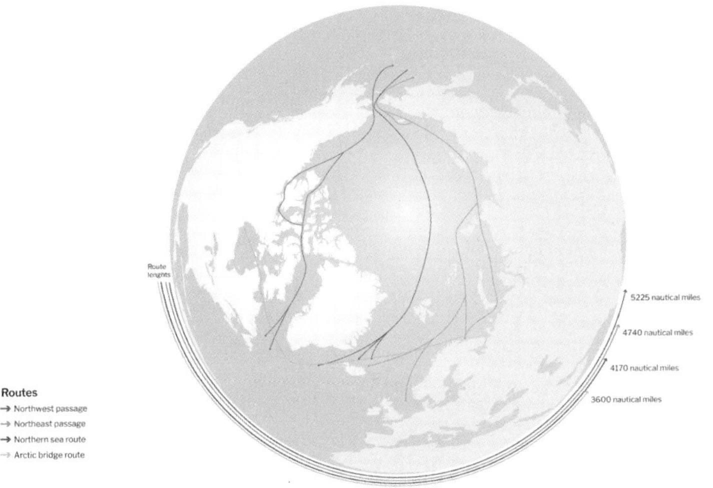

[그림 2] 북극항로(출처: Arctic Economic Council)

북극은 사실 육지로 둘러싸인 바다이며, 수세기 동안 바다는 무역과 문화 교류의 길 역할을 해왔다. 바이킹은 노르웨이에서 아이슬란드를 거쳐 그린란드와 북미로 건너갔고, 이후 이누이트 족은 캐나다에서 그린란드로 바다를 건너 이동했다.

선사들은 운영을 최적화하기 위해 여러 경유지를 항로에 포함해야 하나, 북극해운 노선은 상대적으로 고립되어 있어, 경유하기 어렵다. 또한 북극 항해의 기술적 문제와 해도 부족 문제로 보험료가 높게 책정되어 북극을 통한 에너지 물류는 쉽지 않은 실정이다.

동서 방향으로 이어지는 북극 횡단 항로 외에도, 일반적으로 얼음이 녹으면서 개발될 수 있는 세 가지 잠재적인 해운 경로가 있다.

북극해항로(Northern Sea Route, NSR)

먼저 북극해항로(NSR)가 있다. 북동항로라고도 불리는 이 항로는 러시아 해안을 따라 동쪽의 블라디보스토크(Vladivostok)에서 서쪽의 키르케네스(Kirkenes)까지 이어지는 5,600㎞ 길이의 해운 경로로, 러시아 정부가 이를 주력 프로젝트로 삼아 가장 많이 발달된 항로이다. 이 항로는 종종 아시아와 유럽 간의 가장 짧은 해운 경로로 설명되지만, 이는 출발점과 도착점에 따라 달라질 수 있다. 전체 항로는 북극 해역에 위치하며, 대부분 천연자원 수출과 관련된 몇몇 항만이 포함된다.

현재 이 항로의 일부는 연중 두 달만 이용 가능하며, 2022년 북극항로를 통과해 환적한 선박 수는 총 43척에 불과했고, 그 중 36척이 러시아 선박이었다. 이 항로의 주요 운송품은 유럽과 아시아 시장으로 수출하는 탄화수소와 원자재이다. NSR은 기온이 상승하고 있음에도 불구하고 여전히 항해가 까다로워 많은 선박이 쇄빙선의 호위와 숙련된 선원들의 도움이 필요하다.

북서항로(North West Passage)

북서항로는 알래스카 일부, 캐나다 영토, 그리고 그린란드 북서 해안을 따라 이어진다. 이 항로는 북극해를 통해 대서양과 태평양을 연결하는 해로이다. 탐험가들은 수 세기 동안 아시아로 가는 빠른 무역로를 찾으려 했으나, 1906년 로알드 아문센이 북서항로를 최초로 완주하기 전까지 성공하지 못했다. 불과 15년 전만 해도 북극의 유빙으로 인해 대부분의 연중 기간 동안 정기 해상 운송이 불가능했으나, 이제는 더 많은 구간의 항해가 가능해졌다.

그러나 지구온난화로 운항이 더 용이해졌음에도 여전히 두꺼운 얼음 구간이 남아 있다. 큰 덩어리의 유빙이 여전히 남아 있게 되면 항로 전체를 막거나 선박의 선체에 위험을 초래할 수 있다. 이 항로는 NSR과 비교할 때 에너지 수출보다는 화물선과 여객선의 통과가 주를 이루고 있다.

중앙북극해항로(Central Arctic Ocean Shipping Route)

중앙북극해항로는 러시아와 미국 사이 82㎞ 폭의 베링 해협에서 출발해 아이슬란드를 거쳐 유럽으로 이어진다. 북극해 중앙을 가로지르는 이 항로가 단기적으로는 경제적으로 실현되기 어렵지만, 앞으로 수십 년간 빙하 두께와 범위의 극적인 변화로 상황이 달라질 수 있다. 중앙북극해항로가 붐비게 되면 어업과 화물 운송에 가장 큰 영향을 미칠 것으로 보인다. 이 경로를 따라 에너지 생산이 거의 이루어지지 않으며 주요 시장도 존재하지 않기 때문이다.

북극 해양의 변화는 에너지 물류에 여러 가지 변화를 가져올 것이다. 새로운 항로는 이동 거리가 짧아져 이산화탄소 배출량을 줄일 수 있지만, 기술적으로 가능하다고 해서 반드시 정치적으로 실현 가능한 것은 아니다. 또한 원주민 커뮤니티, 해운 단체, 연구자 등 여러 이해관계자들이 해운 증가와 수중 소음 공해 문제를 지적하고 있다.

상업 해운은 고래와 어류 등 다양한 해양 생물에 악영향을 미치는 수중 방사 소음의 주요 원인 중 하나다. 이에 국제해사기구(IMO)는 최근 수중 방사 소음을 줄이고 해양 생물 다양성을 보호하기 위한 일련의 가이드라인을 마련했다.

친환경 선박 기술의 발전과 전 세계적인 친환경 운송 수요는 북극의 에너지 운송에도 영향을 미칠 것이다. 북극의 작은 오지가 수소, 메탄올, 암모니아와 같은 친환경 연료의 생산지가 될 기회는 많다. 그러나 이러한 생산 시설도 무역로를 따라 위치해야 하며, 연료가 극지선박규정(Polar Code)을 준수하는 지 확인해야 한다.

4장. 북극 에너지 물류의 도전과 기회

에너지 공급망은 여러 가지 도전에 직면해 있다. 가장 큰 도전은 기후 변화로 인한 기상 이변이다. 오랫동안 환경 보호의 상징으로 여겨져 온 지역에서는 이러한 기후 변화가 새로운 프로젝트 개발을 더욱 어렵게 만든다.

또한 북극의 고립된 위치와 광활한 영토, 그리고 대규모 인프라 부족 문제도 큰 도전이다. 미국 투자 회사 구겐하임 파트너스(Guggenheim Partners)는 북극에 향후 15년간 1조 달러 이상의 인프라 투자가 필요할 것으로 추산하고 있다. 북극의 대부분 지역은 철도로 물자를 운송할 곳이 거의 없으며, 공항은 대체로 작고 도로망은 악천후로 자주 차단된다.

정책 환경과 정치적 여건 또한 도전 과제가 될 수 있다. 예를 들어, 러시아의 에너지 프로젝트에 대한 장비 및 서비스 판매 제재는 에너지 공급망에 변화를 일으켰다. 마찬가지로, 구매처에 대한 제한으로 인해 시장과 무역 경로가 완전히 뒤바뀌었다. 러시아에서 유럽으로 이동하던 에너지가 이제는 러시아에서 중국과 인도로 이동하며, 때로는 그곳에서 다시 유럽으로 향한다.

러시아산 LNG가 EU로 유입되는 것을 제한하려는 정치인들의 시도에도 불구하고, 유입은 계속되고 있다. 2021년에서 2023년 사이에 유럽으로의 러시아산 LNG 공급은 11% 증가했다. EU 기업들은 또한 러시아 북극의 LNG 프로젝트에 6억 3천만 달러 이상의 장비를 공급했다.

그러나, 지정학적 갈등이 북극으로 확산되고 있으며, 이는 에너지 공급망 관리에 심각한 영향을 미칠 수 있다는 우려 또한 존재한다. 파이프라인에 대한 사보타주, 생산 시설 해킹, 운송 경로에 대한 방해 등은 큰 영향을 미칠 수 있다.

일부 에너지 프로젝트에 대한 지역적 저항도 존재한다. 북유럽의 일부 원주민 커뮤니티는 수년간 재생 가능 에너지 프로젝트 개발에 반대해 왔다. 북극의 일부 지역에서는 풍력 터빈 설치를 금지하자는 강력한 의견이 있다. 이는 "내 뒷마당에서는 안 된다"는 입장(NIMBY)인데 정책 입안자와 기업들은 이러한 태도를 "왜 내 뒷마당인가"(WIMBY)로 바꿔야 한다.

북극 지역은 재생 가능 에너지 프로젝트에 세계에서 가장 적합한 풍력, 수력, 지열 자원을 보유하고 있다. 또한 많은 에너지가 사용되는 수도나 도심에 비해 개발할 수 있는 공간이 있다. 우리는 다른 세상에서 일어나는 사건에 영향을 받지 않고 뒤집어서 흔들면 눈이 떨어져 내리는 작은 스노우볼 속에 사는 것이 아니다. 모두가 연결되어 있다. 그렇기 때문에 북극은 세계 에너지 전환에 중요한 역할을 할 수 있으며, 동시에 지역 내 일자리 창출과 번영에도 기여할 수 있다.

북극 지역에 영향을 미치는 것은 단지 지역적이거나 국가적인 정책만이 아니며, 글로벌 정책 프레임워크 또한 에너지 공급망에 변화를 가져올 것이다.

공급망 회복탄력성 강화

북극의 기후 변화는 이 지역의 회복탄력성에 대한 관심을 증가시켰다. 북극은 대규모 인프라와 지원 네트워크에서 멀리 떨어져 있는 많은 작은 외딴 커뮤니티들로 이루어져 있는 것이 특징이다.

회복탄력성은 보는 관점에 따라 다르게 정의된다. 지역 사회 커뮤니티 플래너(community planners, 커뮤니티 활동을 전문적으로 계획 및 지원하는 활동가)에게는 지역의 필요에 맞춘 다양한 특성들이 포함되는 반면, 에너지 전문가들은 다른 측면에 중점을 둔다. 이러한 차이에도 불구하고 회복탄력성의 핵심 원칙은 두 분야 모두에서 여전히 유효하다.

첫째, 북극의 에너지 공급 인프라는 중단에 대비해 견고해야 한다. 둘째, 인프라는 회복력을 갖추어 중단 발생 시 빠르게 복구할 수 있어야 한다. 셋째, 자원활용 능력은 새로운 조건에 적응할 수 있는 유연성이다. 이것은 노동자와 관리팀의 교육 및 훈련일 수도 있지만, 모듈형 에너지 생산 시스템일 수도 있다. 넷째, 에너지 공급망은 대응 능력이 있어야 하며, 이는 중단 상황에 자동으로 반응할 수 있어야 한다는 뜻이다. 특히 신속한 수리, 전문가, 의사결정자들로부터 멀리 떨어져 있는 소규모 사회에서 매우 중요한 요소이다. 마지막으로, 중복되는 시스템이 있어야 한다. 이는 성공을 위한 다양한 경로를 확보하는 것을 의미한다.

종합적으로 말하면, 견고하고 회복가능하며, 자원 활용 능력과 대응 능력이 좋으며 중복적인 시스템은 기후 변화에 대한 회복탄력성을 높여줄 것이다.

에너지와 공급망 도전에 대한 신기술 솔루션

불과 몇 백 년 사이에 북극은 고래 기름을 수출하던 곳에서 탄화수소를, 이제는 재생 에너지와 수소를 수출하는 지역으로 변모해 오고 있다. 미래에는 새로운 기술이 등장할 것이며, 에너지 공급망 전체는 새로운 형태의 에너지뿐 아니라 새로운 사고방식에도 적응해야 한다. 예를 들어, 양자 컴퓨팅, 인공지능, 블록체인, 3D 프린팅, 로봇 등은 우리 사회를 변화시키는 동시에 에너지 공급망 관리에도 혁신을 가져올 것이다. 이러한 신기술을 기반으로 한 지속가능한 경제발전을 위해서 정부가 할 수 있는 최선의 일은 교육에 투자하는 것이다. 우리는 미래의 북극 시민들이 지속적으로 새로운 솔루션을 혁신하고 개발할 수 있도록 교육해야 한다. 혁신, 연구개발 및 국제 협력의 역할은 과소평가할 수 없다. 보다 효율적인 새로운 생산, 저장 및 운송 방법을 찾기 위해서는 투자가 필요하다.

특히, 북극의 에너지 수급 미래는 불균형적이고 불확실할 것으로 예상됨에 따라 기술의 역할은 더욱 중요해질 것이다. 이와 관련하여 세 개의 대표적인 예를 들고자 한다.

첫째, 최근 보고서에 따르면, 노르웨이는 현재 친환경 전력이 18TWh이 남는 상황이지만, 2030년까지 인구 증가와 산업 성장에 따른 수요 증가로 인해 6TWh의 전력 이 부족하게 될 것이다. 노르웨이 정부 보고서는 기후 목표를 달성하기 위해서는 현재 가용한 에너지보다 훨씬 더 많은 에너지가 필요하다고 강조하고 있다. 풍력 터빈은 이 증가하는 에너지 수요를 충족시키기 위한 가장 빠르고 효율적인 수단 중 하나로 지목되고 있다.

둘째, 2021년 3월, 에버그린 컨테이너선이 좌초되며 6일간 수에즈 운하가 봉쇄된 사건은 코로나 19 팬데믹, 파나마 운하의 가뭄, 홍해에서의 후티 반군 선박 공격 등과 함께 해상 교통과 글로벌 무역 물류가 얼마나 쉽게 마비될 수 있는지를 여실히 보여주었다. 이에 따라 일부 기업들은 '적시 대응'에서 '만일의 사태 대비' 전략으로 전환하고 있다. 이 전략은 위험을 완화하기 위해 공급원과 운송 경로를 다각화하는 방식을 포함한다. 교통 병목 구간은 전 세계 어디서든 발생할 수 있으며, 북극에서는 기후 변화로 인한 유빙 이동에 따라 새로운 항로가 열리거나 닫힐 가능성도 존재한다.

셋째, 북극권 한계선을 훨씬 넘은 곳에 위치한 작은 어촌 마을 노르웨이 북부의 세냐 섬에서는 이제 모든 전력을 재생 에너지로 공급받고 있다. 최근 세냐의 전력망이 현대화되었음에도 불구하고, 새로운 비즈니스가 생겨나고 양식업과 어선의 전기화, 전반적인 전기 운송으로의 전환으로 인해 전력 인프라에 큰 부담이 가중되고 있다. 현지 전력 공급업체, 대학, 지역 기업들이 힘을 합쳐 이러한 전력망의 부담을 줄이기 위한 두 개의 대형 배터리 에너지 저장 시스템을 설치했다. 또한 전력 수급을 조정할 수 있는 지역 에너지 거래 시장을 만들고, AI와 머신 러닝 도구를 활용한 지역 재생 에너지 생산 모델도 개발했다. 이 프로젝트에는 현지 커뮤니티가 적극 참여했으며, 이 배터리들은 혹독한 날씨로 인해 가끔 전력 공급이 끊길 때 전력망을 안정화하는 데 중요한 역할을 하고 있다.

북극 기후 변화 적응 및 완화

북극 기후 변화에 효과적으로 적응하기 위해서는 조정 가능한 인프라를 구축하여 영구동토층의 변화에 유연하게 대응할 수 있도록 설계해야 하고, 증가하는 폭풍 해일에 대한 구조물의 복원력을 강화하는 데 중점을 두어야 한다. 또한 어족 자원이 유리한 환경을 따라 이동 경로를 바꾸게 되면, 경제 전략도 이에 맞춰 변화하고 적응해야 한다.

즉, 우리는 에너지 공급망을 유연하게 관리할 수 있는 방안에 중점을 두고, 탄소발자국을 줄이는 것을 목표로 해야 한다. 디젤 발전기를 태양광 패널과 같은 재생 에너지로 대체하는 방식으로 달성할 수 있다. 또한,

북극에서 검은 탄소(Black Carbon) 배출을 줄이는 정책을 시행하는 것이 필수적인데, 검은 탄소는 더 많은 열을 흡수하여 얼음과 눈의 해빙 속도를 가속화하기 때문이다.

정부뿐 아니라 기업 역시 기후 변화로 인한 에너지 공급망 재구성과 관리를 위한 전략을 마련해야 한다. 여기에는 기후 변화로 인한 에너지 생산 및 운송의 위험을 완화하기 위한 보다 적극적인 조치가 필요하다.

기후 목표를 달성하기 위해서는 단순히 재생 에너지 생산을 확대하고 원자재를 추출하는 것만으로는 충분하지 않다. 우리는 번영하는 지역사회를 조성하고, 탄력적이고 적응력 있는 인프라를 개발하는 데도 투자해야 한다. 이를 위해서는 물리적 기술과 에너지 관리에 대한 혁신적인 접근 방식 모두에 대한 투자를 늘려야 한다. 예를 들어, 모듈형 정유소는 변화하는 요구에 맞춰 확장 가능한 솔루션을 제공한다.

불확실한 세계에서 확실한 한 가지는 바로 북극이 앞으로 수십년 간 큰 변화를 겪을 것이라는 점이다. 북극지역에서 벌어지는 기후변화에 대해 구체적인 영향을 일일히 예측할 수는 없지만, 앞에 높인 도전 과제에 대해 전반적으로 이해할 수 있다. 이렇게 변화하는 환경에서 앞으로 나아가기 위해서 우리는 선제적인 조치를 통해 미래를 능동적으로 만들어가야 한다. 미래를 예측하는 가장 좋은 방법은 그것을 직접 만들어 나가는 것이다. 이미 알려진 해결책을 신속하게 실행하면서도, 동시에 장기적인 전략이 필요하다.

북극 오지 커뮤니티의 회복탄력성 교훈

새로운 기술이 북극 지역의 회복탄력성을 어떻게 강화할 수 있는지 북부 노르웨이의 작은 외딴 마을 베를레보그(Berlevåg) 사례를 살펴보자. 베를레보그는 인구 천 명 미만이 거주하고 있는 마을로 지역 경제가 쇠퇴하고 있다. 지역 경제는 노후한 전력망 등 제한된 인프라, 어업 부문에 대한 높은 의존도, 취업 대안 부족, 가혹한 환경 조건, 그로 인한 인구 감소 등 여러 도전에 직면해 있었다. 이런 상황에서 어떻게 혁신을 이루고 회복력 있는 지역 사회를 구축할 수 있을까? 몇몇 열정적인 지역 주민들이 베를레보그의 독특한 장점을 재발견하고 그 잠재력을 발휘할 수 있는 방법을 모색했다. 유럽에서 가장 강하고 안정적인 바람 조건, 넓은 평지, 풍부한 수자원, 그리고 깊은 수심을 가진 항만에 대한 접근성은 이곳이 친환경 에너지를 생산하고 수출하기에 최적의 조건을 갖추고 있음을 보여주었다.

2015년에 첫 번째 풍력 터빈이 건설되어 2만 가구에 전력을 공급할 수 있는 충분한 에너지를 생산했다. 2019년 베를레보그는 EU 호라이즌 2020 프로그램으로부터 5천만 크로네 지원을 받아 혹독한 북극 환경에서 풍력을 더 스마트하게 활용하여 수소를 생산하고 저장하는 방안을 모색하기 시작했다. 2024년에는 이 프로젝트의 연구개발 단계가 상업적 수소 생산 단계로 전환되고 있다. 이제 베를레보그는 이 지역의 해상 교통을 위한 연료 공급소로 기능할 뿐만 아니라, 다른 오지 지역 사회에 친환경 연료를 수출하는 역할도 할 수 있게 되었다.

또한, 수소 생산 과정에서 생성되는 산소와 열과 같은 부산물들도 혁신적인 방식으로 활용되고 있다. 생산 시설에서 발생하는 잉여 열은 육상 양식장으로 보내져 최적의 수온을 유지하는 데 사용되어 양식 효율성을 높이고 있다. 한편, 이러한 양식장에서 나오는 슬러지는 수직 농업에서 비료로 재활용되고 있다.

다른 경제 부문에 미치는 파급 효과는 지켜봐야 하겠지만, 이미 지금도 이 지역 사회 변혁의 성공이 몇 가지를 기반으로 하고 있다는 것을 알 수 있다. 첫째, 지역 사회의 새로운 경제적 프로필을 재창조하는 데에는 지역 주도의 이니셔티브와 혁신적인 사고가 필수적이다. 둘째, 가용 자원이 효율적으로 활용될 수 있도록 조율하고 이를 이용하며 순환 경제를 발전시키기 위해서는 지역 파트너십이 중요하다. 셋째, 학술 기관 및 연구 조직과의 국제 협력을 통해 최첨단 기술을 활용하고 투자를 유치할 수 있다. 마지막으로, 민간 부문이 혁신을 주도하는 가운데, 공공 부문이 장기적 결정을 보장하고 투자자를 끌어들이는 규제 프레임워크를 제공함으로써 이러한 이니셔티브를 지원하는 것이 중요하다.

결론

북극 지역은 기후 변화, 경제적 기회, 지정학적 변화의 상호 작용으로 미래가 결정되는 중대한 갈림길에 서 있다. 북극의 급격한 온난화는 도전과 기회를 동시에 드러냈다. 빙하가 후퇴하고 영구 동토층이 녹으면서 새로운 에너지 생산과 운송 가능성이 열리고 있다.

그동안 재생 에너지는 주로 지역 산업과 가정에 전력을 공급하는 데 사용되었으나, 이제는 첨단 기술 덕분에 재생 에너지를 국제 해운에 활용할 수 있게 되었다. 인류 역사상 처음으로 중앙 북극해 전체가 열리며, 해상 무역과 물류 패턴이 근본적으로 변화할 것이다.

이러한 변화에 적응된 물류 체계를 구축하기 위해 환경에 맞춰 재구성할 필요가 있다. 북극에서의 효과적인 에너지 공급망 관리는 이제 선택이 아닌 필수이다. 이는 공급망의 회복탄력성과 지속 가능성을 보장하는 것뿐만 아니라, 지역 사회, 특히 토지와 자원에 밀접하게 연관된 원주민에 미치는 사회경제적 영향도 고려해야 한다.

이러한 새로운 북극 현실을 헤쳐 나가기 위해서는 혁신을 수용하는 동시에 환경과 지역 주민의 복지를 보호하는 균형 잡힌 접근이 필요하다. 전 세계가 북극을 주목하고 있는 만큼, 환경 보호와 경제 회복탄력성을 우선시하는 장기적인 정책과 전략을 수립하는 것이 중요하다. 실패의 결과는 막대할 수 있다. 이러한 위험을 완화하기 위해 많은 기업들이 이미 북극 운영에 대한 더 높은 기준을 설정하고 있다.

북극의 미래는 전 세계 에너지 공급망과 깊이 연관되어 있으며, 오늘날의 결정은 북극을 넘어 더 넓은 세계에 큰 영향을 미칠 것이다. 선견지명과 책임감을 가지고 변화에 적응하고 도전을 해결해나감으로써, 우리는 북극이 글로벌 생태계의 중요한 부분으로서 지속 가능하고 번영할 수 있도록 할 수 있다. 성공하기 위해서는 더 나은 기후 모델을 개발하기 위한 연구와 변화하는 세계에 적합한 기술을 개발하기 위한 연구 및 개발에 투자해야 한다.

또한, 국제적 협력과 아이디어 교환은 필수적이다. 물류 및 에너지 기업들은 본질적으로 국제적인 성격을 지니고 있다. 성공을 위해서는 지속 가능성과 회복탄력성을 모두 갖춰야 하며, 이를 달성하기 위해서는 공공과 민간 부문 모두에서 대규모 투자가 필요하다. 우리는 지역 및 국제 차원에서 파트너십을 구축해 자원, 전문성, 자금을 결집하여 지속 가능한 경제의 잠재력을 극대화해야 한다.

앞서 살펴봤듯, 기후 변화, 지정학적 변화, 안보 변화, 인구학적 변화, 경제적 변화 등 세상은 끊임없이 변화하고 있으며, 북극 역시 향후 수년 동안 이러한 변화에 따라 재편될 것이다.